やわらかアカデミズム・〈わかる〉シリーズ

よくわかる
家族福祉
第2版

畠中宗一 編

ミネルヴァ書房

はしがき

■よくわかる家族福祉[第2版]

　家族福祉を構想することの難しさは，第一に，児童，身体障害者，知的障害者，老人，母子及び寡婦といった対象限定の各福祉法が存在することに，第二に，家族を集団として認識する傾向が相対的に希薄になってきたこと，などがその理由としてあげられます。第一の理由は，家族福祉が既存の法的根拠を持ち合わせていないことを示唆します。したがって，法的根拠の不在は，家族福祉を曖昧なものとして位置づけることになります。第二の理由は，家族の個人化が主張され，集団としての家族の根拠が希薄化すれば，家族福祉の存立根拠も希薄化せざるを得ないということになります。

　本書では，目的概念としてのヘルシー・ファミリーを実現するための方法として，家族福祉を位置づけました。家族の個人化や多様化を前提にして，多様な家族類型におけるヘルシー・ファミリーの実現を指向しました。

　本書の特徴は，以下の3点に約言することができます。すなわち，①家族福祉の方法を，臨床・実践によるアプローチと政策によるアプローチの統合として位置づけたこと。②学際的指向を前提としたこと。これは，問題解決思考の前提には，個別科学の守備範囲に限定を設けるより，多くの個別科学の手法を取り入れたほうがベターであるという認識によるものです。③家族福祉の充実を地域福祉の前提としたこと，などです。

　したがって，本書は，家族福祉を学際的指向のもとで，臨床・実践によるアプローチと政策によるアプローチの統合として位置づけ，構想されたものです。このため，社会福祉の固有の専門用語に限定することなく，家族社会学，家族関係学，家族心理学など家族をキーワードにもつ隣接領域から多くの専門用語を動員することになりました。

　忌憚のないご批判を戴ければ幸いです。

2002年12月

編　者

もくじ

■よくわかる家族福祉［第2版］

はしがき

プロローグ：
ヘルシー・ファミリーの構築を目指して
………………………………………… 2

I なぜ家族福祉が必要とされるのか

1 現代社会の特質 …………………… 6
2 現代家族の特質 …………………… 10
3 家族福祉の特質 …………………… 14

II 家族問題の現代的特徴

1 富裕化社会 ………………………… 16
2 家族問題 …………………………… 18
3 富裕化社会の家族問題 …………… 20

III 家族福祉の定義

1 ノーマル・ファミリーから
  ヘルシー・ファミリーへ ………… 22
2 臨床・実践としての家族福祉 …… 26
3 政策としての家族福祉 …………… 28
4 家族福祉の定義 …………………… 30

IV 家族福祉の対象

1 児童虐待 …………………………… 32
2 ドメスティック・バイオレンス … 34
3 高齢者虐待 ………………………… 36
4 不登校 ……………………………… 38
5 近親相姦 …………………………… 40
6 アルコール依存症 ………………… 42
7 摂食障害 …………………………… 44
8 知的障害 …………………………… 46
9 身体障害 …………………………… 48
10 精神障害 …………………………… 50
11 家庭外保育を必要とする子ども … 52
12 母親の育児ストレス ……………… 54
13 介護を必要とする高齢者 ………… 56

V 家族福祉の方法

1 臨床・実践としての
  家族福祉の方法 …………………… 58
2 政策としての家族福祉の方法 …… 60
3 家族関係としての
  家族福祉の方法 …………………… 62
4 学際的方法としての家族福祉 …… 64

VI 家族福祉の資源
   1　私的な援助の相手

1 家族・親族 ………………………… 66

2 近隣・友人 …………… 68

VII 家族福祉の資源
2 公的な相談機関

1 児童相談所 …………… 70
2 福祉事務所 …………… 72
3 保健所 ………………… 74
4 保育所 ………………… 76
5 児童養護施設 ………… 78
6 家庭裁判所 …………… 80

VIII 家族福祉の資源
3 民間の相談機関

1 社会福祉協議会 ……… 82
2 ボランティア団体 …… 84
3 NPO団体 ……………… 86

IX 家族福祉の資源
4 入所・通所施設

1 入所施設 ……………… 88
2 通所施設 ……………… 90

X 家族をとりまく福祉関係の法律

1 児童福祉法 …………… 92
2 身体障害者福祉法 …… 94
3 生活保護法 …………… 96

4 知的障害者福祉法 …… 98
5 老人福祉法 …………… 100
6 母子及び寡婦福祉法 … 102
7 子どもの権利条約 …… 104
8 育児・介護休業法 …… 106

XI 家族福祉の展開
1 子どもを含む家族

1 子どもを含む家族 …… 108

XII 家族福祉の展開
2 高齢者を含む家族

1 ひとり暮らし ………… 112
2 寝たきり ……………… 114
3 認知症 ………………… 116

XIII 家族福祉の展開
3 障害者を含む家族

1 知的障害の人と家族への支援 …118
2 身体障害のある人への支援 …… 120
3 精神障害のある人への支援 …… 122

XIV 家族福祉の展開
4 ひとり親家族

1 母子家庭 ……………… 124
2 父子家庭 ……………… 126

もくじ

3 再婚家族 …………………… *128*
4 単独世帯 …………………… *132*

XV 家族を理解する概念

1 ライフサイクル ……………… *136*
2 ライフコース ………………… *138*
3 コンヴォイ理論 ……………… *140*
4 ソーシャルサポート・ネットワーク… *144*
5 家族システム理論 …………… *148*
6 家族境界 ……………………… *150*
7 エンパワメント ……………… *152*
8 二重拘束理論 ………………… *154*
9 偽相互性 ……………………… *156*
10 生活構造論 …………………… *158*

XVI 家族問題を理解するモデル

1 ABC-X モデル ……………… *160*
2 ジェットコースターモデル …… *162*
3 二重 ABC-X モデル ………… *164*
4 オルソンの円環モデル ……… *168*

5 家族関係モデル ……………… *172*

XVII 家族問題を理解するアプローチ

1 家族療法 ……………………… *174*
2 エコロジカル・アプローチ …… *178*
3 臨床社会学的アプローチ …… *180*
4 生物-心理-社会アプローチ …… *184*
5 社会学的カウンセリング …… *186*
6 ファミリー・ソーシャルワーク *190*

XVIII 家族福祉の課題と展望

1 貨幣的ニーズと非貨幣的ニーズ… *192*
2 介入と支援 …………………… *194*
3 「自立─依存」関係の再評価 … *196*
4 ウェルビーイングの指標化 …… *198*

エピローグ：
家族を支えるネットワークの構築 … *200*

さくいん ………………………… *202*

やわらかアカデミズム・〈わかる〉シリーズ

よくわかる
家　族　福　祉
第 2 版

プロローグ

 ヘルシー・ファミリーの構築を目指して

富裕化社会の家族問題

　1945年に終了した第二次世界大戦は，わが国を敗戦国家として刻印しました。敗戦は，国民生活の窮乏化を意味します。多くの家族は，配偶者を喪失し，戦争未亡人が大量に出現しました。また多くの孤児たちが，家族を喪失しました。わが国は，新しい憲法のもとで，これまでの価値観を否定し，戦後社会の復興に努力しました。戦後の出発点は，戦争によって窮乏化した社会を，新しい価値観のもとで再建することから始まりました。したがって，富裕化社会の実現は，わが国の再建目標でもありました。そして，わが国は，20世紀後半において富裕化社会を実現しました。

　しかし，富裕化社会はそれ自体に多くのジレンマを含んでいます。たとえば，貨幣の獲得に勤しむと精神的な余裕を喪失します。夫婦がそれぞれ仕事に勤しむとすれ違いやパートナーへの配慮が欠落します。過情報によってあおられた欲望は充足させることが困難です。これらのジレンマを内包しているため，家族や家族関係は絶えず不安定化する可能性をはらんでいます。また現代の育児や子育ての断面には，あたかもペットによって癒されるように，育児や子育てによって充たされたいという親の思いが，子どものペット的扱いを助長しているように思われます。すなわち，大人の都合による育児や子育てです。

　このように富裕化社会は，さまざまなレベルにおけるジレンマを内包しています。しかし，富裕化社会それ自体を否定する根拠が希薄なため，そのジレンマは課題として先延ばしされることになります。富裕化社会が内包する多くの矛盾は，富裕化という大義名分のために見て見ぬ振りを装うのです。「家族」という領域はまた，そのような矛盾が典型的に顕在化する領域でもあります。

② ノーマル・ファミリーとヘルシー・ファミリー

　したがって，本著においては，富裕化社会の家族問題に照準を合わせます。その際，家族福祉（family well-being）という語法は，理念型としての**ヘルシー・ファミリー**（healthy family）の実現を意味します。ヘルシー・ファミリーという用語は，**ノーマル・ファミリー**（normal family）との対比において使

▶**ヘルシー・ファミリー**
⇒Ⅲ-1（22頁）

▶**ノーマル・ファミリー**
⇒Ⅲ-1（22頁）

用されます。ノーマル・ファミリー（normal family）とは，既存社会の価値観を内面化し，それに同調的に生きる家族を言います。すなわち，豊かな生活を享受するために，学歴主義や競争原理を肯定します。

　学歴主義であれば，偏差値という一元的な価値観に依存して，偏差値の高い高校や大学が目標とされます。個人の能力は，多様であるはずにも関わらず，一元的な価値観に支配され，それが目標に設定されます。目標を達成できたものは，人生の勝者であり，できなかったものは敗者として位置づけられます。敗者は，敗者復活の機会が用意されない限り，人生の敗北感を引きずることになります。それは，敗者である個人ばかりでなく，家族成員にも影響を与えます。結果，理念型としてのノーマル・ファミリーは，必ずしも家族成員の幸せが約束された生き方ではないということが，さまざまな家族問題群の顕在化によって明らかになりました。

　もちろん，ノーマル・ファミリーが家族成員を幸せにしないという事例が顕在化したからといって，ノーマル・ファミリーという考え方があらゆる家族形態に不都合と言う訳ではありません。ノーマル・ファミリーという考え方でそれなりに幸せに生活している家族が存在することもまた事実であります。抽象的に表現すれば，家族のあり方の問題というより，現代社会の動向と家族のあり方の齟齬が大きくなった結果，さまざまな家族問題が顕在化するに至ったと解釈されるべきではないかと思います。すなわち，現代社会は，個人化や多様化を一般化させてきています。しかし，現実の家族のなかには，規範優先の家族を維持する場合も存在します。このような家族において，現代社会における個人化や多様化を内面化した子どもたちが，葛藤に追い込まれていくことは容易に想像されます。

　これに対して，**理念型**としてのヘルシー・ファミリーは，個人化や多様化を前提とした多様な価値観を前提とします。

　ノーマル・ファミリーという考え方においては，マジョリティを構成する家族類型が「ノーマル」であり，マイノリティを構成する家族類型は「アブノーマル」と認識されました。したがって，マイノリティを構成する家族類型は，さまざまな差別や偏見に晒されることになります。

　しかし，ヘルシー・ファミリーという考え方においては，マジョリティとかマイノリティといった概念がそれほど大きな意味をもち得ないことになります。なぜなら，個人化や多様化を前提とした多様な価値観を承認するということは，ひとり親家族，単身世帯，**ステップファミリー**といった家族類型であっても，ヘルシー・ファミリーを構築していくことが可能であるからです。つまり，ヘルシー・ファミリーという考え方においては，理念的には，マイノリティを構成する家族類型であっても差別や偏見に晒される可能性は少ない訳です。

▷理念型
M.ウェーバーの社会科学方法論における基礎的概念の一つ。社会科学では，仮説構成としての発見的価値をもつ目的概念として位置づけられる。

▷ステップファミリー
再婚家族という。米国では，二人親家族，一人親家族と並んで家族類型の一つを構成する。家族の個人化，多様化という文脈のなかで，市民権を獲得しつつある。

③ ノーマル・ファミリーからヘルシー・ファミリーへ

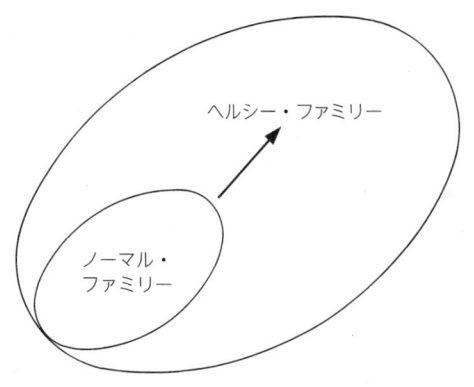

図1　ノーマル・ファミリーとヘルシー・ファミリー

▷アインシュタイン
（Einstein, A.）
ドイツ生まれのアメリカの物理学者。1905年に発表したブラウン運動の理論，光量子論，特殊相対性理論は，従来の物理学理論の根本的な変更を促すものとなった。晩年，核兵器廃絶運動の先頭に立ち，死の直前に発表された"ラッセル―アインシュタイン宣言"は平和運動の金字塔となった。

　ノーマル・ファミリーおよびヘルシー・ファミリーをこのように認識すると，ノーマル・ファミリーとヘルシー・ファミリーの関係はどのように認識されるべきでしょうか。一般に，「ノーマル・ファミリーからヘルシー・ファミリーへ」という表現を使うと，ノーマル・ファミリーを否定する意味合いが強くなります。しかし，ここでは，理論物理学でいう「理論の進化」という概念を応用してみたいと思います。
　「理論の進化」とは，19世紀物理学と20世紀物理学の対比のなかで使用されます。19世紀物理学とは，ニュートン物理学を指し，20世紀物理学とは，**アインシュタイン**の相対性理論や**ハイゼンベルク**の不確定性原理を言います。20世紀物理学の登場は，必ずしもニュートン物理学の否定ではありません。より広い物理現象をニュートン物理学によって説明できなくなっただけのことです。したがって，物理現象のある範囲においては，いまだニュートン物理学は健在です。「理論の進化」とは，より広い物理現象を説明するためのものです。「理論の進化」という概念において，物理現象のある範囲において過去の理論が一定の有効性を保持しているという認識こそ重要です。
　これを「ノーマル・ファミリーからヘルシー・ファミリーへ」という表現に応用すれば，以下のようになります。すなわち，それは既存社会の価値観を内面化し，それに同調的に生きる家族から，個人化や多様化を前提とした多様な価値観を承認する家族への変化に対応します。「ノーマル・ファミリー」が，マジョリティを構成する家族類型を「ノーマル」，マイノリティを構成する家族類型を「アブノーマル」と認識し，結果として，マイノリティを構成する家族類型は，差別や偏見に晒されます。しかし，「ヘルシー・ファミリー」においては，マジョリティとかマイノリティといった概念がそれほど大きな意味をもち得ません。したがって，「ノーマル」「アブノーマル」という認識も生まれないことになります。
　しかし，ここで重要なことは，「ノーマル・ファミリー」という考え方を否定しないことです。なぜなら，既存社会の価値観を内面化し，それに同調的に生きることが，家族を不幸にすると断言することはできないからです。したがって，家族の多様化を前提とする場合，「ノーマル・ファミリー」もその多様な家族類型の一つとして認識しておくことが重要です。図1は，これらの関係を図式化したものです。
　具体例をあげてみます。あるステップファミリーの母親は，前夫と離婚後，

| プロローグ | ヘルシー・ファミリーの構築を目指して

前妻と死別したパートナーと，それぞれ子連れで再婚しました。ステップファミリーの経験は，さまざまな問題に遭遇します。たとえば，自分の子どもとパートナーの子どもを同じように愛せないということです。子どもが病気になったとき，過去の病歴等を答えられず，困ったことです。加えて，医者に継母であることを告げると，「子どもが可哀想」と反応されて，傷ついたこと等です。

とりわけ，最後の例は，ステップファミリーに関する差別や偏見といった問題に属します。実親による子育てが当然視される社会にあっては，継父・継母によって育てられる子どもたちは，差別や偏見を経験します。医者にとって，実親による子育ては当然視されています。したがって，それ以外のものによる子育ては，「子どもが可哀想」といった反応になります。その結果，ステップファミリーは，傷つけられることになります。ステップファミリーにとって，ステップファミリーを理解してくれる医者の存在が期待されることになります。

これは，民主主義の原理に内在する矛盾でもあります。すなわち，「多数決の原理」と「少数意見の尊重」という２つの命題がそれです。この２つの命題は，矛盾します。「多数決の原理」は，一定の判断が，マジョリティを構成する意見によって決定されることを意味します。その一方で，「少数意見の尊重」をうたいます。

「ノーマル・ファミリーからヘルシー・ファミリーへ」という表現には，「多数決の原理」によって，「ノーマル」「アブノーマル」と認識されてきた考え方を，「少数意見の尊重」というもう一つの命題に軸足を移行させていこうという認識のように理解することもできます。

このように認識すると，富裕化社会の家族問題に対処していく家族福祉は，ヘルシー・ファミリーという理念型を実現していくことと同義になります。したがって，ヘルシー・ファミリーの構築に人類の叡知を結集しなければ，現代家族が抱える不幸はさらに増幅されていくだろうと思われます。

加えて，ヘルシー・ファミリーの構築という課題に挑戦していくということは，家族が主体性を回復していくことがらでもあります。家族は，社会システムの変動に大きく影響を受ける客体です。したがって，客体としての家族と主体としての家族は，たえずせめぎあっていることになりますが，現代家族は，主体としての家族を発揮できない状態にあるように思います。それは，社会システムの影響が大き過ぎるということにつきます。

われわれの社会は，富裕化と引き換えに，精神的に余裕のない生活を余儀なくされました。精神的に余裕のない生活は，家族関係に直接反映され，家族問題の温床になっています。外部化によって生み出された余暇時間を自己実現に振り当てるという発想は一見合理的であるように思われますが，それは自己中心的な生活リズムをより強化しているだけではないでしょうか。

(畠中宗一)

▶ハイゼンベルク
(Heisenberg, W. K.)
ビュルツブルクで生まれた理論物理学者である。1920年ミュンヘン大学に入学し，ゾンマーフェルトに師事する。その後1924年コペンハーゲンのボーアのもとで量子力学の研究を行う。1927年にライプチヒ大学，また1942年にベルリン大学の理論物理学教授，マックスプランク研究所長を経て，1946年以降ゲッチンゲン大学教授を務める。1932年には，ノーベル物理学賞を受賞している。シュレーデンガーの波動力学と並ぶ量子力学の創始者といえる。主な業績は，パウリとともに量子電気力学を展開し(1927)，量子力学解釈にあたり不確定性原理を発表した(1927)。この不確定性原理は，因果律概念を変革した。「作用の結果は常に決まっているのではなく確率によって表される」ことを証明した。また，原子爆弾反対のゲッチンゲン宣言に参加した(1957)。

Ⅰ なぜ家族福祉が必要とされるのか

 現代社会の特質

 富裕化

　現代社会をわが国に限定すれば，地球社会レベルでは，富裕な先進国家として位置づけられます。またその社会の特質として，「富裕化」「情報化」「高齢化」「国際化」，等を指摘することができます。

　富裕化は，GNPやGDPの指標を使って語られることが多いのですが，その内実は，馬場宏二の言う「過剰商品化社会」や「過剰効率社会」の結果でもあります。富裕化は，経済的な側面で理解されることが多いと思います。たとえば，賃金や生活水準の上昇といったかたちで理解されます。この側面を否定する論理は少ないと思います。しかし，われわれの生活を振り返れば，現在の生活水準を維持することが前提になっています。経済が減速している時代にあって，これまでの生活水準を維持していくことは，容易なことではありません。富裕化のなかで，ローンを組む生活が当たり前になってきています。とりわけ住宅ローンのような長期債務を組む場合，先行きの不安定さを予測することは難しいと思います。したがって，保険に加入することが条件となります。もし債務者の死亡という保険上の事故が発生すれば，保険によって対処されるシステムが出来上がっています。しかし，リストラなどによる解雇は，保険上の事故の発生に当たらないため，ローンの返済は困難となります。結果，住宅を売却し，アパート等での生活を余儀なくされます。富裕化社会の内実は，このような危うさも合わせ持っています。

　また富裕化社会は，カード社会でもあります。ホテルの宿泊，チケットの購入，その他の買い物等，カードは現金を介在させない分便利であることは確かです。しかし，自己の債務能力を自己管理する能力がなければ，債務超過に陥る可能性は大きいと思います。ストレス解消のため衝動買いをする人々も，肥大化した欲望を充足させる手段としてカードは便利です。もちろん後日送付されてくる請求書の額面を見て落ち込むことも容易に想像できます。

　富裕化社会は，人々の欲望を煽り立てることによって購買力を生み出します。しかし，購買力には，個人差があります。煽られた欲望を，自己や家族の身の丈で対処することが前提でありますが，人々はときおり身の丈を超えて欲望に執着します。普及の程度の著しい商品ほど，欲望は身の丈を超える傾向が見られます。

▶富裕化
現代資本主義における二つの現代像のうち，成長力にポイントを置いた認識で使用されるキーワード。⇒
Ⅱ-1（16頁）

▶GNPとGDP
GNP（Gross National Product）とは，「国民総生産」のことであり，GDP（Gross Domestic Product）とは，「国内総生産」のことを指す。
一国経済のなかで，一定期間（多くの場合，1年間）に生産された財・サービスの生産額から，この生産のために使われた原材料や経費を差し引いたものをGNPといい，これに海外との企業所得，財産所得および雇用者所得の受け払いを調整したものがGDPである。一国の経済の大きさを計る尺度として，よく用いられる。なお，GNPから資本財の減耗分を差し引いたものがNNP（国民純生産）である。生産活動で生まれた正味の価値を測るために，さらにNNPから（間接税―補助金）を差し引いた国民所得という概念を用いることもある。

2 情報化

　次に「情報化」は、情報機器の目覚ましい発達に象徴されます。パソコンや携帯電話の普及の著しさには驚くべきものがあります。1980年代後半にワープロが普及し始め、改良が重ねられ、今日では、ワープロ機能を含むパソコンが主流になっています。この間、ワープロソフトも一太郎からワードに変化してきています。ソフト会社の競争も激化し、ヴァージョンアップと称して、自社ソフトの囲い込み戦略も展開されています。携帯電話に至っては、その利便性とプライヴァシーの視点から通信手段の主流になっています。確かに利便性が追及される社会にあって、携帯電話の魅力は大きいと思います。また公衆電話を探す手間もいりません。

　しかし、利便性を追及する社会は、一方で管理社会でもあります。企業にとって社員に携帯電話を持たせることは、企業活動にとってメリットがあるからです。社員の立場に立てば、いつ鳴るか分からないベルに脅かされることほど神経を擦り減らすことはありません。確かに政府の閣僚とか自治体の管理職に携帯電話が必要なことは理解できます。それは、仕事そのものが責任が重いから仕方がないと言えるかもしれません。またいつ緊急の連絡が入ってもおかしくないという家族にとって、携帯電話は必需品かもしれません。加えて親密な恋人同士にあっては、それが重要なコミュニケーションの手段であることも理解できます。しかし、それほどの重要性や緊急性もないのに多くの人々は、その利便性ゆえに携帯電話を取得しているように思われます。ことここに至っては、管理されたくないという個人の好みは許されない状況にあります。なぜなら、携帯電話の普及によって、公衆電話は確実にその数を減らしてきています。もう選択の自由すら存在しないかのようです。しかも、携帯電話は、その利便性ゆえにコストも割高です。情報化社会は、富裕化によって必然的にもたらされました。利便性の魅力に取り付かれると、コスト意識も希薄化するらしいのです。**中高生**や学生が通信費に多額のコストをかける時代が現れています。

3 高齢化

　「高齢化」も重要なキーワードを構成します。高齢化は、平均余命の長寿化という側面においては、それ自体好ましいことです。しかし、マクロな視点からは、高齢化の進展は、医療や年金の原資を賄えないという問題に直面するため、税金や保険料の負担をめぐって世代間紛争の火種となりかねないと思います。総じて、高齢化の進展は、税金や保険料に関する若い世代の負担を高めるか高齢者世代の年金受給開始年齢を遅らせるかのいずれかの選択肢しか存在しないため、その利害をめぐる駆け引きが熾烈となります。

　加えてミクロな視点からは、生物体としての人間のからだは、長寿化によっ

▷**中高生の通信費**
2001年に一都三県（東京都、神奈川県、千葉県、埼玉県）に在住の、12～34歳男女820名に郵送留置法で行ったTOKYO FMマーケティング調査「若者ライフスタイル分析2002」の結果、中学生の小遣いの内訳の中で通信費の占める割合が1998年に比べ、女子で約8倍、男子で約13倍にも上ることが分かった。同じく、高校生では男子が約4倍、女子が約3倍になっている。

て，確実に生理的機能の低下を付随します。精神機能と身体機能のアンバランスも日常化します。結果，失禁や粗相の確率も加齢とともに増加します。介護する立場に置かれる生産年齢人口世代にあっては，自己の仕事との折り合いをどのように付けるかが課題となります。したがって，家族システムにあって高齢者の問題が具体化するということは，対処のいかんによっては，家族システムの機能不全をもたらす可能性も存在します。

4 国際化

「国際化」は，経済の**グローバリゼーション**が避けられない状況で，もうひとつの重要なキーワードを構成しています。マクロな視点から，国際的な経済摩擦は，このグローバリゼーションをめぐる政策のスタンスの違いを反映することが多いと思います。またこのような地球的環境においては，情報産業分野において高度なノウハウを持つものが独占的に利潤を追求するという構図も生まれ易いと思います。したがって，国際的な競争は熾烈を極めます。IT革命と言われる現代社会にあっては，その技術的ノウハウをどれだけ多く持ち合わせているかが，21世紀を生き残っていくための重要な戦略と言われています。

このような文脈で日本語の代わりに英語を公用語にしようとする動きも見られます。確かに，国際化をインターナショナルということばで表現される文脈においては，必然的な動きとも理解されます。しかし，ゲーテの言う「真に国際的であるということは，民族的でもあること」と言う表現を借りれば，歴史的・文化的に培われた伝統を単純に否定することが国際的であろうはずはありません。国際交流の場で，流暢な英語を話せることも重要な能力の一つですが，それ以上にわが国の歴史や文化をどれだけ伝えられるかがより重要であると言われるのも，このことを物語っているように思われます。

外国語の文献を使って報告をさせると，意味を理解しているものとそうでないものに二分されます。英語を翻訳しているのですが，意味を皆目理解できていないものに出会うことがあります。これなどは，「論語読みの論語知らず」と言われても仕方がありません。外国語を学ぶという行為が，すぐれて日本語を磨く行為でもあるということを理解していないと，このような「論語読みの論語知らず」は後をたたないと思います。

ここで取り上げた「富裕化」「情報化」「高齢化」「国際化」等は，それぞれ独立したキーワードですが，「国際化」を除く他の3つのキーワードは，先進国家に共通して見られます。

5 「富裕化」「情報化」「高齢化」「国際化」と家族福祉

ところで，これらのキーワードは，家族福祉とどのような関係を持っているでしょうか。まず家族福祉と「富裕化」との関係ですが，「富裕化」以前にあ

▶グローバリゼーション
生産・流通・消費を含む経済活動が，国家の枠を超えて世界的規模で展開されることをいう。

っては，措置の対象としての「**ウェルフェア**」（welfare）が一般的でしたが，「富裕化」によって，個人の人権尊重や自己実現を支援するという意味を付加された「**ウェルビーイング**」（well-being）が主張されるようになりました。

また家族福祉と「情報化」は直接結びつきませんが，一方で「富裕化」によって私事化が促進され，他方で肥大化した私事化と情報機器がアクセスすることによって，欲望が煽り立てられます。携帯電話の急速な普及の背後には，それが肥大化した私事化を支える道具としての利便性を備えているからです。しかし，欲望に煽られて購入使用したものの，その債務に関する自覚は希薄そのものでした。債務不履行の増加は，欲望が身の丈を超えているにもかかわらず，その欲望に打ち勝てない現実が見えてきます。このような欲望をコントロールできない人々に対して，家族福祉はどのような手立てを考えることができるでしょうか。資本主義社会が欲望を煽り立てる社会という側面を持ち合わせていることは，マルクスの時代から指摘されてきたことですが，だからといってそのような社会を否定するというのでは余りにも知恵がないように思います。

さらに「高齢化」の場合，長寿化によって，子ども世代の介護の長期化という問題が浮上してきている訳ですから，これはすぐれて家族福祉の課題を構成します。どのような介護システムの構築が望ましいかといった問題から，老い方の哲学的探求まで，その課題は多いように思います。

加えて「国際化」という文脈では，ケアのあり方が国際的な基準で**アセスメント**の対象になる可能性が指摘されます。たとえば，子どもの権利条約のわが国における批准は，そのような国際的基準を受け入れたことになりますが，現実の処遇との関係においては，多くの矛盾が指摘されています。

現代社会を理解するキーワードは，他にも多様に存在すると思われます。ここで取り上げた四つのキーワードのなかで，「富裕化」「高齢化」は，家族福祉と直接的な関連のなかで，また「情報化」「国際化」は，間接的な関連のなかで，位置づけることができるように思われます。

加えて，これらのキーワードに象徴される現代社会は，家族のあり方に大きな影響を与えていることも確かなことです。あるいはマクロ水準を象徴することがらが，ミクロ水準に影響を与えていると表現することもできます。

とりわけ社会システムの変動は，家族システムに直接的な影響を与えるため，家族システムに対する影響を最小化するためにどのような方法が可能かを検討して置くことは重要です。もちろん家族というシステムに替わる別のシステムが提起されそれが合意形成されるのであれば，それも一つの選択肢です。しかし，家族に替わるシステムを具体的に提起できなければ，機能水準を低下させている家族の支援を図り，家族が社会に対して抵抗体としての機能を発揮できるようにすべきではないでしょうか。いま求められているのは，抵抗体としての家族の可能性を具体的に提案することであるように思います。　　（畠中宗一）

▷ウェルフェア
保護や措置の対象として福祉を意味する。

▷ウェルビーイング
個人の人権尊重及び自己実現の支援といった意味が強調された福祉を意味する。詳しくは，高橋重宏『ウェルフェアからウェルビーイングへ』川島書店，1994年を参照。

▷アセスメント
事前評価と訳される。医学，心理学，社会学といった個別科学に依拠して行われる。介入プロセスにおける最初の行為である。

Ⅰ なぜ家族福祉が必要とされるのか

 # 現代家族の特質

1 現代家族を特徴づけるキーワード

現代家族を特徴づけるキーワードには、「個人化」「多様化」があげられます。加えて「孤立化」「家族関係の希薄化」「ホテル家族」「父親不在」「性別役割分業をめぐる葛藤」といったキーワードで語られる場合もあります。また家族問題のキーワードとして、「子ども虐待」「ドメスティック・バイオレンス」「高齢者虐待」「帰宅拒否症候群」などがあげられます。

家族の「個人化」「多様化」という傾向は、わが国の戦後社会が「個人主義指向性」および「平等主義指向性」という2つの価値に立脚して展開されてきたその帰結でもあります。その意味では、「集団としての家族」の側面が、希薄化したと表現できるかもしれません。「個人化」は、プライヴァシーが尊重されるという意味での「**私事化**」とも重なる概念ですが、家族成員の私事の自由が肥大化する程度に応じて、家族の凝集性は低下していきます。凝集性が低下した家族は、その危機対処能力も低くなります。

家族の「個人化」「多様化」傾向を背後で支えてきたのが、「自立」や「**自己実現**」の思想です。理念型としての「自立」した個人が目指され、また家族成員個々の「自己実現」が指向されました。「自立」の思想は、わが国の相互依存文化を否定する形式を取って展開されました。その結果、経済的に「自立」していない専業主婦という存在に対して、否定的なメッセージが送られました。またパートナーの存在なしには何もできない身辺的自立とはほど遠い男性も批判の対象に晒されました。しかし、「自立」指向を強めるなかで、依存や甘えの肯定的側面を過少評価してきたことも事実です。たとえば、家族の情緒的関係においては、依存や甘えという行為は、親密な他者の愛情を確認するひとつの方法でもあります。

依存や甘えに関するこのような認識の欠如は、家族関係における潤滑油の機能を過小評価することになり、仕事の世界で疲れ切っているパートナー相互へのいたわりを欠落させることになります。癒されたいと思う気持ちが、相互に満たされなければパートナー関係は、親密さを失います。癒されたいと思う自己は、癒しを求めて放浪することもあり得ない話ではありません。

● ライフスタイルとしての過剰適応

現代社会が、一方で、管理的色彩を強めながら、他方で、能力主義による選

▶**私事化**
プライヴァタイゼーションの訳。プライヴァシーや私事の自由を認める傾向をいう。私事化は、富裕化によって促進される傾向を持つ。

▶**自己実現**
C. R. ロジャーズやA. マズローによって使用された概念。自己の能力や可能性を十分に生かし現実化していくことをいう。

別を強化していることを考えると，息苦しさは，頂点に達し始めているのかもしれません。加えて，欲望を煽る過剰な情報が氾濫していることを考えると，煽られた欲望を消化することなく新たな欲望が刺激されるという状況が延々と続きます。たとえば，出版物は，日々洪水のように生産されます。われわれが，そのなかから選択するのは僅かな作品でしかありませんが，それでも読書三昧を約束された生活ではないから，生活の一部として読書に勤しむことになります。われわれに与えられた時間は，皆一日24時間です。しかし，この24時間の使い方は，人それぞれです。**欲望を煽る社会**は，われわれの生活リズムに多様な欲望へのアクセスを刺激します。結果，情報に振り回され，本来の仕事が捗らないということになります。自己にとって重要な課題を成就するためには，自己にとって余計なことと思われることを排除していくしかありません。しかし，われわれの生活は，好きなことだけをしていれば，それで良いという人はほとんど存在しないだろうと思います。多くの人々は，生活の糧として，仕事に勤しむことになります。仕事と好きなことは，多くの場合，異なっていることが多い訳ですから，好きなことは，思うように捗らないというのが現実です。このような現実のなかで，好きなことにも勤しむという行為を実現しようとすると，仕事が苦痛に思えてきます。

仕事もそこそこにこなし，好きなこともそこそこに実現するといった超人的な生き方は，誰もができることではありません。多くは，どちらかに偏っているのではないかと思われます。超人的な生き方を可能にするのは，それぞれの仕事を背後で支えてくれる人々が存在することが前提であるように思われます。

◯ ライフスタイルとしての自己実現

個人化や多様化と同様に，家族は，「自己実現」という価値に魅了されてきています。しかし，家族成員の「自己実現」と，家族全員の「自己実現」を同時に充たすことは不可能です。家族成員のひとりが「自己実現」を果たそうとするとき，他の家族成員は，それを支援する役割を演ずることはあっても，同時に充足することはあり得ないと思います。

とりわけ，育児や介護の対象を家族成員に持つとき，育児や介護と自らの「自己実現」を同時に充足することは不可能に近いと思います。仮にこれらの課題を同時に充足させようとすると，育児や介護の対象者にさまざまなしわ寄せを与えることになります。育児の対象である子どもは，育児雑誌のマニュアルどおりにはいきません。子どもは，子ども自身の時間を生きています。大人による強制は，子どもにとって不快そのものです。したがって，駄々をこねます。駄々をこねる子どもに，大人はストレスを溜め込みます。子どもの反応を楽しむ余裕が大人の側になければ，子育てを楽しむことは不可能に近いと思います。大人が子どもに対して統制しようとすればするほど，子どもは大人にとって手に終えない存在となります。

▷ 欲望を煽る社会
資本主義社会は生産された商品を消費することによって成立するため，生産された商品は消費を促すように個々人の欲望を煽る傾向を有する。結果，資本主義社会は，欲望を煽る社会と形容される。

現代社会は，大人の「自己実現」と育児を両立させる方向で，家族支援の枠組みが用意されてきています。確かに，形式的な両立は可能です。しかし，育児ストレスや育児ノイローゼ，そして子ども虐待の頻発は，何を物語っているのでしょうか。大人が「自己実現」を果たそうとする気持ちが強ければ強いほど，大人にとって育児は，片手間で対処しなければなりません。そのような状況において，子どもが示す大人にとって統制不能なメッセージは，自ずと大人のストレスを溜め込むことになります。同じ育児という行為を，余裕を持って楽しむことができれば，それほどのストレスは負荷されないのではないでしょうか。それは，少しばかり自らの「自己実現」を先延ばしにすれば良いのです。しかし，現代人の自我は，自己と他者である子どもを秤にかけたとき，自らの「自己実現」を先延ばしにするといった発想とは距離を持ちます。したがって，このようなジレンマ状況に追い込まれることになります。

●M字型労働曲線の評価

▶母性神話
産む性としての女性が子どもの育児にあたって無償の愛を惜しみなく与えるという観念は，社会的に構成されたものであるという主張。

▶M字型労働曲線
女性が結婚や妊娠によって労働の場から撤退する傾向を，アルファベットのMに見たてて表現したもの。母性神話や三歳児神話の影響が指摘されている。

母性神話や三歳児神話の否定は，それ自体に科学的根拠が希薄であったとしても，上記のジレンマに追い込まれないための手立てを準備していたことも事実です。M字型労働曲線の評価にしても，Mの窪みを母性神話や三歳児神話に縛られているから，と解釈されますが，そのような単純な解釈で良いのでしょうか。重要なことは，育児がそれなりに大変なことが知られ，片手間では対処できないことが，経験的にこのようなシステムを作り上げてきたとも解されます。性別役割分業の固定化によって，男性に都合の良いシステムを作り上げてきたという一見もっともらしい言説の普及に欠落しているのは，子どもの視点への配慮です。したがって，M字型労働曲線へのこだわりは，母性神話や三歳児神話に縛られているからというものが支配的ですが，見方を変えれば，子どもの視点への配慮とも理解されます。前者には，男女の平等という視点は明確ですが，その平等を子どもにまで拡大した視点が構成されている訳ではありません。

❷ 統制の失敗としての家族問題

子どもをめぐる多くの家族問題が，頻発しています。これらの背景には，大人が子どもを統制しようとしてそれに失敗した結果が垣間見えます。ある専業主婦は，自らの「自己実現」を子どもの成長に託します。それは，幼少期からの受験という課題に親子を立ち向かわせるが，ことごとく失敗することになります。子どもは，母親を愛するがゆえに，この努力によく耐えます。しかし，度重なる失敗のたびに，次の受験で頑張ろうというメッセージが母親から出されます。失敗のたびに，子どもは，傷を深めてゆきます。高校受験に失敗した頃，子どもは不登校になり，時折母親に対して暴力をふるうようになりました。母親にとって子どもは，これまで統制可能な存在でした。しかし，子どもの暴

力が出始めた頃から，母親は対処の術を見失い，「あなたの好きにすれば」といった子どもを突き放すような言動を吐きました。このことばによって，子どもは，完全に切れてしまいました。暴力はさらにエスカレートしていきました。愛する対象であった母親から，突き放されたことによって，愛情は憎悪に反転しました。母親を愛するがゆえに健気に忍耐してきた子どもにとって，この母親の一言は，余りにも冷淡なものに映ったことでしょう。愛する者からの裏切りは，子どもに憎悪の炎を燃やすことになります。子どもにしてみれば，これまでの人生を返してくれとでも言いたいでしょう。そのようなやり切れない思いが，暴力の形をとって爆発します。

　もし大人の側に子どもを統制しているという自覚があるなら，最後まで付き合うのが道義でしょう。統制できなくなったから，私は知りませんでは，子どもが納得するはずがありません。もし無自覚にそのようにしたのであれば，気づいた段階で，子どもに謝るべきです。多くの大人たちは，子どもを統制可能な存在と思っているのではないでしょうか。子どもを統制しようとする大人の発想には，学歴をはじめとするさまざまな価値を大人の指揮のもとに子どもに内面化させることによって，豊かな生活が享受できるという観念が存在しています。しかし，能力には個人差があり，努力によって簡単に埋めることのできない場合も多いと思います。確かに努力することはそれなりに意味があります。しかし，大人がそのような価値に支配されている以上，子どもは自由になることはできません。努力は尊いが，しかし能力には個人差のあることが，大人によって自覚されなければ，子どもは，大人に振り回されることにもなります。

　個人化，そして多様化，また自己実現といったキーワードの背景には，大人と子どもの間のボタンの掛け違えが，多くの家族問題を出現させてきたのかもしれません。古い諺に「二兎を追う者は，一兎も得ず」の譬えがあるように，われわれは，利害の異なる命題を止揚することに努力してきましたが，そのことがもたらす負の遺産に盲目であったのではないでしょうか。自らの「自己実現」と育児という2つの課題を同時に充足させる試みは，大人にとっても子どもにとっても多くの犠牲を強いられることがらでもあることに，そろそろ気づいてもよいのではないでしょうか。

●現代家族のジレンマ

　現代家族のジレンマは，富裕化を自明な生活と設定するあまり，富裕な生活を維持することに多くのエネルギーを費やさなければなりません。それは，一方で，自らの「自己実現」に寄与しますが，他方で，それは多くの精神的に余裕のない生活および緊張と隣り合わせの生活でもあることを自覚すべきです。そのことが，子どもたちに負の影響を与えていることにもっと敏感でなければならないと思います。これらの認識は，介護の対象となる高齢者や各種の障害者にも適用できることがらです。

〔畠中宗一〕

Ⅰ なぜ家族福祉が必要とされるのか

3 家族福祉の特質

1 生活問題論の認識

　家族福祉という概念は,「家族成員および家族システム全体の健康という理念型を実現していくための目的概念」です。したがって,家族成員のなかで,子どもに対象を設定すれば,「子ども家族福祉」,同様に高齢者に対象を設定すれば「高齢者家族福祉」といった表現も可能です。同様に「障害者家族福祉」といった表現も成り立ちます。その理論的根拠として,生活問題論や家族関係論の認識や知見をあげることができます。また実現の方法や実現の水準によって,多様な家族福祉のイメージが構成されます。

▶生活問題論の認識
⇨ⅩⅤ-10 (158頁)

　たとえば,**生活問題論の認識**にならえば,生活構造は,生活水準,生活関係,生活時間,生活空間という概念によって理解されます。生活水準に関する研究は,貧困研究や最低生活費の研究によって展開されてきました。ある家族類型の生活がどのような水準にあるかは,生活関係,生活時間,そして生活空間のあり方にも影響を与えます。たとえば,母親が世帯主であるひとり親家族の場合,その生活水準は,一般勤労世帯の45.0%(1983),39.4%(1987)でありました。このことは,母親が世帯主であるひとり親家族の生活水準が,貧困問題と隣り合わせであることを教えてくれます。このことはまた,生活関係,生活時間,生活空間に直接反映されます。家賃を低く抑えることによって生活空間に,二重労働によって,生活時間に,そしてコミュニティのなかで孤立する傾向のなかで生活関係が,それぞれ影響を受けます。したがって,母親が世帯主であるひとり親家族の場合,貨幣的ニーズを充足させることが,家族福祉を実現していくための重要課題となります。

2 家族関係論の認識

▶家族関係論の認識
⇨ⅩⅥ-5 (172頁)

　一方,**家族関係論の認識**にならえば,家族内における関係性は,役割構造,家族内の勢力分布,コミュニケーション・パターン,問題解決に対する家族のアプローチ,そして情緒構造などを含みます。これらのうち,情緒構造に着眼すれば,以下のようになります。すなわち,情緒関係を,愛着関係,反発関係,そして無関心の3つのパターンで理解し,かつ家族成員間の関係を父母子関係に限定すると,父母関係,父子関係,母子関係の3つの関係に分解できます。これら3つの関係において相互に愛着関係が保証されれば(①),健康な情緒

関係と認識されます。加えて3つの情緒関係には，愛着関係が2つで，他の1つの関係が，反発関係あるいは無関心の場合（②），さらに愛着関係が1つで，他の2つの関係が反発関係の場合，あるいは他の1つの関係が反発関係で，残りの1つが無関心の場合（③），加えて愛着関係が全く存在せず，3つの関係が反発関係または無関心の場合，2つの関係が反発関係または無関心で，残りの1つが反発関係または無関心の場合（④），を想定することができます。

　これらのうち①は統合型，④は解体型と呼ばれます。以下で②と③をより詳しく説明します。②の場合，2つの愛着関係をもつ主体が，反発関係あるいは無関心の関係にある二者関係を橋渡しする役割を演じることになります。つまり，2つの愛着関係をもつ主体が，ブリッジの役割を果たすことになります。したがって，この役割が放棄されることによって，家族関係の解体は一気に加速される可能性を含みます。この種の情緒関係を，ブリッジング・タイプと呼びます。③の場合，1つの愛着関係と2つの反発関係あるいは無関心であるが，2つの反発関係あるいは無関心の主体が，スケープゴートの対象にされるという意味で，スケープゴート・タイプと呼ばれます。この三者関係は，スケープゴートの対象が存在することによって，1つの愛着関係が強化されるという関係です。あるいは，家族成員にスケープゴートが存在することによって，家族関係が維持される関係です。

　家族関係は，さまざまなライフイベントの発生によって，たえず家族危機の可能性をはらんでいます。家族危機への対処は，さまざまな水準の資源を活用することによって，さらにライフ・イベントに対する認識のあり方によって，加えて危機対処の経験の有無などによって行われます。しかも，家族危機の水準は，これらの諸要因の相互作用の結果と解されます。もしこのような対処によって，家族危機をクリアできなければ，家族問題に関する専門機関を訪ねる方法が残されています。

　したがって，家族関係の視点からは，ファミリー・ケースワークや家族臨床による対応が，家族福祉を構成することになります。このような認識に立てば，家族福祉の実現には多様な水準が存在するように思われます。そこで重要になってくるのが，臨床社会学の方法です。

　臨床社会学の方法の特徴は，事前評価，介入計画の作成，介入計画の実行，事後評価といった一連の介入プロセスにあります。

　もちろん家族福祉の前提には，**申請主義**やクライエントがクリニックに足を運ぶという前提が存在しますが，より理念的には，アウトリーチの導入によって，潜在的なクライエントを掘り起こしていくことも重要でしょう。現段階では，そこまでの方法は，取り入れられていません。したがって，個人や家族がある生活問題を抱えそれに何らかの対処をしたいという主体的な問題解決指向が存在しなければ，家族福祉の実現は不可能に近いことになります。　　（畠中宗一）

▷**臨床社会学の方法の特徴**
⇒ⅩⅦ-3（180頁）

▷**申請主義**
福祉サービスの利用手続きやサービスが，当事者の申請によって開始される場合をいう。措置制度を中心とするわが国の福祉サービスは，生活保護法を除き，法的には職権主義を前提にしているが，実際には当事者による申請行為を契機にして手続きが開始されることになっている。

II 家族問題の現代的特徴

富裕化社会

1 「現代資本主義」における二つの「現代」像

　富裕化社会とは，抽象的に表現すれば，経済の高度化に伴って生活水準が上昇していく社会をいいます。かつて，馬場宏二は，「過剰商品化社会」「過剰効率社会」と並んで，**過剰富裕社会**という概念を提起しましたが，その後，**富裕化**という用語が，社会科学の用語として一般化してきています。「富裕化」という用語が，社会科学の用語として提示された文脈は，「現代資本主義」における，2つの「現代」像が見られることに端を発しています。

　ひとつは，「現代資本主義」を，組織された資本主義として認識する。他のひとつは，成長力にポイントを置いた認識である。前者においては，組織化は，労働基本権の承認・国家による労使関係への介入，福祉国家化，大衆民主主義等を意味する。すなわち，資本蓄積を制約する「福祉」「同権化」に力点が置かれる。後者は，資本の蓄積衝動が民衆に内面化され，国家レベルでは経済成長志向となったのが「現代資本主義」だと規定される。すなわち，資本蓄積制約条件を乗り越える，「成長」「富裕化」に力点が置かれる。加えて，この「成長」が，「現代資本主義」に特有の，富裕化，都市化，高学歴化，女子の労働力化，少産化，高齢化といった社会変動をもたらしたことが重視される。

2 「過剰富裕化」「過剰効率化」「過剰商品化」

　ところで，この後者の視角から，現代社会を見ると，社会の富裕化に伴う問題群が浮かび上がってきます。「過剰富裕化」「過剰効率化」「過剰商品化」がさしあたりそれです。運営委員会のこれに関する記述は，以下のとおりです。すなわち，

　　まずアメリカが1920年代後半に，イギリス，ドイツ，フランスが1960年代後半，そしてイタリアと日本が1970年代前半に「過剰富裕化」に突入した，と言われる。ミクロレベルではジョギング，ダイエット，自動車の普及，マクロレベルでは先進諸国への富の偏在，地球大の急速な環境悪化などがその帰結である。それに伴って，「過剰商品化」～労働力商品化の下でもなお非商品経済的関係として留保されてきた労働力の再生産過程までが商品経済的に分解されること～が進行し，従来共同体的関係によって維持されていた家族内にまで容赦なく商品化が入り込む。家事労働，介護，養育が次々に外部化，商品化され，

▷ 馬場宏二「過剰効率社会日本の労働」『思想の科学』11月号　思想の科学社，1998年，4～13頁。

▷ 運営委員会「現代日本社会の構造と特殊性──問題の提起」東京大学社会科学研究所編『現代日本社会1　課題と視角』東京大学出版会，1991年，8～10頁。

▷ 運営委員会「現代日本社会の構造と特殊性──問題の提起」東京大学社会科学研究所編『現代日本社会1　課題と視角』東京大学出版会，1991年，7～9頁。

人と人との親密な関係が極小化する。最後は「過剰効率化」である。それは，資本制社会が機構として内蔵している効率追及が「現代資本主義」の成長志向のもとで，過度に進められた結果である。ここでまた，本来人が社会関係を営むのに不可欠のムダ，ゆとりが，次々に省かれ，生産過程のみならず，労働力の再生産過程にも効率化が浸透する。その結果，労働者のストレス疾患，「過労死」，家族の崩壊が生じる。

このように，「富裕化」は，「現代資本主義」における一つの「現代」像を構成します。加えて，「過剰富裕化」「過剰商品化」「過剰効率化」といった一連の分析概念は，「富裕化」をキーワードにして，家族問題が論じられる可能性を示唆します。

▷ 運営委員会「現代日本社会の構造と特殊性——問題の提起」東京大学社会科学研究所編『現代日本社会 1 課題と視角』東京大学出版会，1991年，10頁。

3 富裕化社会のもう一つの側面

ところで，富裕化社会は，わが国の現在を形容する一つの概念です。グローバリゼーションの進行は，米国を中心とした世界標準で競争原理に拍車をかけています。その結果，リストラや失業が多発化しています。バブル経済の負債を抱えたまま，グローバリゼーションに対処するわけですから，企業の統合や合併が日常的に進行することになります。

もちろん，日本企業が国際社会で勝ち抜いていくためにはグローバリゼーションの論理を受け入れざるを得ないことは理解できますが，国益を守るという視点からグローバリゼーションとの折り合いを模索する発想も必要であるように思います。国際政治における権力関係は，大国の行為に追随することを余儀なくされますが，独立した国家として，大国の論理に巻き込まれない第三の道を模索することも重要です。それは富裕化の意味を問い直すことから始まるように思います。

途上国の子どもたちの眼の輝きに比べ，先進国と言われるわが国の子どもたちの輝きを失った眼は，何を意味しているのでしょう。先進国では，大人も子どもも疲れた生活をしているようです。ここにも富裕化の意味を問い直すヒントが隠されているように思います。

（畠中宗一）

II 家族問題の現代的特徴

 家族問題

▷詳しくは，畠中宗一『家族臨床の社会学』世界思想社，2000年を参照。

 富裕化社会における家族問題の変数群

富裕化社会における家族問題は，図2に示されるような諸変数に規定されているように思われます。

すなわち，①個人主義指向，②平等主義指向，③人権思想の浸透，④富裕化，⑤情報化，⑥私事化の肥大化，⑦社会規範の希薄化，⑧父親役割の希薄化，⑨家族関係の希薄化，⑩政策圧力，⑪ストレス社会，⑫管理社会，⑬性別役割分業をめぐる葛藤，などがそれです。

①の個人主義指向および②の平等主義指向は，戦後社会を総括する重要なキー・ワードです。

③の人権思想の浸透も，①および②と密接な関連をもちますが，とりわけ近年においては，自由権が私事の自由との関連で重要視されてきています。

④の富裕化は，高度経済成長のポジティブな面に焦点を当てたキー・ワードです。

⑤の情報化は，過剰な情報によって振り回されてしまったり，情報機器の発達について行けなかったり，といったことがらが，問題になります。

⑥および⑦は，相対的な関係にあります。つまり，私事化の肥大化と社会規範の希薄化は，反比例の関係にあります。

⑧の父親役割の希薄化は，父親の仕事中心的な生き方が，家族内での存在感を低下させたひとつの帰結です。

▷原田純孝「高齢化社会と家族」東京大学社会科学研究所編『現代日本社会 6 問題の諸相』東京大学出版会，1992年，81～146頁を参照。

⑨の家族関係の希薄化は，両親の共働きによる社会的役割負担の増加などによって，夫婦関係および親子関係，さらには少子化に伴うきょうだい関係の不在・減少といったように家族関係が変化したため，相対的に希薄になってきたことを意味します。

⑩の政策圧力は，家族の介護力を期待した日本型福祉社会論に立脚した家族政策が，家族を支援するというよりも家族に圧力を加え家族の解体を促進させてきた，という原田純孝によって使用された概念です。

▷馬場宏二「過剰効率社会日本の労働」『思想の科学』11月号，1988年，4～13頁を参照。

⑪のストレス社会については，馬場宏二のいう「過剰効率社会」が想起されます。つまり，ムダやユトリがあってこそ，社会であるという認識に立てば，このムダやユトリの部分にさえも効率性の論理を持ち込み，社会全体を管理していけば，そこでの人間関係はギスギスしたトゲトゲしいものとならざるをえ

ません。そこでは、人々は大きなストレスを付加されます。

⑫の管理社会は、同質性を好み、異質性を排除する傾向を有します。学校におけるいじめ現象は、ひとつの要因として、この異質性を排除する傾向が読み取れます。

⑬の性別役割分業の葛藤は、女性の自己実現指向が強まるなかでジェンダー・ロールの固定化を批判する思潮が高まり、その認識を巡って世代間あるいは男女間で葛藤が生じていることを意味します。

したがって、富裕化社会の家族問題は、①から⑨の【説明変数】および⑩から⑬の【媒介変数】に規定されて出現していると認識することができます。

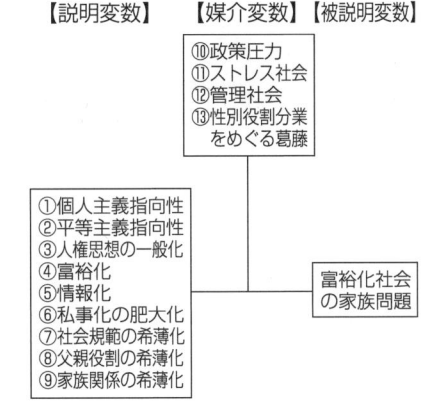

図2 富裕化社会の家族問題に関する説明モデル

出所：畠中宗一『家族臨床の社会学』世界思想社、2000年、96頁。

2 家族問題と抵抗体としての家族の可能性

ところで、山根常男にならえば、家族問題は、社会に対する「不適応」あるいは「過剰適応」として出現するように思います。社会に対して「適応的」であるという意味は、「過剰適応」とは異なります。すなわち、プライバシーのとりで、人間性のとりでとしての家族が社会によって脅かされるような状況では、家族は抵抗体としての機能を発揮することが期待されます。したがって、「適応的」ということばは、プライバシーや人権の侵害という矛盾を止揚するという意味での弁証法が応用されます。つまり、抵抗体としての家族という表現には、家族の主体性が前提とされます。しかし、現実の家族は、社会変動の大きさに圧倒され主体性を発揮するまでに至っておりません。

記述した富裕化社会における家族問題の変数群は、客体としての家族の現実を列挙したものです。したがって、家族の主体性という視点から家族問題をとらえておくことは重要な意味を持ちます。あるいは家族の主体性は、なぜ発揮されにくい状況にあるのかを明らかにする必要があります。M. T. ヴィティッヒ（Wittig, M. T.）は、高度に分業化した社会においては、家族システムと家族外システムの交差領域における家族役割が肥大化するという命題に対して、専門職としての対処を示唆しましたが、家族が主体性を発揮する一つの視点かもしれません。

（畠中宗一）

▷抵抗体としての家族
山根常男が、その著書『家族と社会』（家政教育社、1998年）の中で示した概念のひとつ。山根常男は、家族を父・母・子のつながりであるととらえた。そして家族の意味を、子育てにおいては「人間性のとりで」であり、私生活の場として「プライバシーのとりで」であると考えた。この機能を果たすことが、抵抗体としての家族の実現であり、家族が社会に過剰適応することをさせることができると考えている。

II　家族問題の現代的特徴

3　富裕化社会の家族問題

1　家族機能の脆弱化

　戦後日本社会は，経済の高度化を媒介として，「規範優先社会」から「私事化優先社会」へと移行しつつあります。「私事化優先社会」が経済の高度化を必要条件として成立してきているという指摘は，すでに1975年に村上泰亮が行っています。ここでは，この経済の高度化を，「富裕化」という概念によって代替し，「富裕化」社会における家族問題の特徴を素描します。すなわち，「富裕化」以前の家族問題は，大雑把に表現すれば，貧困を基調とした家族問題として記述できます。マルクス経済学の発想に習えば，それらは，「富裕化」の過程で解消される家族問題として認識されました。しかし，「富裕化」社会の到来は，貧困問題とは異なった，新しいタイプの家族問題を出現させてきています。1970年代後半以降に増加傾向の著しいいじめ，暴力，不登校などの子どもたちの氾濫，子ども虐待の増加，中高年の離婚数の増大，そして高齢者の自殺の実数の増加などは，富裕化のなかで，家族機能が外部化され，加えて原田純孝のいう「政策圧力」を媒介にして，家族システムの機能不全が著しく進行したと解釈されます。とりわけ，不登校や子ども虐待の増加は，わが国特有の現象というよりは，先進国と言われる国々に共通の現象として認識されてきています。「富裕化」社会において，なぜ不登校や虐待といった家族問題が多発化するのでしょうか。この問題を解く鍵は，おそらく富裕化によって「家族機能の外部化が促進され，それに伴う家族機能の脆弱化」という側面と，「富裕化が私事化を促進させる」という2つの側面にあります。「家族機能の脆弱化」と「私事化」によって，家族システムの機能不全が生起しやすい条件が整ってきているのではないでしょうか。

2　私事化の肥大化と規範の希薄化

　子どもをめぐる家族問題の素材を，不登校，援助交際，インセスト，そして子ども虐待などに求めると，そこには「私事化の肥大化と規範の希薄化」という共通のコンテキストを読み取ることができます。すなわち，

　不登校は，管理社会としての学校と私事の自由を求め自分らしく生きたいと思う子どもたちが示す異議申し立て行動，という解釈ができないでしょうか。

　援助交際は，私事の自由の肥大化のなかで，性規範が希薄化しているという

▷村上泰亮『産業社会の病理』中央公論社，1975年，166頁。

▷原田純孝「高齢化社会と家族」東京大学社会科学研究所編『現代日本社会　6　問題の諸相』東京大学出版会，1992年，81〜146頁。

解釈が可能ではないでしょうか。加えて当事者同士が合意のうえでの行為であり，他者に対して迷惑をかけている訳ではないという，いわゆる「被害者のない犯罪」という認識そのものが，私事化のなかで増幅されてきていることにも注目しておきたいと思います。

インセストも，援助交際と同様，「被害者のない犯罪」という側面をもっています。すなわち，当事者同士で合意が成立し，他者に対して迷惑をかけている訳ではないという当事者たちの認識は，それでも世間にある性規範，いわゆるインセスト・タブーとの間で葛藤を経験することになります。

子ども虐待は，母性神話など規範への過剰適応が逆に，ストレスをため込むことになり，臨界範囲を超えたストレスが虐待という形を取って発散されます。もちろん，その背後には，私事化の進行という一般的状況が存在する訳ですから，規範への過剰適応は，ストレスを増幅させることには違いありません。

このように富裕化社会における子どもをめぐる家族問題の多くは，「私事化の肥大化と規範の希薄化」という共通のコンテキストを背景に出現しています。

③ もう一つの視点

ところで，富裕化社会の家族問題を，以上のようなスキームで理解しましたが，さらに別の視点から検討してみたいと思います。すなわち，一つは，高度に分業化した社会においては，家族システムと家族外システムの交差領域における家族役割が肥大化するという命題（M.T.ヴィティッヒ）です。もう一つは，抵抗体としての家族（山根常男）の可能性という命題です。

前者は，肥大化した家族役割を家族成員がどのようにシェアリングするかという課題です。ドイツでは，このシェアリングをめぐって政治問題化していると言います。ヴィティッヒは，国際家政学会会長という職責上，肥大化した家族役割を片手間で対処することの困難から，家族役割の専門職としての位置づけを主張しましたが，論理的には一つの考え方だと思います。家族役割のシェアリングについては，ジェンダー・フリーだと考えるべきでしょう。肥大化した家族役割に対して専門職として対処するというのもすぐれて主体的な発想だと思います。

後者は，プライバシーや人間性が脅かされるとき，家族は抵抗体としての機能を発揮すべきだとした主張です。現代社会は，社会システムや経済システムの変動にグローバリゼーションが拍車をかける時代です。米国を中心とした世界標準によって競争原理に拍車がかけられています。結果，勝ち組と負け組が明確化されます。勝ち組に入るためには，過剰適応が前提となります。この文脈における家族の主体性とは，過剰適応に対して距離を置くスタンスです。そのスタンスが取りにくいところに，家族の限界があるわけですから，このスタンスが取れるような家族支援を図ることが重要になってきます。　　（畠中宗一）

▷ Schur, E. M. (1965). *Crime Without Victims : Deviant Behavior and Public Policy : Abortion, Homosexuality, and Drug Addiction*. Prentice-Hall, Inc.（畠中宗一・畠中郁子訳『被害者なき犯罪——堕胎・同性愛・麻薬の社会学』新泉社，1981年）

▷ 畠中宗一・本村汎「インセスト・タブーの希薄化に関する仮説構築にむけて——プライヴァタイゼーションの肥大化との関連で」日本社会病理学会編『現代の社会病理』11，1996年，73〜86頁。

III 家族福祉の定義

 # ノーマル・ファミリーから
ヘルシー・ファミリーへ

 ノーマル・ファミリーからヘルシーファミリーへ

「ノーマル・ファミリー」（normal family）とは，一般に「正常家族」と訳されますが，それは両親がそろっている家族を「正常」と評価し，そのどちらか一方あるいは両方が欠落している家族を「異常」と評価する考え方です。この文脈において，ひとり親家族は，「ブロークン・ファミリー」（欠損家族：broken family）とよばれてきましたが，ひとり親家族の増加などを背景に，1970年代半ばより「ワンペアレント・ファミリー」（one parent family）という呼称が普及するに至りました。その呼称は，少なくとも「ブロークン・ファミリー」という呼称がもっていた，差別的・価値剥奪的な表現を中立的に表現しようとするものでした。1990年代に入り，英国では「ローンペアレント・ファミリー」（lone parent family）という呼称が使用されるようになりました。米国では「シングルペアレント・ファミリー」（single parent family）が一般的です。

ところで，「ヘルシー・ファミリー」は，一般に「健康な家族」と訳されますが，それは家族形態の多様化を前提に，それぞれの家族形態にとって「健康な家族」とはどのようなものであるかを模索した目的概念です。「ブロークン・ファミリー」から「ワンペアレント・ファミリー」への呼称の変更は，「ノーマル・ファミリー」から「ヘルシー・ファミリー」への理念の転換と呼応する動きです。しかし，家族形態の多様化を前提にした「ヘルシー・ファミリー」の具体的研究はそれほど多くはありません。たとえば，米国の議会図書館で「ヘルシー・ファミリー」を検索すると，単行本で68冊検索されますが，家族社会学や家族心理学の範疇に加えることのできる文献は，24冊です。内容にまで深入りしてチェックを行えば，その数はもっと少なくなるでしょう。また過去10年間に限定して，学術雑誌を点検しても，家族社会学や家族心理学の文献は極端に少ない。

2 先行研究

わが国に限定すれば，その業績の多くは，日本家政学会および日本家政学会家族関係部会などに見られます。その主要な研究目的は，家庭生活の健全度測

定指標を構成することにおかれます。たとえば，百瀬靖子他（1980）の研究では，4側面10領域，100項目にわたる項目・尺度の作成が試みられ，同尺度による一般主婦を対象に測定した結果，ストレス，家族統合，夫婦関係，住居・環境領域（指標）に高い健全度が示されたこと，指標の妥当性をカイ二乗検定により求めると，ストレス，家族統合，夫婦関係，生活満足度，住居・環境領域（指標）に高い妥当性が示されたこと，指標の健全度への影響をファイ係数により求めたところ，全体判断的側面（家族統合，生活満足感領域指標）の連関の高さが示されたこと，高等教育へ子女を進学させる家庭の健全度は幼稚園児を有する家庭より高い健全度を示したことなどです。これらにより，家族関係領域，心理的・情緒的領域，家族意識的領域指標での健全度測定尺度としての妥当性の高さ，と同時に同指標での健全度の高さが認められ，同時に家庭生活の健全度測定値は，家庭生活の満足度状況と関係が深いという仮説が実証されました。

▷百瀬靖子・湯沢擁彦・末広和子・内海すの子「家庭生活の健全度測定」『家政学会誌』31-7，1980年，40～46頁。

　また畠中宗一（1999）の研究では，教育期の親子を対象にした「健康な家族」特性に関する因子分析の結果，以下のことが明らかになりました。すなわち，子どもの場合，「コミュニケーション因子」「体力づくり因子」「経済的安定因子」「心身の健康因子」「食欲因子」の5因子（固有値1以上，因子負荷量.04以上，累積寄与率63.1％）が，父親の場合，「お互いを尊重する因子」「基本的生活習慣因子」「平等因子」の3因子（固有値1以上，因子負荷量.04以上，累積寄与率87.0％）が，そして母親の場合，「お互いを尊重する因子」「経済的安定因子」「心身の健康因子」「いつも一緒因子」「団欒因子」の5因子（固有値1以上，因子負荷量.04以上，累積寄与率75.8％）が，それぞれ析出されました。

▷畠中宗一「『健康な家族』とは」『生活科学最前線90のトピック』中央法規，1999年，84～85頁。

　この因子分析の結果を約言すると，①子どもと母親には，「経済的安定因子」「心身の健康因子」で共通性がみられます。②父親と母親には，「お互いを尊重する因子」で共通性が見られます。③子どもと父親には，共通性が見られません。④子どもに固有な因子は，「コミュニケーション因子」「体力づくり因子」「食欲因子」です。⑤父親に固有な因子は，「基本的生活習慣因子」「平等因子」です。⑥母親に固有な因子は，「いつも一緒因子」「団欒因子」です。

▷⇒ⅩⅢ-4（198頁）参照。

　このように，教育期の親子を対象にした「健康な家族」特性に関する因子分析の結果は，子ども，父親，母親のそれぞれにおいて，異なった因子構造をもっています。

3　アセスメントをめぐる評価

　家庭生活の健全度測定指標や「健康な家族」特性に関する研究は，優れて実践的・臨床的視点に着眼した応用科学です。家庭生活の健全度測定指標によって，家庭生活の健全度の診断が可能となります。しかし，この種の研究は，「健全な家庭」と「不健全な家庭」を色分けすることに加担する側面を有する

ため，その行為自体への評価は二分されます。これは，あたかもひとり親家族の子どもたちを対象にした米国における研究で指摘されている，3つの言説のうちのひとつとも対応します。すなわち，

> シングルの母による子育ては，一面で有害であったとしても，シングル・マザーやその子どもたちに烙印を押すことになりかねないため，有害であるということを語るべきではありません。

という言説がそれです。この言説に対して，マクラナハンとサンデフュア (Mclanahan, S. & Sandefur, G.) は，否定的な立場を表明しています。すなわち，

> この立場の背後にある思いやりは理解できますが，シングル・マザーの問題を語らないことが，逆に有害であることのほうが多い。今日，生まれてくる子どもの約三分の一が未婚の母親の子どもであり，18歳までに親の離婚を経験する子どもの割合は，45％に及びます。1992年に生まれた子どもの半分以上が，子どもの時代の全期間又はある時期を片方の親から離れて暮らすという経験をしています。こういった子どもたちを支援するための政策の進展を求めるならば，危機的状況に立たされている子どもたちの実際の姿について認識することが重要です。またシングル・マザーに関する否定的特徴を語ることは，長期的に見ればすべての人々にとってよい結果をもたらすのではないでしょうか。親たちは，自らが別居することによって子どもたちに与える影響の可能性についても知る必要があります，

と主張されます。

同様に，「健全な家庭」と「不健全な家庭」という色分けは，それ自体，家庭に対する烙印を押すことになりかねないため，不健全であるということを語るべきではない，という言説が成り立つかもしれません。しかし，実践的・臨床的視点で家族や子どもたちに関わる場においては，これをアセスメントする指標が存在しなければ，子どもたちや家族を支援する手立てを失うことになります。もちろん，その指標は，これまでの家族モデルではなく，個人化そして多様化を前提とした，新しい家族モデルでなければならないことは言うまでもありません。

この種の研究は，単なる家族のアセスメントのために応用されることは謹まなければなりませんが，家族の「健幸」（well-being）度を高めるために応用されるべきでしょう。

ところで，この種のアセスメントを前提とする発想は，近年不人気です。これは，**社会病理学**という学問の歴史的趨勢を振り返るとある程度理解することができます。すなわち，「規範優先社会」にあっては，その社会に内在する規範の支持度によって，マジョリティ（多数派）とマイノリティ（少数派）が二分され，マイノリティの行為が「異常」とか「逸脱」としてアセスメントされることがありました。しかし，「私事化優先社会」にあっては，病理判定の基

▷ Mclanahan, S. & Sandefur, G. (1994). *Growing up with a single parent*. Harvard University Press. pp. 1-17.

▷ *ibid*., pp. 1-17.

▷ **社会病理学**（social pathology）
社会病理学の名称は，古くはリリエンフェルト (Lilienfeld, P. v.) デュルケーム (Durkheim, E.) に遡る。しかし，1950年代半ば以降，社会病理学の名称はほとんど使用されなくなり，かわって社会問題論や逸脱行動論が一般的になった。価値観多様化の中で，病理判定の基準が曖昧化され，昨今ではこの名称への違和感も指摘されている。

準そのものが不確かなため，アセスメントそれ自体の前提条件が成立しにくい状況が出現してきています。

たとえば，専門家のアドヴァイスに納得できなければ，アセスメントそれ自体が成立しないということも起こり得ます。このような文脈において，「健康」とか「健全」といったある種の価値が内在化された用語そのものに対して，敏感な反応が示されるというのが今日的な状況です。

「健康」とか「健全」といった用語それ自体に，一定の価値が前提とされるため，「不健康」「不健全」とアセスメントされた人々からの異議申し立てが容易にできるのが，「私事化優先社会」です。

4 アセスメントの重要性

社会科学の営みは，それぞれの認識枠組からのアセスメントという行為を含んでいます。そのアセスメントの結果に基づき，処方箋が書かれます。アセスメントという行為そのものを否定することは，処方箋を書くという行為を断念することでもあります。処方箋を書こうとする社会科学者は，何らかのアセスメントを行うという行為から自由になることはありません。目先の思いやりや偽善行為が蔓延するなかで，いわゆる批判科学だけで社会科学の使命を完結することには納得がいきません。富裕化のなかで，学問がサロン化する傾向は否めませんが，そのことが，現実との距離をより大きくしていくことにも敏感でありたいと思います。

加えて，ここでいうヘルシー・ファミリーという概念は，家族の個人化や多様性を前提とした理念型あるいは目的概念です。したがって，多様化の類型のなかには，ノーマル・ファミリーでうまくいっている家族が存在することも認めなければならないと思います。家族の個人化や多様化は，集団としての家族が，個人を抑圧するという認識をもちがちです。すなわち，家族から離脱する傾向をイメージしがちです。しかし，その比率は定かではありませんが，他方で家族に執着する人々が存在することも確かなことです。

われわれに必要な認識は，この2つの指向性を折り合わせる発想ではないでしょうか。家族論の現在が，集団としての家族から個人化や多様化を強調する程度に応じて，家族への執着といった指向性は無視されがちです。

たとえば，児童養護施設の子どもたちは，家族への執着を強く示す傾向が見られます。彼らが示す家族への執着は，定位家族において充足されなかったものを，生殖家族において実現したいという思いとして理解することができますが，このような状況におかれた子どもたちの現実と，家族社会学でいう家族のそれとは，大きな隔たりを感じます。いま求められているのは，これらの現実の落差を小さくする努力ではないでしょうか。

（畠中宗一）

III　家族福祉の定義

 臨床・実践としての家族福祉

1　臨床・実践という視点

　家族福祉を定義することはそれほど単純ではありません。その守備範囲をどのように設定するかによって多様な家族福祉に関する定義が成り立ちます。本著では，「臨床・実践」および「政策」といった2つのキーワードに着眼し，その視点から家族福祉の定義に接近してみましょう。
　「臨床・実践」という視点は，ファミリー・ケースワークや家族療法，そして社会学的カウンセリングといった技法と親和的です。これらの技法は，主観的に問題を抱えていると認知したクライエントに，家族システム論によるアプローチを行い，クライエントの認知枠組みを変化させたりすることによって，問題の解消・解決を図ることが目指されます。
　家族システム内で生起する家族成員の問題認識は，家族成員それ自身の問題に還元することなく，家族システム内で展開される家族関係の結果でもあります。したがって，クライエントおよび**クライエント・システム**という考え方が一般的に取られます。すなわち，クライエントは，主観的に問題を抱えていると認知していても，いわゆるクライエント・システムに所属する人々が，クライエントの認識とは別に状況をどのようにとらえているかという視点が重視されます。クライエントとクライエント・システムの間に認知の齟齬が見られれば，認知の齟齬を小さくするような介入が行われます。

2　介入プロセスを通した支援

　臨床・実践としての家族福祉の方法は，基本的に介入プロセスを通した支援が行われるところにその特徴が存在します。介入プロセスとは，事前評価，介入計画の作成，介入計画の実行，事後評価を意味します。これら一連の行為群を通して問題の解決・解消が指向されます。一連の介入プロセスの結果，事態が改善されなければ，再度事前評価からやり直すことになります。先述のクライエントとクライエント・システムという認識も家族療法における事前評価の特徴を示すものです。ファミリーケースワークであれば，社会福祉の専門的認識が動員されます。同様に臨床心理学であれば，その専門的認識が動員されます。したがって，どのような専門性を基礎に持つかによって事前評価の内容は異なってきます。

▶**クライエント・システム**
（client system）
専門的な援助の対象となるシステムのこと。クライエントが個人であっても，家族・グループ・組織や社会環境，社会資源と結びつけることによって，より大きなシステム全体を援助の対象としてとらえる。

同時にどのような事前評価が行われるかによって支援の内容も変化します。すなわち，事前評価の結果作成される介入計画とその実行により，事態が改善されたという事後評価が行われれば，介入計画およびその実行は，クライエントにとって支援という意味を持つでしょう。

ところで，介入プロセスの主体は，多くの場合，専門家であることが前提とされています。非専門家による介入行為は，一般的ではありません。しかし，準専門家あるいは非専門家による支援がまったく存在しないわけではありません。とりわけ，実践の領域では，多くのボランティアがクライエントの支援のために行動しています。極端な場合には，クライエントのニーズに応えることが「支援」であるという理解も存在します。

3 アセスメントの重要性

介入プロセスが採用される場合，クライエントのニーズが直接「支援」を構成するわけではありません。クライエントにとってどのような「支援」が可能かまたは必要かといったことは事前評価の結果として明らかになります。したがって，クライエントのニーズと事前評価の結果によっては，問題解決のための「支援」とクライエントのニーズが異なる場合もおおいにありうることです。

これまでの問題解決型のアプローチでは，クライエントのニーズを前提に展開されてきましたが，そこにはクライエントのニーズに応えることが「支援」であるといった認識が存在していました。しかし，クライエントのニーズに応えることが，必ずしも問題解決に至らないのであれば，それは「支援」とはいえません。臨床・実践としての家族福祉の方法は，問題解決を指向します。したがって，問題解決指向による事態の改善が，クライエントの「支援」です。その際，事前評価により何が問題であり何が解決を目指されるべきことであるかがポイントになります。クライエントのニーズは，事前評価のための情報の一つに過ぎないことを認識しておく必要があるように思われます。

とりわけ，学際的な指向性を高めることによって，問題と認識しているクライエントをめぐるアセスメントの内容は多様なものとなります。このことは，個別科学のアセスメントによって明らかになる命題群が矛盾するという課題に遭遇することになります。したがって，矛盾を止揚するという弁証法の発想が必要になります。

クライエントおよびクライエント・システムの間の矛盾をいかに小さくするかという指向性をもって，命題間の折り合いを模索する必要があります。このような認識枠組みを使いこなすためには，一つの個別科学の方法に精通することはもちろんのこと，それ以上に複数の個別科学の方法に精通する努力が必要です。そうでなければ，自分と異なる領域の人々と，生産的なコミュニケーションを行うことができません。

（畠中宗一）

参考文献
畠中宗一『家族臨床の社会学』世界思想社，2000年。

Ⅲ 家族福祉の定義

 政策としての家族福祉

 対象限定による政策の限界

　臨床・実践としての家族福祉に対して，政策としてのそれは，どのように認識することができるでしょうか。臨床・実践の具体例は，ファミリー・ケースワーク，家族療法，社会学的カウンセリングなどでした。これらに対して，国家や地方自治体が法的根拠に基づいて展開する福祉政策を言います。福祉政策の体系は，児童福祉法，身体障害者福祉法，知的障害者福祉法，老人福祉法，母子及び寡婦福祉法など，その対象は，「児童」「身体障害者」「知的障害者」「老人」「母子及び寡婦」といった形で限定され，家族というより個人を対象にされています。また生活保護法は，「世帯」が単位になっています。さらに「育児・介護休業法」は，家族内に「育児」や「介護」の対象者である子どもや高齢者が存在することが前提とされます。

　したがって，政策としての家族福祉は，家族成員である「個人」が「児童」「身体障害者」「知的障害者」「老人」「母子及び寡婦」といった形で限定された生活問題を必要条件とし，これらの「個人」を政策的に支援することによって，家族のウェルビーイングを高めていく政策的行為です。

　ところで，政策としての家族福祉は，家族成員である「個人」に限定された生活問題という認識で十分でしょうか。岩田正美は，生活問題を，以下のように記述しています。

　　　生活水準や所得に代表させて把握する方法として貧困問題という認識が古くからあるが，この基準も一定ではない。また質的にとらえる方法として，栄養，健康，住宅，消費，子育てや介護，家族関係，生活管理力などの諸局面別にそれぞれ異なった基準から「問題」を判断するものもある。これはイギリスの相対的剝奪論などとも関連するとらえかたであり，社会や特定階層の生活様式の問題を含んでいる。また生活主体が何をなしうるのかという潜在能力や，財や機会へのアクセスの不利などを取り上げる場合もある。これらの質的指標の相互関連や，貧困把握との関連を生活の構造や枠組みに添って検討することが重要である。

▶岩田正美「生活問題」庄司洋子・木下康仁・武川正吾・藤村正之編『福祉社会事典』弘文堂，1999年，587頁。

　確かに，生活問題の切り口は，生活水準や所得に代表させて把握する方法から，栄養，健康，住宅，消費，子育てや介護，家族関係，生活管理力など質的にとらえる方法が存在しています。これらの生活問題は，家族成員である「個

人」に限定された生活問題という認識では限界があります。「世帯」「家族」「家庭」といった単位で論議することがより有効です。

❷ ケースワークや家族療法でアプローチする対象が政策の対象を構成

　加えて，近年における児童虐待防止法，ドメスティック・バイオレンス防止法の成立は，これまでプライヴァシーの領域として潜在化されてきた家族問題を，政策の対象とするようになりました。

　すなわち，家族関係の負の側面に対して，政策的な対処が行われるようになりました。これらの生活問題は，児童相談所，家庭裁判所といった専門機関の対処によって問題の解決・解消が図られますが，その中核はケースワークや家族療法を中心とした人間関係論的アプローチです。

　したがって，政策論とケースワーク論といった二元論ではなく，ケースワークや家族療法でアプローチする対象が，政策の対象を構成するようになったと理解すべきでしょう。あるいは現代社会は，私事化の進行に従って，虐待，暴力といった家族内部の負の行為が顕在化されやすくなってきています。その結果，家族内部の負の行為に対して，政策的な対応が行われてきています。

　ちなみに，家庭外保育の充実は，両親の共働きや一人親家族の父親または母親が，安心して就労できるための条件であり，それが充足されることによってそれぞれの家族のウェルビーイングを高めていく前提として機能します。しかし，家庭外保育の充実は，大人の自己実現を支援するという側面が強いように思われます。

　子どもの視点に配慮するならば，家庭外保育の質についてももっと配慮する必要があります。すなわち，大人の自己実現を支援するという命題と安定した保育者との関係を保障するという2つの命題を同時に充足するシステムとしてどのような子ども家族支援システムがベターであるかといった視点が欠落しているように思われます。

　したがって，家族政策は，家族生活の客観的条件を充足させるために機能するばかりでなく，その主観的条件をも配慮をしなければならない状況にあります。プライヴァシーへの家族政策による介入は，その典型ですが，それらに対する政策的対応は，従来の家族政策の範疇を超える場合も少なくありません。

　このように複数の命題の間には，矛盾する課題が存在することが多いように思います。したがって，命題間の折り合いを模索することが重要な視点を構成することになります。このような指向性を一般化するためには，学際的な指向性とも親和性を高めることになります。学際的な指向性を高めれば高めるほど，命題間の折り合いを模索するという指向性が普及していくのではないでしょうか。

（畠中宗一）

参考文献
畠中宗一『家族臨床の社会学』世界思想社，2000年。

Ⅲ 家族福祉の定義

4 家族福祉の定義

1 野々山久也「家族福祉についての覚書」

　野々山久也は，その編著のなかで「家族福祉についての覚書」を記しています。それは全体が10か条から構成されています。

(1) 家族福祉とは，家族によるその家族機能についての家族生活周期における自立的遂行の援助の実践とその援助サービスの体系である。

(2) 家族福祉にとって家族とは，夫婦，親子，きょうだいの関係を中核とする福祉追求の第一次集団である。

(3) 家族福祉は，地域福祉を前提あるいは背景にして実践されるものである。

(4) 家族福祉は，ことばの正しい意味での在宅福祉サービスを中心にして実践される（もちろん入所施設の意義を何ら否定するものではない）。

(5) 家族とは，その構成員が自分たちは家族であると同一化できている範囲の人びとの集団である。したがって，寝たきり老人や障害者の存在をその構成員に含むのは，家族それ自体の主体的認識によって決まる。

(6) 家族機能とは，家族が①人間形成の拠点，②人間性回復の拠点，③生活保持の拠点，④生活向上の拠点，⑤地域連帯の拠点であるということから派生し，期待されるそれぞれの諸活動を意味している。

(7) 家族福祉の目標である家族集団としての家族の自立（自己実現）あるいは家族機能の自立的遂行とは，家族生活周期における家族の集団的発達のための問題解決能力の確保あるいは維持を意味する。

(8) 家族福祉は，寝たきり老人のために嫁が犠牲になることによって，または介護手当のみを支給することによって，介護を押しつける形ではなく，家族成員の一人ひとりがだれも犠牲にならないで集団として自己実現していくことである。すなわち，一人の犠牲もなく，すべての成員が自己実現できることを集団として家族が保障することである。

(9) もちろん家族によっては，その内外の条件によって，こうした目標を遂行することが困難な場合もある。家族福祉は，そのための援助の実践であり，援助サービスの体系である（どのような体系なのかが各分野あるいは領域において論じられることになる）。

(10) 要するに，集団のために個人に犠牲を強いるのではなく，すべての個人の自己実現を促すように家族集団を援助することが家族福祉の目的である。

▶野々山久也『家族福祉の視点』ミネルヴァ書房，1992年，5～6頁。

これらを約言すれば，家族福祉には，「自立的遂行の援助の実践とその援助サービスの体系」，「地域福祉を前提あるいは背景にして実践されるもの」，「在宅福祉サービスを中心にして実践されるもの」，「家族成員の一人ひとりがだれも犠牲にならないで集団として自己実現していくこと」などの構成要素が含まれます。したがって，幾分強引な理解をすれば，家族福祉とは，「家族成員の一人ひとりがだれも犠牲にならないで集団として自己実現していくための，自立的遂行の援助の実践とその援助サービスの体系」ということになります。これに，「地域福祉を前提あるいは背景にして実践されるもの，在宅福祉サービスを中心にして実践されるもの」といった意味合いが付加されたものでしょう。
　この文脈における家族福祉の目的は，「すべての個人の自己実現を促すように家族集団を援助すること」です。したがって，家族福祉は目的概念です。
　家族福祉が目的概念であるという認識には同意しますが，「すべての個人の自己実現を促すように家族集団を援助する」という意味が，「すべての個人の自己実現を（同時に）促す」という意味であるなら，それがどれほど現実的かについて疑問を持ちます。なぜなら，家族成員の一人が自己実現を可能にするためには，他の家族成員による支持や支援が存在することを考えると，家族成員の自己実現が同時に充足されるという現実は考えにくいからです。

❷ 家族福祉の定義

　ここでは，家族福祉を，「家族成員および家族システム全体のウェルビーイングという理念型を実現していくための目的概念」として認識しておきます。またウェルビーイングという理念型の実現には，臨床・実践および政策アプローチが存在します。したがって，家族福祉の実現は，すぐれて学際的なアプローチが必要であるという視点に立ちます。加えて家族福祉の方法は，同時に「地域福祉を前提あるいは背景にして実践される」という理解に共感します。
　ところで，現代社会において家族福祉を強調することには，どのような意味があるでしょうか。現代家族をめぐっては，個人化や多様化がそのキーワードを構成しています。また家族の客観的条件より主観的家族論が一定の勢いをもっています。山根常男は，父母子によって構成される一つの社会制度として家族を定義しました。子どもを含めるがゆえに，家族の基本的機能が育児にあることを指摘しました。しかし，現代家族は，富裕化のなかで，一方で家族機能を外部化させることによってその機能を脆弱化させ，他方で私事化の肥大化が促進され，これらの変数の関数として家族問題を出現させてきています。したがって，家族の基本的機能としての育児がやりにくい状況にあります。家族に替わる制度を構想できるのであればそれも一つの選択だと思いますが，そうでなければ脆弱化した家族を支援することによって，家族の基本的機能が遂行できる環境を整えるべきではないでしょうか。

（畠中宗一）

Ⅳ 家族福祉の対象

1 児童虐待

　児童虐待がいまほど社会的関心を集めるようになったのは近年になってからのことです。アメリカ人医師のキャフィ（Caffey, J.）は頭部X線撮影によって，親による虐待によって引き起こされた子どもの硬膜下出血を発見しました。その後，アメリカ人医師のケンプ（Kempe, C. H.）は自らが勤務する小児科に運び込まれた子どもの多くが近親者によって負傷したことを調査し，のちにこれを「被殴打児症候群」（Battered child syndrome）と名づけました。その後，アメリカではケンプの設立した**ケンプセンター**を中心に児童虐待防止対策が進み，1964年までにはすべての州が何らかの通告義務制度を設けるようになりました。日本でも昨今，虐待により死亡する子どもの痛ましいニュースが頻繁に報じられています。

▶ケンプセンター
1972年に小児科医ケンプ（Kempe, C. H.）によって，児童虐待の予防と早期発見を目的として設立されたセンター。

1 児童虐待の分類と定義

児童虐待の分類には次の4類型があります。
①身体的虐待…外傷の残る暴力（打撲傷，骨折，あざ，頭部外傷，刺し傷，火傷など），あるいは生命に危険のある暴行（首をしめる，布団蒸しにする，溺れさせる，逆さ吊りにする，毒物を飲ませる，戸外に閉め出す，拘禁するなど）
②保護の怠慢，ないし拒否（ネグレクト）…遺棄，衣食住や清潔さについての健康状態を損なう放置（栄養不良，極端な不衛生，学校に登校させないなど）
③心理的虐待…心理的外傷を与えたと思われる行為によって，児童に日常生活に支障をきたす精神異常が現れている場合（不安，おびえ，うつ病，無表情や無反応，強い攻撃性，習癖異常など）
④性的虐待…家庭内外における児童の不当な性的搾取，ポルノグラフィー，売春など

　平成9年に全国児童相談所所長会が報告した児童虐待の統計によりますと，全国の児童相談所175か所で総数2,061件の児童虐待の報告がありました。そのうち身体的虐待は48.9％，保護の怠慢ないし拒否は40.4％，心理的虐待は5.9％，性的虐待は4.9％という内訳でした。虐待を受けた子どもの年齢では0～5歳までの乳幼児が41.5％，6～11歳が36.4％と約8割が低年齢児童であったことが報告されています。

2　児童虐待の現状

　日本では近年，ますます児童虐待事件が急増しています。児童相談所に寄せられた相談処理件数は平成2年度には1,101件であったのが，1998（平成10）年度には6,932件と，6倍強に増加しています。最近，新聞に掲載された児童虐待の一例をあげます。

　　「生後半年の娘が泣き止まなかったので，思わず背中をつねってしまったんです。それから2日間隔で叩いたり，つねったりするようになり，そのうち毎日になり…。いけないと思いつつも癖になりやめられなくなりました。つねる，嚙む，叩く，逆さづりにする，たばこの火を押し当てる，など日増しにエスカレートしていきます。してはいけないと思うほど自分でもやめられません。このままではいつか子どもを殺してしまいます。」

　この事件の担当者は，この母親が20歳と年齢も若く，子どもが子どもを育てているようで，母親の性格には幼児性が強くみられると報告しています。児童虐待が起こる背景には，①子ども側の要因（子どもの**発達遅滞**など），②親の側の要因（親が被虐待の体験を持つ場合，夫婦間の不和，親族・近隣ネットワークの欠如，経済的困難など），③親子関係の要因（入院などの長期別居により親子関係が形成されにくい場合など）という側面から考えることができます。特にこのケースの場合のように親が20歳と若く，親としての役割（親業）を理解できていないことが虐待の大きな原因となっています。この場合，親を教育する必要があります。親が親としての役割を取得するまでは，一刻も早く子どもを親の手から離し，保護することが必要です。しかし，日本では**親権**の問題が深く絡んでいます。このケースのように親としての役割を果たしていない未熟な親であったとしても，第三者がその親から親権を奪うことは容易ではありません。児童相談所の所長は親権の一時預かりを申し入れることができるという規定になっていますが，現実には日本全国で親権を預かるまでに至る裁判は年間で20件に満たないほど少数です。親権を剥奪するときの受け皿として，その子どもを保護する受け入れ先の充実は今後の課題として残されています。

3　児童虐待への近年の取り組み

　近年の動向では，2000年5月17日，国会において「**児童虐待の防止等に関する法律**」が成立し，同年度からは市町村児童虐待防止ネットワーク事業がはじまりました。いままでは児童虐待の中心的な対応機関は児童相談所でしたが，児童相談所だけでは今日の深刻化する児童虐待問題に対応することは困難です。今後は児童相談所の体制の強化とともに，医療・保健機関，警察，保育所，民間の児童虐待防止団体，地域における身近な相談機関，地域の**NPO**を含めて，児童虐待防止ネットワークを強化していくことが大切です。

　　　　　　　　　　　　　　　　　　　　　　　　　　　　　（栗山直子）

▷『四国新聞』2000年12月14日付。

▷**発達遅滞**
乳幼児期における身体的および知的発達の遅れている状態をいう。明確な定義がないため，診断には注意を必要とする。

▷**親権**
親権とは，子の監護と教育を行う権利，および義務のこと。民法では第820条に定められている。親権は親の特権ではなく，児童福祉法第47条第2項において「児童福祉施設の長は，入所中の児童で親権を行うものまたは後見人のあるものについても，監護，教育及び懲戒に関し，その児童の福祉のため必要な措置をとることができる」と定められている。

▷**児童虐待の防止等に関する法律**
2000年11月に施行された法律。児童福祉法の一部改正とともに児童虐待の予防・防止に関する基本法となっている。

▷**NPO（non profit organization）**
民間非営利組織のこと。社会的な活動を行う利潤を目的としない民間団体。類似の言葉にNGO（non governmental organization）があるが，NGOは非政府性を特徴とする民間団体であり，NPOとは区別される。

Ⅳ 家族福祉の対象

2 ドメスティック・バイオレンス

① 日本の法的定義は狭い

　ドメスティック・バイオレンスは，元の英語ではdomestic violenceと書かれ，英語そのものの意味は「家庭内暴力」です。ところが，日本で「家庭内暴力」というと，主に子どもから親への暴力を指してきたことから，夫婦間や恋人などの親しい間柄の暴力を表す言葉として「ドメスティック・バイオレンス」（しばしば略してDVと表される。以下DVと略）が使われています。2001年4月に成立した「**配偶者からの暴力の防止及び被害者の保護に関する法律**」，いわゆるDV防止法ではその適用範囲を「**事実婚を含む配偶者からの暴力**」に限定していて，「配偶者からの暴力」を「配偶者からの身体に対する不法な

▶配偶者からの暴力の防止及び被害者の保護に関する法律（DV防止法）
2001年4月公布，2001年10月施行。配偶者からの暴力に関る通報，相談，保護，自立支援等の体制を整備することにより，配偶者からの暴力の防止および被害者の保護を図るための法律。

表1　ドメスティック・バイオレンスの暴力

身体的暴力	殴る。ける。平手で打つ。首を絞める。髪を引っぱる。
心理的暴力・言葉による暴力	悪口，欠点を言ってひどく落ち込ませる。気が変になったのではないかと思わせる。恥ずかしい思いをさせたり，罪悪感を感じさせる。
経済的暴力	職に就いたり，仕事を続けることを妨害する。家計や財産について知らせず，近づけさせない。生活費など必要なお金を乞わせる。
性的暴力	望まない性行為を強要する。胸や性器などを傷つける。性欲を満たす対象として扱う。避妊の非協力。
子どもを利用した暴力	子どもに申し訳ないと思わせる。言いたいことを子どもに言わせる。「子どもを取りあげる」と脅かす。
強要，脅迫，威嚇	「別れる」「自殺する」と言って脅かす。違法行為を強要する。表情や態度でおびえさせる。物や相手の持ち物を壊す。ペットを虐待したり，刃物をちらつかせる。
男性の特権をふりかざす	召使いのように扱う。一方的に重要な決定をする。一国一城の主のように振る舞う。性役割を一方的に決めつける。
過小評価，否認，責任転嫁	暴力の深刻度を過小評価し相手の心配や不安を軽視する。暴力はなかったと言う。暴力の責任を転嫁したり，相手のせいにする。
社会的隔離（孤立させる）	行動，見る物，話す内容，読む物，行き先を管理する。戸外の社会的活動を制限する。愛情を言い訳にして管理，制限する態度を正当化する。

資料：夫（恋人）からの暴力調査研究会『ドメスティック・バイオレンス』有斐閣，1998年，15頁とペンスとペイマー「パワーとコントロール車輪（Power and Control wheel）の図」（Pence, E. & Paymer, M.（1993）. *Education Groups for Men Who Batter : Duluth Model*）から筆者が作成。

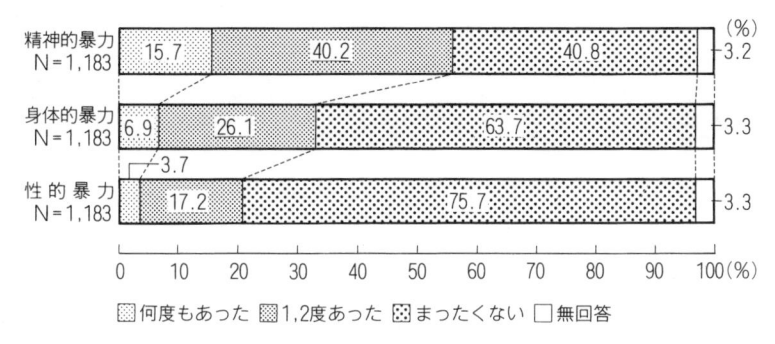

	何度もあった	1,2度あった	まったくない	無回答
精神的暴力 N=1,183	15.7	40.2	40.8	3.2
身体的暴力 N=1,183	6.9	26.1	63.7	3.3
性的暴力 N=1,183	3.7	17.2	75.7	3.3

図3　夫やパートナーからの暴力被害経験の有無

出所：東京都生活文化局女性青少年部女性計画課『女性に対する暴力調査報告書』1998年。
草柳和之『ドメスティック・バイオレンス』岩波ブックレットNO.494, 1999年の表紙の裏より転載。

攻撃であって生命又は身体に危害を及ぼすものをいう」としています。しかし，研究の進んでいるアメリカでは，「ドメスティック・バイオレンスとは，大人または10代の若者がその配偶者や恋人など親密な関係のある者に対して，身体的，性的，心理的攻撃を含む暴力を繰り返しふるうこと」と定義されていて，日本の法律上の定義は狭いと言えます。

▷森田ゆり『ドメスティック・バイオレンス』小学館, 2001年, 19頁。

2　ドメスティック・バイオレンスの現状と課題

○ DVの暴力はどんなものか

ドメスティック・バイオレンスとは，具体的には，現実のどのような暴力を指しているのでしょうか。殴る，けるといった身体的暴力だけでなくさまざまな暴力の形があることが明らかになっています（表1）。

○ どれくらい起きているか

東京都が男女約4,500人を対象にして1997年に実施した『「女性に対する暴力」調査』の結果によると，身近な男性から暴力を受けた経験のある女性は33％で，3人に1人がDVの経験者と言えます。暴力の種類別に見たのが，図3です。精神的暴力が一番多く，6割近くになっています。また，1999年に総理府男女共同参画室が行った「男女間における暴力に関する調査」によれば，生命に危険を感じるほどの暴力を受けたことがある女性の割合は，約20人に1人にのぼっています。このように近年，DVが珍しくない現実であることが分かってきています。

○ たち遅れる対応

DVは圧倒的に多くの場合，男性から女性への暴力です。暴力をふるわれる女性の保護や支援の取り組みが，DV防止法の施行を受けて始まっています。しかし，女性を保護する民間シェルターが1999年で1,500か所以上あるアメリカに比べ，日本では1999年でまだ20か所余りしかない現状です。また，**DV男性への専門的な相談体制**のたち遅れなど，対応が急がれています。

（黒川衣代）

▷ **DV男性への専門的な相談体制**
被害女性に対する相談や保護，暴力男性への刑罰だけでは根本的な解決に結びつかないとして，男性に対する相談や啓発，教育が求められている。従来の男らしさからの解放を目指す「メンズセンター」等が設立されている。

Ⅳ 家族福祉の対象

3 高齢者虐待

① エイジズム――「老人」への偏見と差別

　老年人口比23.1％（2010）の高齢社会を迎えて，現代社会にはさまざまな問題が引き起こされています。エイジズム（ageism 年齢差別主義）とは「高齢者に対する根深い偏見であり，また老人であるという理由で人々に対してなされる，体系的なステレオタイプ化および差別」を意味します。これは1969年にアメリカの国立老化研究所初代所長のバトラー（Butler, R.）が創った概念で，人種差別，性差別に次ぐ，第三の「イズム」と言われ，高齢者に対する「究極的な偏見，最後に残された差別，最も残酷な拒絶」とも言われています。老いや「老人」に対する固定概念が根深く存在し，そこから年齢によって人を差別する構造が生まれてきているという指摘です。

　かつてロソーは，現代社会の現状を分析して，「われわれは国家としてあまりにも豊かであり，個人として自己充足が過ぎるために老人を必要としなくなっており，彼等に残された社会的機能は縮小しつつある」とし，その特徴として①老人の地位の低下が認められること，②老人や老いに対する不公平なステレオタイプ化が存在すること，③老いを社会から排斥し，老人を排除する論理が働いていること，④老人に対する明確な役割期待を欠いていること，⑤老年期の役割が曖昧であり，喪失していること，⑥老人自身が若さの自己イメージに執着していることなどをあげましたが，ここで我々の心の中に潜む老いや「老人」に対する神話をあらためて列挙してみましょう。

① 65歳を過ぎると，誰もが確実に衰える
② 老人は，体力が弱い，耄碌している＝「弱者」
③ 老人は，第二の幼児期に入る＝「子ども扱い」
④ 老人は，気むずかしく，不機嫌で物覚えが悪い＝「頑固」「とろい・のろい」
⑤ 老人は，非生産的である＝「無価値で，役立たず」
⑥ 年をとると，家族に迷惑をかけ，負担を強いる

　これらはいずれも老いや「老人」を否定的にとらえたものであり，思い込みによって築かれたものに過ぎません。人間誰しも年をとっていくのですが，高齢者自身が自らの加齢体験のなかで築いたものではなく，老いよりも若さが優位に考えられる社会で若さを謳歌している世代が客観的に判断したものである

▷ Osgood, N. J. (1992). *Suicide in Later Life.*（野坂秀雄訳『老人と自殺』春秋社，1994年。）

▷ Palmore, E. B. (1990). *Ageism: Negative and Positive.*（奥山正司他訳『エイジズム』法政大学出版局，1995年。）

▷ Rosow, I. (1974). *Socialization to old age.*（嵯峨座晴夫監訳『高齢者の社会学』早稲田大学出版部，1983年。）

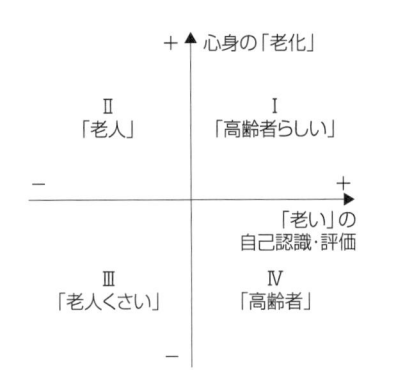

```
   ＋ ↑心身の「老化」        Ⅰ：老化が進行している（心身に障害）
                              老いの自己評価が高い（積極的な生きがいづくり）
  Ⅱ        Ⅰ
「老人」  「高齢者らしい」     Ⅱ：老化が進行している（心身に障害）
                              老いの自己評価が低い（受け身的, あきらめ）
 ─         　     ＋
              「老い」の     Ⅲ：老化が進行していない（健康）
              自己認識・評価　 老いの自己評価が低い（受け身的, あきらめ）
  Ⅲ        Ⅳ
「老人くさい」「高齢者」      Ⅳ：老化が進行していない（健康）
     ─                       老いの自己評価が高い（積極的な生きがいづくり）
```

図4　老人と高齢者

出所：杉井潤子「老人虐待をめぐって」井上眞理子・大村英昭編『ファミリズムの再発見』世界思想社, 1995年, 153頁。

ことに，これらが神話に過ぎないと考える論拠があります。これを常識として考え，「老人」をひとまとめにしてとらえ，年老いた人を区別していく発想のなかには，そもそも高齢者の福祉は存在しません。一人ひとりの個別性を尊重し，加齢のプロセスとして老いを主体的に理解する必要があります。

❷ 虐待の実状

図4は現代社会における「高齢者」と「老人」との区別を図式化したものです。現代社会は人口高齢化の進行とともに，高齢者として自立した生き方が社会的に要請されています。その一方でエイジズムの延長線上で，要介護状態で他者に依存せざるを得ない老人に対する究極の偏見や差別として虐待が位置づけられます。心身ともに年老いた，いわば依存的地位にある老人が身体的に，精神的に，あるいは物質的，経済的に虐待を受けるという事態です。虐待の具体的内容は①殴る・蹴るなどの身体的虐待，②嫌がらせや悪態をつくなどの精神的・心理的虐待，③金銭や財産の管理をめぐる経済的剥奪・物質的虐待，④口を意図的にきかない，必要な世話をしないなどの無視・放置・怠慢，⑤性的虐待のほか，⑥権利の侵害や自虐行為などです。これまでの調査研究から虐待を受けている老人の特徴的プロフィールをみていくと，高齢，女性，心身に障害がある者が多く，自立生活を営めず，他者に日常生活のすべてを依存せざるを得ない状況にある老人であることがわかっています。また，老人が日常生活全般において依存している人が虐待をしていることが多く，多くの場合は老人を介護している，子どもや子どもの配偶者，配偶者などの同居の近親者です。

虐待にいたる原因をみていくと，介護ストレスや過去の人間関係のもつれなど多くの起因が存在し，老人と介護家族双方の心身両面にわたる過重なストレスの相克の積み重ねや，介護ストレスの深刻な実態があります。早急に社会的な支援体制を整備充実していくことが望まれます。

（杉井潤子）

▶高齢者虐待防止法
2006年4月1日より「高齢者虐待の防止，高齢者の養護者に対する支援等に関する法律」（高齢者虐待防止法）が施行された。その目的には「この法律は，高齢者に対する虐待が深刻な状況にあり，高齢者の尊厳の保持にとって高齢者に対する虐待を防止することが極めて重要であること等にかんがみ，高齢者虐待の防止等に関する国等の責務，高齢者虐待を受けた高齢者に対する保護のための措置，養護者の負担の軽減を図ること等の養護者に対する養護者による高齢者虐待の防止に資する支援のための措置等を定めることにより，高齢者虐待の防止，養護者に対する支援等に関する施策を促進し，もって高齢者の権利利益の擁護に資する」と掲げられている。

IV 家族福祉の対象

4 不登校

1 増え続ける不登校

　文部科学省による学校基本調査では，不登校とは「病気や経済的理由によるのではなく，何らかの心理的，情緒的，身体的，あるいは社会的要因・背景により，児童生徒が登校しないあるいはしたくともできない状況にあること」と定義され，数量的な把握がなされています。2002（平成14）年度では，不登校が理由で30日以上欠席した子どもは小学生2万5,869人，中学生10万5,383人で前年度に比べ小学生は2.4％減少，中学生は6.1％減少となっています（表2）。

　一方で，登校しても授業に行かず，常時あるいはかなりの部分を保健室で過ごす「保健室登校」という現象も増加しています。尾木直樹は，生徒が唯一リラックスできるのが評価や監視の目が存在していない「保健室」であり，学校が子どもにとってこころやすらぐ場でなくなっているのではないかと現代の学校のあり方に疑問を呈しています。

2 「不登校」認識の転換

　「不登校」に関する認識については1990年代を境に転換しました。山田潤によると，従来，教育行政や学校現場では子どもが不登校になった原因に，児童生徒本人の性格傾向として「不安傾向が強い」「優柔不断」「適応性に欠ける」をあげ，このような性格傾向が形成される背景として「家庭の養育態度」など

▷内閣府編『青少年白書（平成13年版）』財務省印刷局，2001年，174〜175頁。

▷尾木直樹『子どもの危機をどう見るか』岩波書店，2000年，102頁。

表2　不登校児童生徒数の推移
（平成8〜平成14年度間）　　　　　（人）

年度	小　学　校			中　学　校		
	不登校者数	全児童数	比率(%)	不登校者数	全生徒数	比率(%)
8	19,498	8,105,629	0.24	74,853	4,527,400	1.65
9	20,765	7,855,387	0.26	84,701	4,481,480	1.89
10	26,017	7,663,533	0.34	101,675	4,380,604	2.32
11	26,047	7,500,317	0.35	104,180	4,243,762	2.45
12	26,373	7,366,079	0.36	107,913	4,103,717	2.63
13	26,511	7,296,920	0.36	112,211	3,991,911	2.81
14	25,869	7,239,327	0.36	105,383	3,862,849	2.73

（注）　比率は不登校者数の全児童生徒数に対する比率である。
出所：内閣府編『青少年白書（平成16年版）』財務省印刷局，2004年，55頁。

に問題を求めるという見解が支配的でした。

つまり，不登校とはきわめて少数の子どもとその家庭環境に起因する逸脱ないしは病理的現象とされ，矯正や治療の対象と見なされてきたというわけです。

しかし，年々不登校が増え続ける中，1990年代に文部省（現文部科学省）が「不登校はどの子どもにも起こりうる」との見解を示し，「不登校」認識の転換がなされました。

これを通じて，子どもの不登校は家族関係や個人の性格傾向だけではなく，友人関係，教師との関係，学校や社会のあり方などの複合的な要因にも留意し，援助することの必要性が認識されました。

3　不登校と「教育家族」

不登校は多様な要因が関連して起こると考えられますが，その解決にあたっては家族が果たす役割は見逃せません。なぜなら，子どもにとって家族は自分を受けとめてもらえる避難所となるからです。しかし，現実の家族では子どもを受けとめる力が低下していることを，芹沢俊介は「教育家族」という観点から次のように指摘しています。

> 「現実は家族であるのに〈いる〉だけでは十分でなくなってきているのだ。父は何かをしている・母も何かをしている・子も何かをすることを期待されている。父母にとっては労働，子にとっては勉強や登校といった準労働，こういった生産的な行為だけが『何か』である。その生産的行為を支え，評価するのが教育である。あらゆる行為が教育的な価値によって測られる，これが現在の家族に支配的なあり方―教育家族―なのである」。

芹沢俊介によれば，教育家族では「出勤する父」と「登校する子ども」こうした「父と子を支える母」という教育家族の仕組みがつくられています。この家族には「子どもは学校に行き，学歴を積むこと」により社会的価値があると見なすような価値感が浸透し，子どもがこの教育的規範に沿って勉強や登校をしている間は安定しています。ところが，子どもが通学という生産的行為を投げ出してしまうと，とたんに家族崩壊の危機が訪れるというわけです。このような家族は，危機に見舞われた子どもの安全な避難所にはなり得ず，時には事態をますます深刻化させていくことがあります。

家族がありのままの子どもを受けとめる場所として機能し，不登校の子どもの避難所となるためには，このような教育家族的価値観，さらにはその価値観に基づいた家族の関係性を見直し，家族を再構築していくことが求められます。

（冬木春子）

▷山田潤「学校に『行かない』子どもたち」佐伯胖編『いじめと不登校』岩波書店，1998年，200頁。

▷同上　201頁。

▷芹沢俊介『ついていく父親』新潮社，2000年，90頁。

▷同上　90〜94頁。

IV 家族福祉の対象

5 近親相姦

○近親相姦とは

近親相姦(インセスト)は,近親血縁関係者や同一家族内の性的関係を指します。また,**虐待**のうち家族内での性虐待も含まれます。近親とは民法上,婚姻の禁止される**三親等の直系血族**を指します。一方,「近親相姦」を「近親姦」と区別するのは「近親姦」には相互の合意の意味合いがあり,父親等大人の優位な立場の利用とされています。

○近親相姦の変遷

神話や旧約聖書での近親相姦は人類,宇宙や文化を構成する役割を果たしました。一方,古代の王家等支配者の一族では血の純粋性保持のため近親相姦は公然と行われましたが,一般家庭ではタブーとされていました。タブーとする機能的役割は,共同体の絆を強くする,心理的に個人として意識させる,家庭内の役割の混乱を防ぐ等です。どの民族も近親相姦禁止のルールは人類文化の創設に普遍的に分布していますが,ソーンヒルは地球上の129民族のうちそのルールのない民族は56%あると報告しています。たとえば,母—息子間許婚ではアメリンドのカリブ族等,父—娘間ではセレベストのミナハサ族等,きょうだい間ではマーシャル諸島等です。多くは社会的にタブーとされるため表面化せず隠蔽されていました。隠蔽されてきた理由として,キリスト教による性的行為は不浄なものという思想の影響と,精神科医であるフロイトの女性患者に近親姦の訴えが多く,近親姦の訴えは虚実であるというフロイトの偏見が後世に浸透し,それが医療,法律専門家達のよりどころとなりました。そして,「性虐待の加害者は見知らぬ人」すなわち実の親が加害者であることを認めたくないという神話になったためです。このようにフロイト以降近親姦は問題にされなくなりましたが,再度アメリカの社会学者達が近親姦の調査を行った結果父親等による性虐待が判明しました。DV等で近親姦の事実が判明し関心が寄せられていますが,一方では性虐待対策に抗議する反対運動もあります。これは性的虐待問題を引き金として起ったというだけではなく,性的虐待告発のあり方そのものを批判しています。

○近親相姦発生理論

文化の影響や社会的環境を重視する社会心理学的理論では,性的虐待の加害者は男性で,その要因として男性優位社会や性の偏った先入感等があげられます。また,社会的孤立や社会現象としての離婚・再婚,性に関する社会規範の

▶**虐待の種類**
○身体的虐待
身体に外傷が生じ,又は生じるおそれのある暴行を加えること。
○性的虐待
子どもにわいせつな行為をすること又はわいせつな行為をさせること。
○ネグレクト
心身の正常な発達を防げるような著しい減食又は長時間の放置その他の保護者としての監護を著しく怠ること。
○心理的虐待
心理的外傷を与える言動を行うこと。

▶**三親等の直系血族**
親—子,祖父母—孫,兄弟,伯(叔)父母—甥姪従父兄は除かれる。

▶**DV(Domestic Violence)**
家庭内という密室で行われる夫婦や恋人等の男女間の暴力を言う。

低下等の社会文化土壌もその要因となっています。

　フロイトの精神現象を心理学的に解明した精神分析的理論では，人格形成は幼児期の生活体験や家族関係等が成長過程に影響するため，個人の生活史と人格の発達を重視しています。すなわち，精神分析では無意識が意識的な感情や思考，行動を規定し，幼児期の外傷体験が青年期以降の人間形成に影響します。青年期以降の心理的精神的未熟さ，親からの虐待，過干渉の親に育てられる等親への怒りの感情から，自信の無さ・無力感を隠蔽する手段として近親姦を用いる結果になります。

◯ 近親相姦の特徴

　遺伝学的見地では，遺伝病等の弊害である劣性な遺伝子同士が対になり，劣性な特性の出現が強くなります。

　心理学的見地では，幼児にも性的願望がありますが，成長と共に抑圧され意識されなくなり，そして，思春期に大人の性の形を取るとされています。また，幼児期では親の養育態度が基本的信頼感を培い，子どもの自尊感情を育てます。それは性経験や性役割の発達に影響します。近親姦の被害を子どもの時に受けた者は，情緒不安，対人面での問題，性的不全等によって自己を卑下する等の品性の低い自己イメージを持ち，その結果，薬物依存症，売春婦，強姦被害者等に陥ります。被害者行動の特徴は他者への攻撃的な性行動・擬似性行為等です。これは性犯罪者の多くが性虐待の被害者であるためです。幼少期の家庭内人間関係が情緒面の発達や性役割に重要です。

　家族的特徴は，友人や相談者がいない，核家族，近所から孤立，夫婦仲が悪い等，また，父親のタイプは，暴力で支配する，自己中心的，子どもの時虐待受ける等です。一方，母親のタイプは黙認者として母親の役割拒否，病弱，子沢山等，加担者として娘に敵意を持つ，未熟な性格等です。また，加害者である父親が子どもに向かう理由に妻や母親への敵意と怒りである場合もあります。

◯ 日本の社会での近親姦の問題点

　児童相談所への非行相談や虐待児相談等で性虐待が判明することが多々あります。子どもからは訴えない，発覚しても警察等への通報が少ない等によります。わが国では性虐待等を隠し潜伏させてしまう社会構造があるためです。それは男性中心社会，法律が及びにくい家庭内で発生，被害者の加害者への依存関係，家族が被害者，そして，外観上判明困難等によります。

◯ 防止救済

　近親姦の被害者のための心理療法等はいまだ確立されていませんが，相互援助と**グループダイナミックス**を使用した治療・教育的な介入を通じて現実的な問題や心の傷から立ち直る場の提供，自助集団活動等が試みられています。また，教育プログラムとして**CAP**（児童虐待防止）プログラムの使用がありますが，もっとも身近な援助は友達と家族です。

（早川　淳）

▷**グループダイナミックス**
集団機能や個人および社会の改善に応用実践が可能なことを指す。

▷**CAP（Child Assault Prevention）**
アメリカの性暴力防止の啓発プログラム。

【参考文献】
クレール・ブリセ　堀田一陽訳『子どもを貪り食う世界』社会評論社，1998年，132頁。
ジュディス・L・ハーマン　斎藤学訳『父―娘　近親姦』誠信書房，2001年，17頁。
上野加代子『児童虐待の社会学』世界思想社，1996年，54頁。
D.フォーワード・C.ブック　佐藤亮一訳『近親相姦』河出書房新社，1981年，225頁。
北山秋雄『子どもの性的虐待』大修館書店，1997年，62頁。
B.ゴールター・J.ミニンガー　連希代子訳『父と娘　心のダンス』誠信書房，1997年，80頁。
山口遼子『セクシャルアビューズ』朝日新聞社，1999年，102頁。
斎藤学『家族の闇をさぐる』小学館，2001年，168頁。

Ⅳ 家族福祉の対象

6 アルコール依存症

▶**依存症**
ストレスの解消の手段として用いられるうちに悪習慣化してしまうこと。人間関係障害，家族病とも言われている。他に薬物・ゲーム・ギャンブル・買い物等がある。

▶**嗜癖**
自己のコントロールを欠いた行動に対して用いられる。物質嗜癖，プロセス嗜癖，関係嗜癖等がある。

▶**薬物探索行動**
ある物質がないと探してでも手に入れようとする行動を指す。

▶**アルコール耐性**
常酒していると身体は常にアルコールのある状態に適応してしまうことを言う。

○アルコール依存症とは

不安やストレスの解消のための手段の一つとして用いられるものに**依存症**と**嗜癖**（アディクション）があります。依存症は物質，プロセス，対人関係等に耽溺して自己コントロールができない状態を指します。一方，嗜癖は癖として行動面に出現する意味合いで用いられています。これらは同義語として用いられる場合もあります。物質依存としてのアルコール依存症は，飲酒によって不都合な事態に陥っているにもかかわらず抑制できずに悪習慣となる状態で，病気としての意味合いで使用されています。

アルコール依存症の診断方法はWHO（世界保健機関）によって定義されています。それは，特徴的な徴候である精神依存（**薬物探索行動**の有無）および身体依存（身体が物質に依存する）の有無と**アルコール耐性**からなっています。

○アルコール依存症の歴史

アルコールの病を最初に記述したのは，ギリシャの医学の始祖と言われたヒポクラテス（紀元前5世紀）です。中世では，マーヌス・スフが医学用語として定義しました。これには，常識的飲酒ができない中毒症状の病的な面とそれに依存する心理面が含まれています。また，「アルコール症」という用語も誕生しました。ラッシュはアルコールに溺れる状態を「意志の病」と名づけ，そのような人々を道徳的に退廃していると考えました。19世紀までは疾病概念が中心でした。その後，WHOが1975年に薬物依存による疾患を「アルコール依存症候群」，アルコールに起因する身体的・精神的・社会的障害を「アルコール関連障害」と定義しました。そして，カハランらはアルコール依存症の原因を医療のみならず，人間関係，社会環境への展開の契機としました。その結果，アルコール依存症の問題は，本人，家族や企業等の人間関係，そして，医療機関・公的機関・福祉関連施設へと周辺領域が拡大されました。

○依存形成要因

依存形成要因には大きく分類すると，生物学的要因，個人的要因および環境的要因があります。

まず，生物学的要因には，遺伝的要因として，一卵性双生児は二卵生双生児よりアルコール依存症になりやすい。また，アルコール依存症の親を持つ子どももアルコール依存症に陥りやすい傾向にある等の遺伝的な素因説があります。

つぎに，個人的要因には，パーソナリティとして，若年発症者では身体的，

経済的，社会的要因等によって異常な飲酒行動に陥る，女性発症者では摂食障害経験者，対人関係問題者，女性の更年期障害等が要因としてあげられます。

さらに，環境的要因として，家庭環境では，子どもは両親の飲酒パターンや飲酒の利用価値等飲酒の学習をしています。それゆえ，不安やストレス等の心理的要因に対する処理や自己コントロールの手段の一つとしての飲酒行為は家庭環境に影響されることになります。家庭内には妻と子どもの心理的な問題が多々あります。妻の生活が常に不安を伴っている場合，継続的にストレス状態に陥るため，心理的・精神的な病以外に不安解消のため妻がアルコール依存症に，また，妻がアルコール依存症の夫に依存する「**共依存**」症等に陥ってしまいます。一方，親の飲酒時とそうでない時の二面性によって子どもの心理状態が変化します。その結果，子どもの心理的問題には精神的・身体的症状（喘息・湿疹等の心身症），反社会的行動（非行等），「共依存」症の母とアルコール依存症の父との間で「いい子」として育った**アダルトチルドレン**があります。さらに，社会環境として，飲酒行動を促進させるのは，飲酒上の行き過ぎや行動等を許容する傾向が強い，広告・販売無制限，飲酒の機会が多い等の社会的，文化的要因があげられます。

◯アルコール依存症者の特徴

アルコール依存症者の性格的特徴は未熟性・対人に対しての依存性・衝動性・低いフラストレーション耐性等です。そして，アルコール依存症者が飲酒を辞められない原因に心理面と身体面の悪循環が指摘されています。アルコール依存症の一般的な心理サイクルは，まず，病的飲酒要求により思うように行動できない状態になり，それが能力減退を招きます。そして，自責をするが病的飲酒が継続されることになります。この過程で生じる心理面には孤独感，罪悪感等の抑うつ感が中心です。また，「心的防衛機制」によって飲酒により劣等感は優越感に，自責は攻撃感情・攻撃行動として反応します。現実問題を直視しようとしないので「否認の心理」と言われます。この心理状態を解決する手段としての飲酒の繰り返しで悪循環に陥ることになります。さらに，身体面では**離脱症状**が出ますが，飲酒で一時的に収まり，アルコールが切れるとこの症状が再発するという飲酒と離脱症状の悪循環となり，結果として病的状態になります。

◯治療と予後

治療には，抗酒剤服用，通院で精神身体症状の改善，自助グループの利用（**AA**），心理療法の利用（集団精神療法・行動療法・内観療法）等があります。

退院2年後での断酒率は20％前後ですが，ストレス等により再飲酒してしまう場合があります。死亡率は一般の人に比較して2〜5倍多く，死因として肝硬変，心不全，自殺等があげられます。断酒できたアルコール依存症者は，社会生活も家庭生活にも問題はありません。

（早川　淳）

▷共依存
人間関係嗜癖で，アルコール依存症の人との関係にとらわれていくことを指す。

▷アダルトチルドレン
アルコール依存症の親の下で「いい子」として生育して成人になった人という意味である。自己主張やゆったりとした態度を欠き，成人後に生きづらさを感じている。

▷離脱症状
身体依存のある依存者にさまざまな心身の不快な症状が起こることを指す。

▷AA（Alcoholics Anonymous）
アルコール依存症のための自助グループで，匿名断酒会と呼ばれている。

（参考文献）
信田さよ子『依存症』文芸春秋社，2000年，8頁。
清水新二『共依存とアディクション』培風館，2001年，11頁。
渡辺登『こころの病気がわかる辞典』日本実業出版社，1999年，250頁。
斎藤学『アダルトチルドレンと家族』学陽書房，1996年，79頁。

IV 家族福祉の対象

7 摂食障害

1 摂食障害の定義と症状

○摂食障害とは

摂食障害とは「青年期女子に好発するいわゆる『拒食症』，正確に言えば『神経性無食欲症』と『神経性過食症』およびそれらの類縁状態を含むもの」と定義されています。

わが国において，拒食症は1960年代頃から散見され始め，70年代になって数を増し，80年代には急速に増加しています。一方で，過食症は1970年代後半に拒食症とは別個の摂食障害の一型と認識されるようになり，近年では過食症の比率が上昇しています。

○摂食障害の症状

摂食障害の症状は笠原敏彦によると次のように説明できます。まず，摂食障害の発病状況は，心身症型発症群とダイエット型発症群に分かれます。

心身症型発症群では，職場，学校，家庭などでの心身のストレスが誘因となって食行動の変調が生じるもので，心身のストレスを過食という方法で解消しようという「気晴らし食い過食症」と，心身のストレスからはじめは食欲低下状態となり，その経過中に拒食症や過食症になる「食欲低下型拒食症ないし過食症」に分けられます。

ダイエット型発症群とは，美容や健康上の理由から意図的に食事を制限して，食行動の変調をきたすもので，「やせたい」という願望から始めたダイエットで欲張って減量を続けるうちに摂食障害に陥る「無謀減量型拒食症ないし過食症」とダイエット減量法がうまくできない人が食後自ら嘔吐して減量を図る「自発嘔吐型拒食症ないし過食症」に分けられます。

拒食症の症状は，拒食，低体重，無月経などを主な特徴とし，精神的には活発・活動的で，どんなにやせていても自分が異常だとは認めず，治療も拒否する状態です。一方，過食症は過食や嘔吐を主な特徴とし，精神的には無気力・抑うつ的で，自分が異常だと自覚しており，治療を求める状態です。これら拒食症と過食症は正反対の病態のように見えますが，拒食症の患者が数か月後に過食症へ変遷したり，逆に過食症の患者が拒食症のような症状を呈することがあります。拒食症と過食症は相互に移行したり重複したりする病態と言えます。

▶野上芳美「摂食障害とは何か」野上芳美編『摂食障害』日本評論社，1998年，1頁。

▶同上　5～8頁。

▶笠原敏彦「摂食障害の臨床症状」野上芳美編『摂食障害』日本評論社，1998年，103～111頁。

2 なぜ摂食障害が引き起こされるのか

　摂食障害は社会，家族，個人の諸要因の相互作用から引き起こされると考えられています。ここではその中心的な議論を紹介します。

○家族関係的要因

　摂食障害の要因を家族関係に見いだす議論があります。

　ヒルデ・ブルック（Bruch, H.）は「思春期やせ症」の患者の豊富な事例を通して，摂食障害者の多くが子ども時代，親から愛され認められるために従順で行儀のよい「完璧な子ども」を演じてきたことを見いだしています。彼女たちは，たえず「親の望みどおりにしているか」などといつも不安と緊張に満ちた生活を送ってきたために，自尊心が低く，対人関係の調整能力が低く，大人になることに不安や怖れを感じています。その不安や怖れを解消するために，彼女たちは原因を自分の身体のせいにし，飢餓と激しい活動を通して身体を変化させ，それによって自分の問題をすべて解決しようとして摂食障害に陥るというわけです。この視点では，摂食障害の根本的な要因が家族関係，とりわけ母子関係にあるというのが特徴です。

　この視点に立つアプローチでは，その根底にある「家族問題」を解決すること，つまり家族の異常な相互作用における「隠れた家族問題の明確化」が求められます。具体的には，**家族療法**や**精神療法**を通じての治療がなされることが勧められています。

○社会・文化的要因

　主に女性が摂食障害に陥っている事実に注目し，「痩身」についての文化的圧力が摂食障害を引き起こしているとの議論があります。

　野上芳美は，現代社会に広がる「痩身が幸福や成功への道である」などの「痩身」を称賛するような文化的圧力が女性に科され，女性がそれに応じてダイエットの途を選び，自己コントロールが破綻した結果，摂食障害に至るのではないかと説明しています。その際，自尊心の乏しい貧弱な自己像に悩む者，さらには自我の弱い者や依存心の強い者などの個人的特性も大きく影響をしているようです。

　同様の視点から，浅野千恵は女性の「やせ願望」や「肥満恐怖」は根強く存在する社会的・文化的な価値観に根ざしたものであることを指摘し，ダイエットは女らしい，自然な行為と見なし，その行為自体に何の問題も含まれていないというイデオロギーが摂食障害を生み出す土壌につながっていると述べています。つまり，現代の女性は女として自らの価値を高めるために，やせてきれいになるための努力をする（させられる）のであり，こうした「痩身」に関するメッセージや社会・文化的圧力が摂食障害を引き起こす要因となっていると考えられるでしょう。

（冬木春子）

▷ヒルデ・ブルック　岡部祥平・溝口順二訳『思春期やせ症の謎』星和書店，1979年，55〜80頁。

▷家族療法
⇒XII-1 （174頁）

▷精神療法
フロイトによる精神分析療法により影響を受け，連想によって無意識に抑圧されていた外傷を言語化したり，病巣を人格ではなく対人関係に広げる分析視点をもつなどの特徴がある療法。

▷野上芳美「摂食障害とは何か」野上芳美編『摂食障害』日本評論社，1998年，9〜13頁。

▷浅野千恵『女はなぜやせようとするのか』勁草書房，1996年，123〜124頁。

IV　家族福祉の対象

8　知的障害

1　「障害のある人」と「知的障害」

　日本では一般に「障害者」という言葉が使われます。最近では「障害のある人」と表現したほうがよいと指摘されています。障害があっても「まず，一人の人間（People First）」として見なし，その人の人権を尊重するという考え方です。日本語の「障害者」という言葉は，聞く人に対して「差し障りがあり，害がある人」という意味を喚起させます。つまりマイナスのイメージをもたせるのです。このように表現を「障害のある人」と言いかえたからといって，世間での障害のある人に対するイメージや理解が急に変わるわけではありません。しかし，障害のある人の人権を尊重するためには，時にはこのように表現に敏感になることも大切なことでしょう。

　なお，国連では，1993年に制定した「障害のある人の機会均等化に関する標準規則」以降，「disabled person（障害者）」という言葉をやめて，「person with disabilities（障害のある人）」と表現しています。

　日本では，1999年4月から，「精神薄弱」から「知的障害」という表現に改められ，現在では一般に，知的障害という言葉が用いられています。「精神薄弱」という言葉は，人間を侮辱するような印象を与えます。「知的障害」という言葉でも本人にきくとそのように言われたくないという返事が返ってきます。何をもって「知的な障害」というのか，人間を理解するとはどういうことか，私たちは根本にもどって考え直す必要があります。

2　知的障害とは

　障害はその種類によって，知的障害，身体障害，精神障害と分類されます。また，知的障害の程度は，知能検査による知能指数を基準にして，最重度，重度，中度，軽度に分類されます。しかし，知能検査は一つの目安にすぎないことを忘れないようにしましょう。

　一般に，知的障害は，知的発達に遅れがあって，適応行動に障害がある状態をいいます。知的障害は，中枢神経系の器質的障害の面と，知的機能の障害の面，社会生活のハンディキャップの面からみることができます。器質的障害の有無や状態については，医学的診断により明らかになります。知的機能面については，心理学的・教育的診断によって行われ，具体的には，知能や学力の遅

▶知的障害者：2002年4月，学校教育法施行令の一部改正が行われた。その第22条の3で，「盲学校，聾学校又は養護学校に就学させるべき」者として，知的障害者について，「心身の故障の程度」を次のように規定している。
1　知的発達の遅滞があり，他人との意思疎通が困難で日常生活を営むのに頻繁に援助を必要とする程度のもの
2　知的発達の遅滞の程度が前号に掲げる程度に達しないもののうち，社会生活の程度が著しく困難なもの
この規程は，就学先を養護学校としているから，比較的重度の知的障害者について決めているが，このような本人の状態も実はまわりの状況によって大きく変わってくることに注意する必要がある。

れの有無などで，学齢期に大きな問題となります。また，知的機能面の遅れは，心理的，社会的環境などの非器質的要因から生じることもあります。社会生活におけるハンディキャップとは，社会生活をおくる上での困難のことをいい，幼児期や学齢期，学校卒業後の社会生活において問題になります。この社会生活におけるハンディキャップは，周囲の教育条件や社会的条件に大きく左右されます。

3 知的障害の判定

　知的障害者福祉法では「知的障害（者）」についての定義がなされていません。そこで『療育手帳』での判定を参考にします。1973年に始まった療育手帳制度は，処遇の一貫性を図り，援助を受けやすくするために設けられた制度です。療育手帳は，身体障害者手帳とは異なり，援助を受けるための絶対的な要件ではありません。しかし，この療育手帳があれば特別児童扶養手当の受給，税の減免，JR運賃の割引などの制度を利用することができます。療育手帳は本人またはその保護者が福祉事務所に申請し，児童相談所または知的障害者更生相談所の判定に基づいて知事が交付することになっています。Aを重度，Bをその他としています。判定の基準は，18歳以上を例にとると，

　A（重度）とは，知能指数がおおむね35以上の者，または，50以下で1級から3級までの身体障害が合併する者で，

ア　日常生活における基本的な動作（食事，排泄，入浴，洗面，着脱衣等）が困難であって，個別的指導および介助を必要とする者

イ　失禁，異食，興奮，多過動その他の問題行為を有し，常時注意と指導を必要とする者という程度の障害で，日常生活において常時介護を必要とされている者

とされています。

　B（その他）については，その他の程度の者とされているだけで，知的障害者でない者との境界については明記されていません。

4 自閉症について

　自閉症の人も法令上は知的障害にふくめて考えます。**自閉症**の人は多くの場合知的機能のかたよりが見られ，コミュニケーションのとり方が独特であるため他人から誤解されがちです。最近では知能指数は低くなくても，自閉症のために人間関係や社会生活において援助を必要とする人の場合，知能指数によらず援助の必要性に基づいて知的障害者福祉法が適用されるべきだという考えになってきています。1994年の障害者基本法の改正に際しては，知能が一定以上でも援助が必要な自閉症者にはこの法律で対応する，と厚生省（当時）は説明しています。

（堀　智晴）

▷**自閉症への理解**

「自閉」という言葉は，誤解を与える。決して自分から閉じこもるわけではなく，対人関係がうまくとれないのである。また，見たり聞いたり感じたりするのが，普通の人と異なる。

以前は，親の育て方が原因だと考えられていたこともあったが，これは誤りである。今では何らかの脳障害があるとされているが，原因はまだ不明である。最近では知的な障害のない高機能自閉症の人が，注目されている。これまで適切な対応がされてこなかったからである。

まわりの人が本人の気持ちを配慮してゆっくりとつきあっていくことが大切である。また，一口に自閉症といっても一人ひとり異なる。その人自身を理解することが必要である。

自閉症本人の書いた本も参考になる。

ドナ・ウィリアムズ　河野万里子訳『自閉症だった私へ』『続・自閉症だった私へ——こころという名の贈り物』新潮社，1992年。

ウェンディ・ローソン　ニキ・リンコ訳『私の障害，私の個性』花風社，2001年。

森口奈緒美『変光星』飛鳥新社，1996年。

Ⅳ　家族福祉の対象

9　身体障害

1　ノーマライゼーションの障害者観

　障害のある人の問題は，ノーマライゼーションの理念とその実現を目指す運動を通して解決をはかる努力が世界的に取り組まれています。ノーマライゼーションとは，障害のある人も一人の市民として地域社会の中で生活していけるような，そのようなノーマルな社会の建設を目指した理念と運動です。

　1980年，国連は，**国際障害者年**の行動計画の中で，「障害者は，その社会の他の異なったニーズをもつ特別の集団と考えられるべきではなく，その通常の人間的なニーズを満たすのに特別の困難をもつ普通の市民なのである」と書いています。これはノーマライゼーションの理念をふまえた障害者観と言えます。障害者は障害があっても「特別な人」ではなく「普通の市民」であるのです。

2　障害観の転換――医学的モデルから社会的モデルへ

　最近では，障害についての考え方（障害観）が大きく変わってきました。障害を個人の属性として考え，その障害の克服・軽減をはかるという障害観から，社会環境のあり方によって障害がつくり出されるものと考える方がより建設的だと考えられるようになってきたのです。

　1980年版の国際障害分類では，障害についての定義を行いました。障害をImpairment（機能障害），Disabilities（能力障害），Handicap（社会的不利）の三つの次元に分類して障害をとらえて，そのような障害にどう対応するかを考えようとしたのです。

　Impairment とはたとえば〈両下肢の欠損〉のような「身体レベルの障害」であり，Disabilities とは〈走ることができない〉というような「能力レベルの障害」であり，Handicap とは〈車いすで移動するとき段差があると移動が困難〉というような「社会生活レベルの障害」です。この定義では，まだ「医学的モデル」と「社会的モデル」の双方からの理解が重要であるとされていました。

　しかし，2001年に WHO によって改訂された「ICF 国際障害分類」では，「社会的モデル」の理念をさらに前進させて，従来の Impairment を Body functions & structure（心身機能と構造）に，Disabilities を Activities（活動）に，そして Handicaps を Participation（参加）に変えました。これまでの障

▶国際障害者年
国連は1981年を「国際障害者年」とする採択を国連総会で行った。この「国際障害者年」の「世界行動計画」の目的は，障害のある人の「完全参加」と「平等」を実現するために効果的な施策を推進することであった。その内容は，その後の各国の政策の指針となった。
この「世界行動計画」を実施する手段として，1983年から1992年を「国連障害者の10年」と定めた。世界行動計画の内容には，「『完全参加と平等』という最終目的を達成するためには，障害者個人に向けられたリハビリテーションの方策だけでは十分ではなく，損傷や能力不全が日々の生活におよぼす影響の度合を決定するのは，主として環境であり，一般の人々がコミュニティーにおいて得ている生活の基本的諸要素を障害のある人も得る機会が否定されたとき，その人は不利を負うことになる」としている。

害に対するマイナス的な見方を中立的な見方に転換させています。この背景には，障害のある人自身の主体性を尊重し，社会的環境の改善を社会の課題にしようという考え方があります。つまり，障害者問題の解決は，ソーシャルアクション（社会的活動）として行われるべきだと考えるのです。障害のある人が社会生活のあらゆる場面に主体的に参加できるようにするためには，社会的環境を改善することが社会の責任であるとする考え方です。

❸ 身体障害とは

　障害者に関する法律の基本となる障害者基本法では，その第2条で，「この法律において『障害者』とは，身体障害，知的障害又は精神障害があるため，長期にわたり日常生活又は社会生活に相当な制限を受ける者をいう」と規定し，障害の種類を大きく三つに分類しています。

　身体障害については，身体障害者福祉法で規定されています。その第4条で，「この法律において，『身体障害者』とは，別表に掲げる身体上の障害がある18歳以上の者であって，都道府県知事から身体障害者手帳の交付を受けたものをいう」と定義されています。この別表によると，障害の種類として，「視覚障害」「聴覚又は平衡感覚の障害」「音声機能，言語機能又はそしゃく機能の障害」「肢体不自由」「心臓，じん臓若しくは呼吸器又はぼうこう若しくは直腸若しくはヒト免疫不全ウイルスによる免疫の機能の障害（この障害を一般には内部障害という）」があげられています。さらに同法施行規則の別表で障害の程度が1級から7級に区分されています。

❹ 身体障害者の実態

　障害のある人の総数は，576万人で，総人口の4.5％にあたります。このうち，身体障害者（児）が317万7,000人で人口比の2.5％，知的障害者（児）が41万3,000人で人口比の0.3％，精神障害者が217万人で人口比の1.7％となっています。高齢化にともない障害者の数も増加しています。また，障害のある人の中で，在宅の障害者が89.1％で圧倒的に多く，施設入所又は病院に入院している障害者は，10.9％となっています。障害の種類については，在宅の身体障害者のうちの「肢体不自由」が56.5％で圧倒的に多くなっています。1996年の調査では，内部障害者の増加と視覚障害者の減少が特徴的になっています。身体障害者の年齢は，在宅の身体障害者の54.1％が65歳以上を占めています。また，70歳以上の身体障害者は1991年の33.7％から，1996年には40.2％に増えています。障害の程度としては，在宅の身体障害者のうち障害等級1・2級が43.2％を占めており，障害の重い者が多くなっています。障害の原因としては，在宅の身体障害者の原因を事故と疾病とに二分してみてみると，疾病を原因とする者が63.8％と圧倒的に多いのが実状です。

（堀　智晴）

Ⅳ　家族福祉の対象

10 精神障害

1　社会的入院という管理

　精神障害者は，これまで長い間「医療の対象」として見なされてきました。そのため福祉施策をはじめとする生活支援施策を受けられずにきました。病気を治すという名目で，病院でしか生きられないような状況が作られてきたのです。このような入院を「社会的入院」といいます。

　家族も地域社会の目を逃れて我が子を隠そうとしがちでした。行政も「家族が責任を持て」としか言えませんでした。特に1960年代から精神病院が増設される中で，隔離収容が進められてきました。病院の中では生活のすべてが管理される状態で，入院が長引くことによって地域社会で自立して生きていくという気持を奪い取られていきます。

　現在でもなお，社会的事件に関連させて「何をするか分からない」という偏見が根強く残っています。

　これからは，精神障害のある人の地域での自立生活を支援するために総合的な施策を実施する必要があります。

2　障害者基本法の中で

　障害者に関する法律の基本となる障害者基本法には，その第2条で，「この法律において『障害者』とは，身体障害，知的障害又は精神障害があるため，長期にわたり日常生活又は社会生活に相当な制限を受ける者をいう」と規定されています。これまで精神障害者に対する施策がありませんでしたが，ここでようやく「精神障害」が他の障害と同じように，障害者施策の対象として位置づけられることになりました。

3　精神保健法

　精神保健法は，1995年の改正で，「精神保健及び精神障害者福祉に関する法律」（一般に「精神保健福祉法」という）に変わりました。その第5条で「この法律で『精神障害者』とは，精神分裂病，精神作用物質による急性中毒又はその依存症，知的障害，精神病質その他の精神疾患を有する者をいう」と定義しています。ただし，この定義がそのまま使われるのは精神医療の部分についてであり，社会復帰施設やグループホームなどの福祉については「知的障害者を

▶触法精神障害者の社会復帰

精神障害者の犯罪がマスコミで取り上げられると，すべての精神障害者が危険であるかのような偏見がひろがる。精神障害者が犯罪をおこす危険性は，精神障害のない人よりもむしろ低いのが事実である。
犯罪をおかした触法精神障害者の処遇についても，社会復帰のために精神保健福祉の施策を一層充実させる必要がある。

除く」と規定されています。これは，知的障害者に対しては，知的障害者福祉法による施策が講じられているからです。

4 精神障害者の実態

障害者の総数は，身体障害者（児）が317万7,000人で人口比の2.5％，知的障害者（児）が41万3,000人で人口比の0.3％，精神障害者が217万人で人口比の1.7％となり，合計で576万人で人口比は4.5％となっています。高齢化にともない障害者も増加しています。

全体の障害者で，在宅は89.1％で圧倒的に多く，施設入所又は病院に入院している障害者は，10.9％となっていますが，精神障害者の場合，施設や病院に入っている人は，全体の16.8％を占めています。

精神障害者の精神疾患の種類としては，「精神分裂症，分裂型障害及び妄想性障害」が27.3％でもっとも多く，次に「神経性障害，ストレス関連障害及び身体表現性障害」が24.9％，「気分（感情）障害（躁うつ病を含む）」が22.3％，「てんかん」が16.7％となっています。

5 精神障害者に対する正しい認識の普及・啓発

精神障害者や精神疾患については，社会における理解がもっとも遅れていると言えます。このことが精神障害者が社会復帰していく上で大きな**阻害要件**となっています。

最近でも，精神障害者のための社会復帰施設やグループホームの建設に際して，地元住民からの強い反対があり，いわゆる「施設コンフリクト」が起きています。この「施設コンフリクト」の背景には，これまでの障害者施策が，施設や病院への入所・入院を中心としてきたために，誤解や偏見に基づく障害者への差別意識が依然として根強く存在していて，「地域で共に生きる」のがあたりまえとされてこなかったということがあります。毎年10月の精神保健月間を中心として，普及・啓発活動が進められていますが，人権尊重のための日常的な取り組みが求められています。

6 「精神分裂症」から「統合失調症」へ

日本精神神経学会は，2002年の1月19日の理事会で，「精神分裂症」の名称を「統合失調症」に変えることを承認しました。「精神分裂症」という言葉は，人格を否定するような響きがあり，差別や偏見を招きやすい，とこれまで患者や家族から変更についての強い要望があったからです。患者や家族へのアンケートや公聴会などを行った結果，「統合失調症」が，「当事者が最も望んでおり，一般の人にもわかりやすい用語」として適当だという結論になったということです。

（堀　智晴）

▷欠格条項
障害のある人を，障害があるからできない，あぶないとして，門前払いしている法律・政令が300以上もあった。これに対して「障害者欠格条項をなくす会」が運動をして大きな見直しが行われた。しかし，まだ精神障害のある人に対しては依然として医療をはじめとして欠格条項が多く残っている。

参考図書
臼井久美子編著『Q＆A障害者の欠格条項』明石書店，2002年。

Ⅳ 家族福祉の対象

11 家庭外保育を必要とする子ども

▶M字型曲線
年齢別に見た女性の労働力率のグラフ。わが国では29歳を谷底としたM字型になっているが、欧米では谷底が上昇し、台形になっている。M字型就労形態は女性のキャリアの中断を意味し、それが男女の賃金格差につながっているといわれる。

▶1.57ショック
合計特殊出生率が1996年のひのえうまの1.58をさらに下回って、1989年には1.57になったこと。少子化の深刻化を表現している言葉。

▶合計特殊出生率
女性が一生のうちに産むであろう平均的な子どもの数。人口動態統計をもとに女性の年齢別出生率の合計から計算される。

1 働く母親の増加

日本では、1960年代以降、女性の社会進出が進み、共働き家庭が急増しました。高度経済成長期の、女性の家庭外就労の比率をみると、いわゆる「**M字型曲線**」を描いています（図5）。「M字型曲線」とは、20歳から24歳までが女性の就労率がもっとも高く、結婚・出産の時期にあたる25歳から29歳までがもっとも低く、子育てが終わる45歳～49歳までが次に高く、M字型をつくることです。当時は英国でも同じようなM字型を描いていました。しかしその後、英国は他の先進諸国と同じく全体的にM字が上がり、Mの字の谷が浅くなり、台形を描くようになりました。日本だけがいまもM字型をとどめていますが、このような世界的動向に呼応して、日本でも女性の家庭外就労への意欲が高まり、年齢に関わらずすべて年齢層での労働力率が上昇しているので、台形になりつつあります。このようなM字型曲線の変化に見られるように、母親の「子どもがいても働きつづけたい」という意欲は増大し、働きながら子どもを預けられる保育所という施設がますます必要となりました。このことから1964年には母親大会で「ポストの数ほど保育所を」というスローガンを皮切りに、保育所運動が全国に広がり、保育所を中心とした保育サービスの充実は社会的な緊急課題となってきました。

2 少子化対策としての保育所

日本における出生率は昭和48年の第二次ベビーブームの209万人をピークに減少傾向にあります。1989年は「**1.57ショック**」の年として知られています。1.57とは1989年の一人の女性が一生のうちに産む子どもの数である「**合計特殊出生率**」を表した数字のことです。現在では少子化はさらに進み、1999年では1.34にまで落ち込んでいます（図6）。少子化の理由には女性の社会進出による未婚化・晩婚化・晩産化があります。1999年

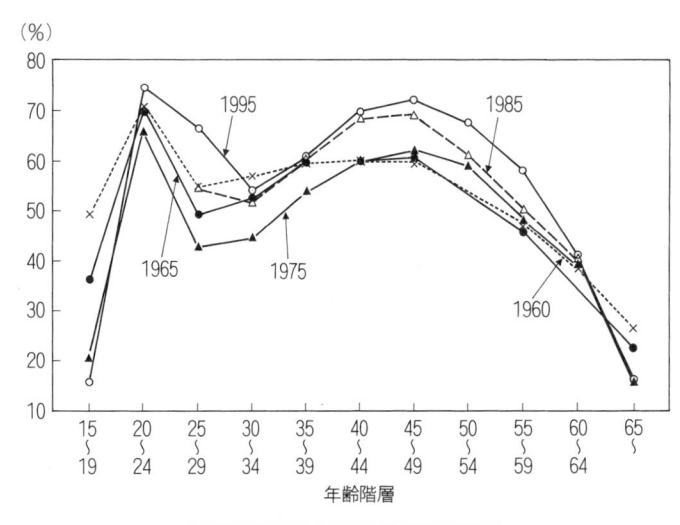

図5 女性の年齢層別労働力率

資料：総務庁統計局『労働力調査』各年をもとに作成。

度の平均初婚年齢は男28.7歳，女26.8歳と1970年の男26.9歳，女24.2歳と比べて，男が2年，女が2年半ほど高くなっています。このため年齢的な限界から子どもを産むことを断念せざるを得ない状況に陥る人が増えています。加えて，家族世帯人員の減少による育児困難があります。平均世帯人員は1999年度には2.79人にまで減少しています。このような核家族における母親の単独育児は**育児ノイローゼ**や育児不安を社会問題化させ，結果的に育児困難な時代となりました。このような状況のなかで，少しでも育児しやすい環境を作り，少子化に歯止めをかけようと男女共同型育児や保育所サービスの多様化が目指されています。

図6 出生数および合計特殊出生率の推移

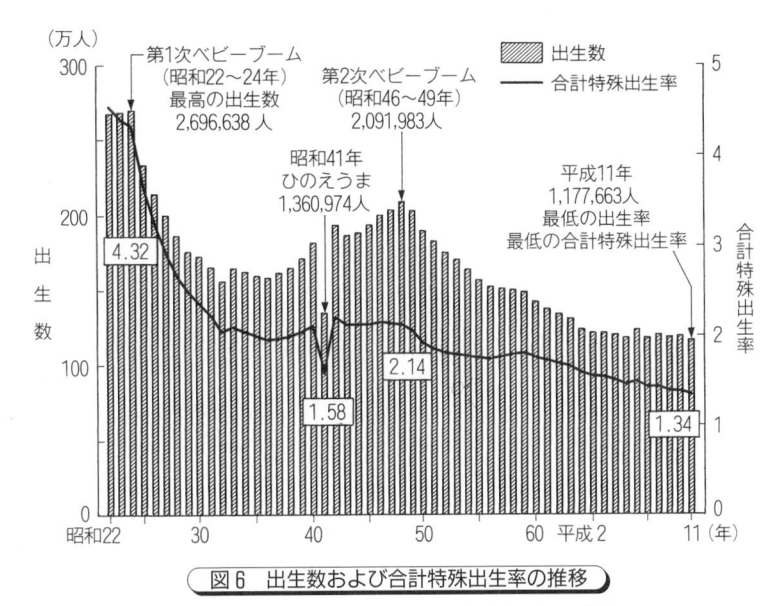

資料：厚生省『人口動態統計』，『平成11年人口動態統計（概数）』をもとに作成。

3 家族の小規模化と性別役割分業による育児困難

　かつて，農業が主な生業であったときは，農業には人手がかかることから大規模な拡大家族が適していました。拡大家族では人手が多いことから，母親以外に，父親をはじめとして祖父母やきょうだいなどの親族が協力して子どもの面倒をみてきました。つまり，母親がひとりで育児の責任を担うことはなかったのです。しかし，高度経済成長が進み，一億総サラリーマン社会と呼ばれるようになってから，核家族化が進みました。核家族とは夫婦と未婚の子どもからなる小規模な家族のことです。現代では一人っ子が多くなっているため，3人家族が多くなっています。この核家族では，夫（父親）が企業戦士として外に働きに出て，妻（母親）が専業主婦となり家庭で家事・育児をするという「性別役割分業」が進みました。夫（父親）は育児など家庭のことには関与せず，妻（母親）が家にこもって家事や子育てをすることから，母子一体化現象や育児ノイローゼなどの問題が起こっています。保育所は児童福祉法で「保育に欠けるその乳児又は幼児を保育することを目的とする」（第39条）と規定されているので，従来は専業主婦の子どもは利用することができませんでした。しかし，いままでの密室育児，母親の単独育児への反省から，今後は開かれた育児を社会的に目指す必要があります。育児リフレッシュサービスとして専業主婦を含めて誰もが保育所を利用することができるようサービスの多様化と充実が目指されています。

（栗山直子）

▷**育児ノイローゼ**
昨今の母親に顕著にみられ，育児に自信がもてずにノイローゼに陥っている状態のこと。子どもと接する機会の減少による育児経験の不足が主な原因といわれている。

IV 家族福祉の対象

12 母親の育児ストレス

1 母親の育児ストレスの諸相

◯母親の子育て困難の実態

近年，子どもに苛立ち，子育てに悩む母親が増加しています。例えば，大日向雅美が全国の母親を対象に行った調査では，「子どもを可愛く思えないことがありますか」との問いに「ときにはそう思う」または「まさにそう思う」と回答した母親が78.4％いることが明らかにされています。また，「育児をつらく思うことがありますか」との問いに「ときにはつらく思う」または「つらくて仕方がない」と回答した母親が91.9％存在しています。図7では「子どもを可愛く思えない」理由さらには「育児を辛く思う」理由が示されています。

この結果は，乳幼児を抱える母親の多くが子どもに苛立ち，閉塞感や拘束感などのストレスを感じているとことを示しています。このような母親の育児ストレスは，子どもへの心理的もしくは身体的虐待につながる可能性もあり，子どもの心身の健全な発達にも悪影響を及ぼしかねないと言えるでしょう。

◯母親の育児ストレスの背景にあるもの

母親が育児に悩み，ストレスを感じるのは「母親が未熟だから」と母親の個人的資質にだけその原因を求めてよいのでしょうか。むしろ背景にある社会構造との関連で母親の育児ストレスをみることが必要です。

母親が育児をつらく感じる背景として，高度経済成長期に核家族が増加し，性別役割分業を前提にした「近代家族」がつくられたことと関連があります。「近代家族」では母親＝家事・育児，父親＝仕事と分業体制がつくられ，「母親だけが育児をする」という構図ができあがったと考えられます。その結果，母親がひとりで育児の責任を負うことになり，これが母親を追いつめていると言えます。さらに都市化に伴って近隣との関係も希薄になり，家族が孤立し，育児で悩む母親を援助するサポート資源も少ないことも背景にあるでしょう。

◯母親の育児ストレスと父親の存在

これまでの研究において，母親の育児不安や育児ストレスを軽減する要因として共通に指摘されているのが「父親（夫）」の存在です。山根真理はこれまでの育児不安研究から，「父親（夫）の家事分担意識や家事・育児参加が直接育児不安を軽減するわけではないが，少なくとも『もう一人の親』である父親（夫）と共に育児をしているという実感を得られるかどうかが母親の育児不安

▷大日向雅美「『最近の子どもを愛せない母親』の研究からみえてくるもの」『家族研究年報』No. 20, 1995年, 20〜31頁。

▷山根真理「育児不安と家族の危機」『家族問題』ミネルヴァ書房, 2000年, 29頁。

子どもを可愛く思えない理由（MA）

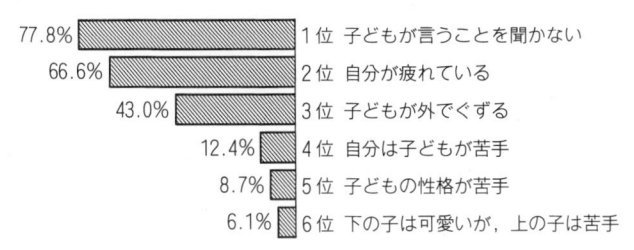

- 77.8%　1位　子どもが言うことを聞かない
- 66.6%　2位　自分が疲れている
- 43.0%　3位　子どもが外でぐずる
- 12.4%　4位　自分は子どもが苦手
- 8.7%　5位　子どもの性格が苦手
- 6.1%　6位　下の子は可愛いが，上の子は苦手

育児の何がつらいですか？（MA）

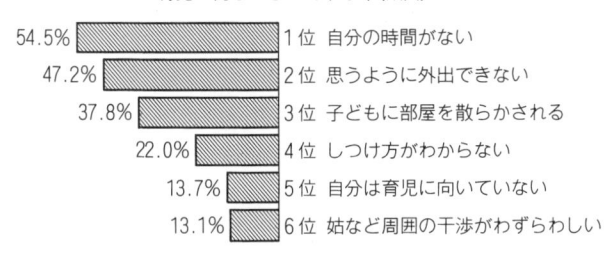

- 54.5%　1位　自分の時間がない
- 47.2%　2位　思うように外出できない
- 37.8%　3位　子どもに部屋を散らかされる
- 22.0%　4位　しつけ方がわからない
- 13.7%　5位　自分は育児に向いていない
- 13.1%　6位　姑など周囲の干渉がわずらわしい

図7　母親の育児意識

出所：大日向雅美「『最近の子どもを愛せない母親』の研究からみえてくるもの」『家族研究年報』No.20, 1995年, 21頁。

を軽減するうえで決め手になっている」と述べています。つまり，父親が積極的に育児に参加し情緒的に母親を支えることで，母親にとっては「父親（夫）とともに育児をしているという実感」が得られ，そのことが母親の精神的健康には重要なのです。

このように，育児の担い手としての父親の重要性は指摘されているものの，**父親の育児や家事への参加**が進んでいないのが現状です。父親は，育児や家事などの家庭責任を免除される代わりに，職場において長時間労働をしています。そこには「育児は母親が適している」というような母性観やジェンダー意識が作用し，性別役割分業を維持させていると考えられます。

❷ 親子を支えるネットワークの構築に向けて

母親の育児ストレス研究の知見は，母親がひとりで子育てを抱え込むことの弊害を示唆しています。つまり，子育ては母親のみではなく父親をはじめ，親族や近隣者，友人，専門家などのネットワークによって支えられる必要があるといえます。このようなネットワークに支えられて，育児期の母親の心理的負担感は緩和されていくのです。この意味で，地域で親子を支える子育て支援ネットワークの整備は急務の課題です。

このような課題に向けて，1999年には「新エンゼルプラン」が策定され，2004年には「**子ども・子育て応援プラン**」が策定されました。子育て中の親と子を支える支援の充実が進められています。これからの家族福祉には，地域における親のウェルビーイングの向上を目指した支援が必要でしょう。（冬木春子）

▷**父親の育児や家事への参加**

「子どもと遊ぶ」「子どもをお風呂に入れる」などの育児を積極的に行う父親は多くなっているものの，「子どもの食事の世話」「子どもを寝かしつける」などの日常的な子どもの世話や家事全般は母親が中心として行っているとする結果が多くの調査研究で明らかにされている。

▷**子ども・子育て応援プラン**

正式な名称は「少子化社会対策大綱に基づく重点施策の具体的実施計画について」である。施策では，少子化社会対策大綱の掲げる4つの重点課題に沿って，平成21年度までの5年間に講ずる具体的な施策内容と目標を提示している。親と子の育ちを地域で支える取り組みや地域住民による主体的な子育て支援の促進，多様な保育サービスのより一層の充実などである。

参考文献

落合恵美子『21世紀家族へ』有斐閣選書，1994年。

Ⅳ　家族福祉の対象

13　介護を必要とする高齢者

1　介護を必要とする高齢者の現状

　現在の要介護や寝たきりの高齢者の割合は表3のようになっています。人口千人あたりの数値ですが，65歳以上全体で，在宅の要介護者は48.7人，特別養護老人ホームの要介護者は12.7人，老人保健施設8.0人，病院・一般診療所15.6人となっています。在宅が48.7人であるのに対して，施設等は合わせても36.3人にとどまり，在宅で介護される高齢者の割合が多いことに気づかされます。この割合は後期高齢者になるほど高くなり，在宅の要介護者の割合は人口千人あたり80～84歳で92.3人，85歳以上で208.8人となっています。ちなみに，すべての高齢者が要介護状態になるわけではありませんが，寝たきりや痴呆，虚弱となり，介護や支援を必要とする高齢者の総数は65歳以上の人口の約13％に当たる約280万人（2000年）と見込まれており，2025年にはそれが約520万人となり，人口高齢化とともに今後ますます急増することが予測されています。在宅で介護される高齢者が多い点を考えると，介護の長期化とともに在宅介護における介護者にのしかかってくる負担がいかに大きいものであるかと考えなければなりません。

2　現代高齢者の意識　——「高齢者一人暮らし・夫婦世帯に関する意識調査」から

　人口高齢化が急速に進むとともに，平均寿命が伸張し，ますます長期化した老年期を迎えるにあたって，現代高齢者世代はどのように考えているのでしょうか。ここでは，1999年総務庁高齢社会対策室が実施した第2回「高齢者一人暮らし・夫婦世帯に関する意識調査」（国勢調査地区から210地区を選定。その地区に居住する60歳以上の一人のみ世帯および夫婦とも60歳以上である夫婦のみ世帯の男女を無作為抽出。面接調査。3,000人対象，有効回収数2,203人。）から現代高齢者の揺れ動く意識を追ってみましょう。

　以下，調査結果から第1回同調査（1994年）と比較した全体の顕著な動向を示すと，「現在の生活についての満足度」が91.8％から81.3％へ9.5ポイント低下し，「社会とのかかわりをもって生活したいか」という社会との関わり欲求もまた，73.0％から63.5％へ9.5ポイント低下しています。さらに「元気ならいつまでも働く方がよい」という稼動欲求も，35.4％から28.5％へ6.9ポイン

表3　要介護等の高齢者の割合

(人口千人対)

区　　分	65歳以上	65～69歳	70～74歳	75～79歳	80～84歳	85歳以上
在宅の要介護者	48.7	15.4	24.8	45.1	92.3	208.8
全く寝たきり	(7.0)	(1.7)	(3.4)	(5.7)	(11.5)	(37.3)
ほとんど寝たきり	(8.3)	(2.0)	(3.6)	(6.8)	(13.5)	(44.8)
寝たり起きたり	(21.3)	(7.0)	(10.9)	(19.5)	(43.0)	(86.7)
その他	(12.1)	(4.9)	(7.0)	(12.8)	(24.2)	(39.6)
特別養護老人ホーム	13.1	2.0	4.7	11.2	24.6	62.7
老人保健施設	8.9	0.7	2.8	8.2	19.3	41.4
病院・一般診療所	14.3	7.1	8.0	12.7	22.8	48.4

(注)　「病院・一般診療所」の数値は、「患者調査」による6か月以上入院している推計患者を掲載。

資料：厚生省大臣官房統計情報部『国民生活基礎調査（平成10年）』1998年、『社会福祉施設等調査（平成11年）』1999年、『老人保健施設調査（平成11年）』1999年、厚生労働大臣官房統計情報部『患者調査（平成11年）』1999年をもとに作成。

出所：内閣府『高齢社会白書（平成13年版）』2001年、102頁。

ト低下しています。また「将来への不安」を抱く人は67.8％と高くなっています。老後は「自宅で」介護を希望する人が41.8％から44.4％へ3.5ポイント増加し、介護を頼むとした人は「子ども」「配偶者」「子どもの配偶者」と上位に変化はありませんがポイントは減少し、その代わり、ホームヘルパー5.8ポイントや訪問看護婦5.9ポイントなどの公的サービスへの期待が増加しています。

以上から、高齢社会に暗いイメージをいだくとともに、現在の生活満足度や社会との関わり欲求、稼動欲求を低下させるなど、老後に対して強い不安をいだいている意識が見えてきます。また、老後に対する不安が強いことも見逃せない事実です。また、家族との関係では、最終的には「自宅で」「子どもや配偶者、子どもの配偶者」に介護を期待したいと思う気持ちも見えてきます。現在、一人暮らしや夫婦のみ世帯である高齢者も公的サービスに介護期待を寄せるなど自立志向を高めつつも、高齢社会や老後への不安を強くもち、子ども家族に依然として頼りたい気持ちを強くもっていると言えます。

3　介護を社会全体で支える支援体制の整備

2000年4月から公的介護保険制度が導入されました。その背景には、①人口高齢化の進展による介護を必要とする高齢者の増大や介護リスクの一般化、家族形態の変化等、介護問題をとりまく状況の変化、②老人福祉制度や老人保健制度等の従来の制度による対応の限界があげられます。家族の介護機能に限界があることはすでに明らかで、介護ストレスから同居家族による老人虐待も社会問題となってきています。**要介護**となった高齢者をいかに社会全体で支えていくかが問われています。自立志向を高めつつも、なお家族にしか頼れない高齢者の実情を見直し、高齢者が安心して老後を過ごすことができる社会づくり、家族にのみ介護負担が集中しない体制づくりが望まれます。　　　　（杉井潤子）

▷増田雅暢『わかりやすい介護保険法（新版）』有斐閣リブレNO.37, 2000年。

▷**要介護**
2006年4月より、介護保険法が改正され、介護予防がより重視されるようになり、新しい要介護認定では、「要支援1・2」「要介護1～5」までの計7段階となった。エイジング総合研究センターによる「日本人人口の将来推計」（2006年2月）では、平均出現率による要介護高齢者の将来推計（全国）は2005年の392.2万人から2025年の702.0万人と1.79倍に増加する。また、平均出現率による認知症高齢者の将来推計は2005年には299.9万人だったものが2025年には552.8万人と1.84倍に増加すると指摘されている。

Ⅴ 家族福祉の方法

1 臨床・実践としての家族福祉の方法

1 ケースワーク，社会学的カウンセリング，家族療法

　家族福祉の目的が家族の健幸（ウェルビーイング）を維持・促進させることにあるとすれば，その方法は，一つに限定されることはありません。家族福祉の対象は，要救護性を持つ生活問題の担い手である家族です。その家族の健幸を維持・促進させる方法として，臨床・実践としての家族福祉，政策としての家族福祉を想定することができます。また予防的な視点まで考慮すれば，日常の家族関係におけるヘルシー・コミュニケーションの実現も有効な方法として位置づけることができるでしょう。

　まず臨床・実践としての家族福祉の方法から議論を始めましょう。臨床・実践としての家族福祉の方法には，ケースワーク，社会学的カウンセリング，家族療法等の技法があげられます。これらの技法は，問題があると思っている人や家族との問題解決のための共同作業にコミットメントするため，科学的なワークと臨床的なワークが弁証法的関係において展開されます。

〇ケースワーク

　ケースワークは，個人と環境との相互作用に焦点をあて，個人の内的変化と社会環境の変化の双方を同時に視野に入れて援助過程を展開するところにその特徴を有します。またケースワーカーとクライエントの間に結ばれる援助関係は，専門家とクライエントという関係の構築が不可欠とされます。さらにケースワークは面接に負うところが大きいため，面接技術の向上が重視されます。加えてケースワーカーは，児童相談所など特定の目的をもつ機関の職員ですので，機関の目的に自覚的であることも要請されます。

〇社会学的カウンセリング

　社会学的カウンセリングは，臨床社会学におけるミクロ水準における技法の一つです。社会学的人間観を前提としたカウンセリングといってもよいものです。

　社会学的人間観とは，われわれが社会に対して「主体的存在」であると同時に，文化や規範といったものに規定された「被拘束的存在」でもあるといった人間観に立ちます。

　問題があると思っている人や家族は，この2つの存在様式がいずれかに極端に偏っている場合が多いのです。したがって，いずれかに極端に偏っている2

▶社会学的カウンセリング
⇒ⅩⅦ-5（186頁）

つの存在様式の布置関係を，バランスの取れた布置関係に回復させるような介入が試みられます。

● 家族療法

家族療法は，家族を一つのシステムとしてとらえ，このシステムの機能不全が家族成員の問題行動や症状として現れると認識します。したがって，家族療法では，このシステム内の相互作用のパターンに介入し，それに変化を起こさせることによって，特定の問題行動や症状が現れない新しいシステムを創り出すことが目標となります。これら3つの技法のなかでは，ケースワークおよび家族療法で専門家とクライエントの間に地位不平等モデルが前提とされますが，社会学的カウンセリングでは，このモデルを採用しません。したがって，アプローチの仕方には差異が見られるものの，クライエントの問題を解決・解消しようとする指向性では共通しています。問題を抱えた個人や家族が自らの力で問題の渦中から抜け出せないとき，クライエントが社会的資源としての相談機関を訪ね，問題解決を図ろうとするとき，これらの技法は，個人および家族の健幸を維持・促進させることに寄与するでしょう。

とりわけ，家族カウンセリングという呼称が使用されるとき，その内容は，家族療法であることが多く，その意味では，家族の健幸を維持・促進させる臨床的技法を，家族療法に代表させることは理にかなっているように思われます。しかし，家族療法という呼称は，多くの学派から成り立っており，考え方や力点の置き方も多様です。また短期療法学派のように，家族療法というカテゴリーで括られること自体にネガティブな反応が見られ，自らをコミュニケーション学派と称する場合もあります。

② 学際的な準拠枠をもつことの重要性

いずれにせよ家族福祉の方法として，これらの技法を使いこなせるかが課題です。家族福祉の専門家に家族療法がどの程度認識されているかも疑問です。このような状況にあっては，家族福祉の専門家が家族療法の技法を自覚的に学習することも重要ですが，同時に家族福祉の実現を目指して家族療法家を家族福祉の社会的資源として活用する視点も積極的に活用されるべきでしょう。

われわれは，個別科学の学の固有性に縛られることより，関連する個別科学の技法や方法を駆使して，家族の健幸を維持・促進させることに照準を定めるべきでしょう。すなわち，家族福祉の研究者・臨床家・実践家は，**学際的な準拠枠**をもつことによってはじめて，家族の健幸を維持・促進する可能性が高まると認識すべきでしょう。

学際的な準拠枠をもつということは，個別科学の否定ではありません。それぞれの個別科学が固有の問題認識をぶつけ合うことによって，アセスメントの妥当性が高められると考えるべきではないでしょうか。

（畠中宗一）

▷学際的な準拠枠
クライエントにとって快適な住空間を確保することが，家族の負担を強化する場合がある。たとえば，施設にあるような浴槽機器を装備することは，クライエントにとって快適であっても，それを掃除する家族にとっては，これまで以上の労力を必要とする。その場に関わる人々を視野に入れた場合，個別科学の準拠枠では十分ではない。

V 家族福祉の方法

2 政策としての家族福祉の方法

　社会福祉は生活問題を解消・予防するための社会的方策です。生活問題とは，もっとも抽象的に規定をすれば，人々が，日々の生命の生産を全く，あるいは不十分にしか行えなくなった状態です。それは要救護性をもつ生活問題と新しく展開した生活問題に区分されます。

　要救護性をもつ生活問題とは，一方で生活費の不足，日常生活活動能力の欠損，自立したパーソナリティを持ちあわせないことなどにより，他方では私的扶養の欠落などにより成立するものです。そのもっとも主要なものは，最低生活費が得られなくて生じる貧困でしょう。それは低賃金，失業，労働不能などから生じます。労働不能あるいはそれに近い状態は，老人，心身障害者，疾病の患者，児童，非行・犯罪者にしばしば見かけられます。日常生活活動能力と自立したパーソナリティ，あるいはそれらの欠損を埋め合わせる私的扶養については，人間らしい生活にふさわしい一定の程度がいまのところ社会科学的に決定されるに至っていません。それらの生活問題を解消・予防するための社会福祉は，所得保障とサービス保障とに区分されます。

　新しく展開した生活問題とは，個人的消費財，社会的消費財，自然環境などの不足と劣悪さ，および人間性の頽廃と連帯の喪失による生活問題です。それらがどの程度の水準に達しないときに生活問題が成立するかについては，体系的・科学的な研究は乏しいようです。個人的消費財では住宅のケルン基準，社会的消費財では市民施設を中心に**シビル・ミニマム**などと，事例的にその水準を示すのみです。

▷**シビル・ミニマム**
（civil minimum）
1970年代に概念化された言葉である。本来ナショナルミニマムとして達成すべき「国民の最低限の生活」の保障を，国家の政策的判断による基準ではなく，地方自治体レベルで「最低限の生活」を考えようとしたもの。

1 要救護性をもつ生活問題

　要救護性をもつ生活問題を解消・予防するための社会福祉のうち，所得保障は，失業保険，医療保険，年金保険，労働災害補償保険，介護保険（以上は社会保険と言われる），家族手当，公的扶助から構成されます。サービス保障は，老人福祉事業，児童福祉事業，身体障害者福祉事業，知的障害者福祉事業，医療社会事業，更生保護事業などから構成されます。新しく展開した生活問題に対しては，住宅対策，消費者保護，公害防止，環境問題をあげることができます。

　ところで，政策としての家族福祉の方法は，主要には政策形成主体である国家が要救護性をもつ生活問題を担う家族に対して，所得保障またはサービス保障の手法を使って介入することになります。介入の結果，家族の健幸が維持・

促進されます。

2 所得保障の一例としての介護保険

一例として，所得保障としての介護保険制度を取り上げてみよう。介護保険制度は，人口の高齢化による要介護高齢者の増加，介護家族の過重負担，社会的入院の増加，老人福祉サービスの不足，老人医療費の高騰などを背景に，これまでの老人福祉制度を刷新し，かつ老人医療制度の問題点を解決することを目指して，2000年から開始されました。介護保険制度における各種のサービスを利用するためには，**要介護認定**を受けなければなりません。介護認定審査会の判定は，「自立」（非認定）か「要支援」「要介護」（5段階）です。「要介護」または「要支援」と認定された場合，保険給付が受けられますが，「要支援」では施設サービスは受けられません。

介護保険制度の活用は，要介護高齢者を抱える家族の介護負担を軽減し，家族の健幸を維持・促進させることに寄与します。しかし，「要介護」認定を受けながらサービスを利用しない要介護高齢者が，約2割存在しています。このことは，介護保険制度が本来の機能を果たしていないとも評価されます。

3 サービス保障の一例としての更生保護事業

次にサービス保障の一例として更生保護事業を取り上げてみましょう。更生保護事業は，犯罪や非行に陥った人が通常の社会生活を送りながら健全な社会の一員として立ち直るよう，国とボランティアとが力を合わせて指導・援助することを中心とした制度です。「いったん罪を犯した人も，周囲の条件と本人の自覚によって，立派に立ち直ることができる」という人間に対する信頼感に根差したこの制度は，民間篤志家の発意によって生まれ，発展してきました。

更生保護事業は，コミュニティに基礎をおいた処遇と言われるように，保護監察官や保護司だけの力で，クライエントの社会復帰は不可能です。いわゆるクライエント・システムに属する人々が，ネットワークを作り，保護監察官は，そのネットワークが有効に作動するようにコーディネーターの役割を演じることも重要な要素です。その技法は，**ネットワーク・セラピー**とよばれます。しかし，犯罪や非行歴のある他人と同じ屋根の下で生活することに対しては，抵抗感が少なからず存在するため，家族の同意が前提となります。更生保護の理念と現実の落差をどのように埋めていくかが課題です。

いずれにせよ，これらの政策がクライエントが帰属する家族や個人に介入することによって，クライエントを含む家族や個人の健幸が維持・促進されることによって，家族福祉が実現されることになります。

また臨床・実践としての家族福祉と政策としてのそれを，お互いに相互作用させる複眼的視点を身につけておくことも重要です。

（畠中宗一）

▷要介護認定

介護保険で，被保険者が保険給付を受けるにあたって，給付の対象となる要介護状態かどうかを判定する手続きのことをいう。実際の要介護認定にあたっては，市町村が申請を受け付け，審査判定を行う。訪問調査員による認定調査と主治医意見書をもとに，介護認定審査会が審査判定し，非該当を含め，要支援及び要介護状態区分を認定する。

▷ネットワーク・セラピー
⇒ V-4 （64頁）

参考文献

副田義也「社会福祉論の基本的枠組」副田義也編『社会福祉の社会学』一粒社，1976年。

V 家族福祉の方法

3 家族関係としての家族福祉の方法

1 コミュニケーションのメカニズム

　臨床・実践としての家族福祉の方法および政策としてのそれが，要救護性をもつ生活問題をかかえる家族や個人に対する異なる水準からの2つのアプローチであるのに対して，家族関係としてのそれは，予防的視点に立脚した家族の健幸を維持・促進させる方法です。

　家族関係としての家族福祉の方法は，家族の情緒関係に着眼しヘルシー・コミュニケーションを実現することを指向します。コミュニケーションの原型は，伝達の主体である送り手とその客体である受け手によって行われる相互作用です。この送り手と受け手の相互作用のなかで展開されるコミュニケーションは，至るところに誤解の素地が存在しています。

　誤解の素地の第一は，送り手が彼の経験や体験を言語化することができず，送り手のメッセージが正確に伝わらないことによって生じます。「ことばで表現することはとてもできない」といったことがよく起こるのも，経験や体験と言語化の齟齬を表現したものです。第二は，送り手が彼の経験や体験を言語化することに成功したとしても，音声としてそれを伝える発話が言語障害などで困難になる場合です。受け手の前で極度の緊張に襲われると，言語による発話が正常に機能しないということはそれほど珍しいことではありません。第三は，送り手のメッセージがその場の雑音等によってかき消され邪魔されることによって，受け手に正確に伝わらない場合です。第四は，受け手の聴力などに問題があり，メッセージを正確に聞き取る能力が確保されない場合です。第五は，受け手が送り手のメッセージを正確に理解しない場合です。

2 ヘルシー・コミュニケーションの条件

　このようにコミュニケーションのメカニズムは，意外と複雑であり，その過程には多くの落とし穴が待ち受けています。コミュニケーションの過程を円滑に進めていくためには，気をつけなければならない幾つかの条件が存在します。
①家族成員はそれぞれ主体性をもった独立した人格である
②状況とタイミングを考える
③自分の意見や考えを明確にする
④言葉に込められている相手の気持ちを理解する

⑤相手のものさしを理解する
⑥フィードバックの重要性

　これらの条件について，若干のコメントを加えておきます。

　①の場合，大人のコミュニケーションを暗黙の前提にしてきたように思われます。子どもを含めてのヘルシー・コミュニケーションを論議するためには，彼らが「主体性をもった独立した人格」であることを建前として認めても，実際には「自己の意見を形成する能力」に欠ける場合もあることを配慮することが必要でしょう。

　②の場合，ひとことで言えば，「場」を弁えるということです。コミュニケーションの「場」では，相互性を前提とする認識に立つことです。したがって，相手の話を聴かず一方的に話されると，そのようなコミュニケーションのあり方が，その場の状況を規定するという側面があるということに想像力を働かすことが重要です。

　③の場合，その理念的妥当性と現実には落差が存在することを弁えておく必要があるでしょう。多くの人々は，人間関係の網の目のなかで利得の感情を背後にもって意志決定にあたります。したがって，意志決定の曖昧さや遅れはパターン化する場合も珍しくありません。しかし，一方で意志決定の曖昧さや遅れは，所属する集団成員に迷惑を及ぼす場合もあります。

　④の場合，コミュニケーションが単なることばのキャッチボールではないことを認識しておくことが重要です。少なくとも家族という領域で行われるコミュニケーションに関しては，相手がどのような表情で，またどのような思いで，あることがらを伝えようとしているかを，理解する感受性が求められます。相手に伝えなければならないことがらと伝えるときの思いは正反対の場合さえあるということを認識しておいたほうがよいでしょう。したがって，コミュニケーションは，相手のまなざし，表情，身振りや態度といったからだ全体から発せられる情報をもとに判断することが求められます。またコミュニケーションの本質には，キャッチボールという意思の伝達を通して他者を理解するという機能が含まれることにも留意しておきましょう。

　⑤の場合，人は自分のものさしで物事を判断する傾向を有するため，この視点の確保はとりわけ重要です。

　⑥の場合，相手が話した内容を，受け手としての理解を相手に返すことによって，受け手としての正しさを確認する行為が実行されることの重要性です。

　これらに配慮することによって，ヘルシー・コミュニケーションが実現し，家族の健幸を維持・促進させることに寄与するでしょう。現代社会はコミュニケーション・ツールの発達が目覚ましいが，他方で対面的なコミュニケーション能力が低下していると言われます。このことと他者に対する想像力が貧困化していることには一定の関係があるように思います。

（畠中宗一）

参考文献
望月嵩『家族関係論』放送大学教育振興会，1992年。
畠中宗一『家族臨床の社会学』世界思想社，2000年。

V 家族福祉の方法

4 学際的方法としての家族福祉

1 個別科学の効用と限界

　臨床・実践としての家族福祉の方法および政策としてのそれを統合的に論じようとすれば，それは学際的方法としての家族福祉と呼ぶことができるでしょう。言い換えれば，家族福祉を論じることは，すぐれて学際的な指向性を必要とするということです。家族問題に関する問題解決指向が前提とされる以上，学際的な方法が目指されることが理にかなっています。したがって，家族問題に限定されない社会問題に関しても，それが問題解決指向を前提とする限り，学際的な方法の導入は理にかなっています。

　個別科学は，一方で分化していきますが，他方で統合への営みも指向します。ある問題に関するアプローチの方法は，個別科学の数だけ存在します。個別科学が作り出した概念に執着する限り，それは蛸壺の世界の論理でしかありません。蛸壺の世界で生きていると，関連する分野でどのような論議が展開されているかにも認識が及ばないことがあります。気づいてみると，同じような問題にアプローチしているのに，それぞれが作り出した概念を使用するため，異なった問題を扱っているように思うこともしばしばです。

　たとえば，介入プロセスに関しては，臨床心理学，臨床社会学，社会福祉学などで共通に見られます。介入プロセスとは，事前評価，介入計画の作成，介入計画の実行，事後評価のプロセスをいいます。したがって，事前評価において，それぞれの個別科学がどの程度積極的に動員されるかが，それぞれの固有性を規定すると言ってもよいのです。介入プロセスの形式だけをみると，その差異について言及することは難しいかもしれません。介入プロセスは，問題解決指向一般にみられる共通の形式と認識しておいてもよいかもしれません。

2 ネットワーク・セラピーと地域福祉の方法の類似性

　またネットワーク・セラピーと地域福祉の方法の類似性が指摘されることもあります。ネットワーク・セラピーとは，「問題解決に役立つと思われる人間を，家族成員に限定せずひろく呼び出し，面接に出席して援助に加わってもらう方法をとる。家族，拡大家族，隣人，その他の専門家や，家族成員と意味のある接触を持つ人々が面接場面に出席する。時には，50名を超すこともある」と記述されています。非行・犯罪臨床に関わる更生保護事業において，保護監

▷亀口憲治『家族臨床心理学』東京大学出版会，2000年，81頁。

察官は，クライエントおよびクライエント・システムを構成する人々をネットワーク資源として，自らはネットワーク資源のコーディネーターとしての役割を演じつつ，クライエントが社会復帰を可能にするように働きかけます。

　一方，地域福祉におけるネットワークの構築は，寝たきり老人であったりひとり暮らし老人であったり，さらには障害者であったりと問題を構成する対象はさまざまですが，それらのクライエントあるいはクライエントを含む家族に，さまざまな支援のネットワークが構築され，結果として，クライエントあるいはクライエントを含む家族のウェルビーイングを維持・促進させることに寄与します。この際，だれがコーディネーターの役割を演じるかは固定されていませんが，多くの場合は，社会福祉協議会の職員や，クライエントに関わりをもつ各種職能の専門家がその役割を取ったりします。

　したがって，ネットワーク・セラピーと地域福祉の方法の差異は，厳密には区別しにくいかもしれません。一方が，家族療法の技法がメゾ水準にまで応用されたものというイメージを構成しやすいのに対して，他方は，地域福祉の方法としてのネットワーク活動として位置づけられます。働きかける主体が，個別科学の専門性にどの程度アイデンティティを持ち合わせているかもネーミングの差異に反映しているかもしれません。

③ 学際的なオリエンテーションの重要性

　このような現実をみるにつけ，学際的方法がますます重要性を増してきていると言えるかもしれません。学際的指向性を高めることは，個別科学の指向性を否定する事ではありません。個別科学の知見は，学際的指向性を持つことによって，より現実的な知見としての妥当性を高めるといったほうが適切かもしれません。問題解決指向は，個別科学の論理的妥当性を指向することによっては，その目的を達成することは難しいかもしれません。学際的なオリエンテーションをもつことによってはじめて，問題解決指向はより具体化されます。個別科学を学習しながら，隣接科学への目配りを怠らないことが，問題解決指向にとって重要です。家族福祉の目的が家族のウェルビーイングを維持・促進することにあるとすれば，それを実現するために学際的な知識を応用することはその前提となります。個別科学が蛸壺指向になりかねないことを考えると，個別科学に関する学習と同時に，絶えず関連領域とのコミュニケーションが可能な状態を保っていることも，問題解決指向にとっては重要なファクターです。言い換えると，個別科学の論理的・体系的整合性と同時に，それらを超えて問題解決指向に収斂させた学際的指向もより重要です。より極端な表現をすれば，問題解決という具体的目標の前で，個別科学の固有性はそれほど重要ではありません。そのような認識のもとで，家族福祉の方法は，理念的メッセージから現実的メッセージへと転換されていくでしょう。

　　　　　　　　　　　　　　　　　　　　　　　　　　（畠中宗一）

Ⅵ　家族福祉の資源　1　私的な援助の相手

1 家族・親族

1 社会的孤立と社会的支援

　人は一人では生きることが出来ないというのは自明のことです。匿名性が重視される都市社会においては誰の助けも求めず，誰にも気づかれないなかでの「孤独死」が問題になっています。社会的孤立という状況が個人の認知能力の低下のみならず，あらゆる生活面における意欲の低下を招くともいわれています。「社会的動物」といわれる人間は日常生活場面において他者の存在を前提とし，「重要な他者」とさまざまな支援的関係を結びながら相互に助け合い，支え合って生きています。社会的支援について考えれば，第一に誰と，第二にどういう関係を結ぶのかが重要になってきます。支援関係を結ぶ他者はその人にとって重要な「人的資源」にほかなりません。人的資源には，インフォーマルな資源として，家族・親族，友人，同僚，隣人のほか，ボランティアや当事者組織やNPOなど市民・民間の支援のもとで社会的な公益活動を行う組織・団体などがあげられ，フォーマルな資源としては医療機関や公的福祉施設のほか，社会福祉法人など認可を受けた機関や団体，営利企業などのサービスに関わる職員などが相当すると考えられています。それらのなかで，もっとも身近であり，親密性の高い第1次的資源としてあげられるのが家族・親族です。家族・親族は**第1次集団**とも言われています。

▶**第1次集団（Primary group）**
アメリカの社会学者クーリー（Cooley, C.H.）は，第1次集団と第2次集団を区別し，第1次集団は家族や友人集団など小さくて，対面的相互行為を特質にもつとした。それに対して第2次集団は，より大きくて，直接的な相互行為を伴わない集団。

2 家族・親族の，資源としての現状

　ここでは家族・親族の資源としての現状を知るために，高齢者に対する支援を具体的にみてみましょう。図8は高齢者が病気で寝込んだときの介護をいったい誰に（どの人的資源に）期待しているかを調べた国際比較調査の結果です。
　これによると，病気で寝込んだときの介護では国によって比率に差があるものの，いずれも配偶者か同別居の子どもに期待を寄せる者が多くなっています。日本では特に配偶者へ期待が5か国中もっとも高くなっています。そのほか表は割愛しますが，心配事や悩み事の相談といった問題状況では，配偶者への期待の高さという特徴がさらに際立っています。また同様に経済的に困ったり，お金が必要なときの援助といった問題状況においてはその他の4か国が配偶者よりも子どもに期待を寄せる比率が高くなるのに対して，日本では配偶者への期待が他の問題状況と同様にもっとも高くなっています。これらの問題状況に

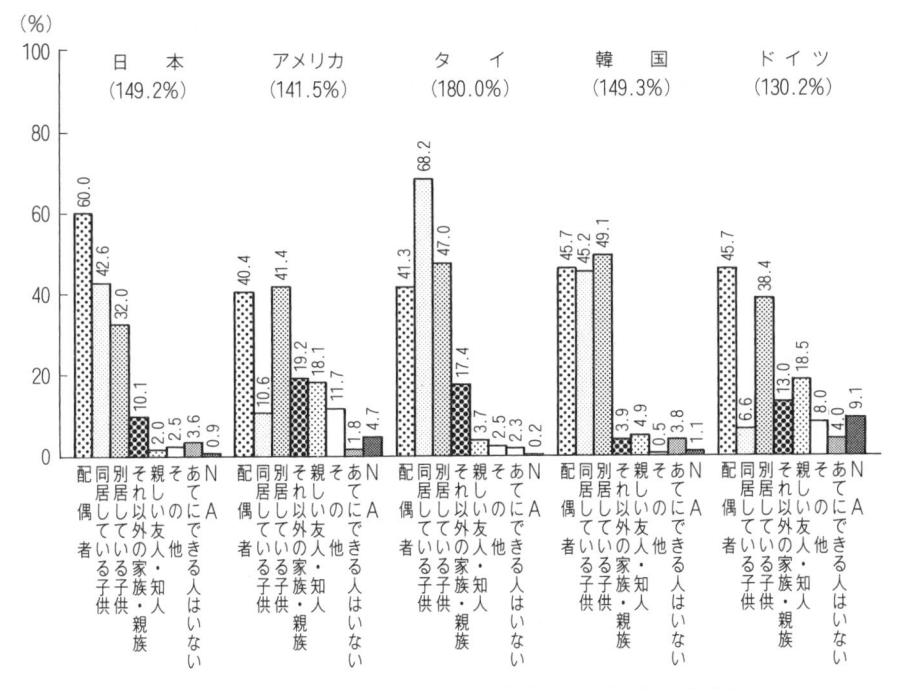

図8 病気で1カ月寝込んだとき，世話してくれる人（MA）

日本（149.2%）
- 配偶者: 60.0
- 同居している子供: 42.6
- 別居している子供: 32.0
- それ以外の家族・親族: 10.1
- 親しい友人・知人: 2.0
- その他: 2.5
- あてにできる人はいない: 3.6
- NA: 0.9

アメリカ（141.5%）
- 配偶者: 40.4
- 同居している子供: 10.6
- 別居している子供: 41.4
- それ以外の家族・親族: 19.2
- 親しい友人・知人: 18.1
- その他: 11.7
- あてにできる人はいない: 1.8
- NA: 4.7

タイ（180.0%）
- 配偶者: 41.3
- 同居している子供: 68.2
- 別居している子供: 47.0
- それ以外の家族・親族: 17.4
- 親しい友人・知人: 3.7
- その他: 2.5
- あてにできる人はいない: 2.3
- NA: 0.2

韓国（149.3%）
- 配偶者: 45.7
- 同居している子供: 45.2
- 別居している子供: 49.1
- それ以外の家族・親族: 3.9
- 親しい友人・知人: 4.9
- その他: 0.5
- あてにできる人はいない: 3.8
- NA: 1.1

ドイツ（130.2%）
- 配偶者: 45.7
- 同居している子供: 6.6
- 別居している子供: 38.4
- それ以外の家族・親族: 13.0
- 親しい友人・知人: 18.5
- その他: 8.0
- あてにできる人はいない: 4.0
- NA: 9.1

（注）　上記の延べ回答率は，「あてにできる人」「あてにできる人はいない」と「NA」をのぞいたものの合計を意味する。

出所：総務庁長官官房高齢社会対策室『高齢者の生活と意識──第4回国際比較調査結果報告書』中央法規出版，1997年，107頁。

おいて示された傾向を総じてみていくと，アジア3か国は家族・親族資源への期待が集中的に高く，家族・親族にのみ集中的に依存する傾向が見られるのに対して，アメリカやドイツでは親しい友人・知人やその他の人々に対する期待も相対的に高く，支援的資源の認知に広がりを見せていることがわかります。

3　家族・親族の支援資源としての現状──限界と可能性

　家族・親族という存在が，個人にとってもっとも重要な他者のひとつであることには変わりはありませんが，現在，結婚規範の揺らぎ，出産至上主義の揺らぎのなかで，多様な家族あるいは家族的関係が創造されてきています。また家族・親族からのサポートがポジティブな関係だけではなく，時としてネガティブな関係になりうることも指摘され始めています。もはや家族とともに年をとり，家族のなかで死んでいくという画一的な人生行路だけではなくなってきている現状をふまえると，長期化した人生行路において，家族のほか，友人，知人や隣人，同僚などと密接にかかわり合うことによって，親密な関係を築くことがわたしたちに強く求められているといえます。家族の形態が多様化し，家族の機能も変容してきている現代では，配偶者や子どもといった家族に集中的に援助を期待したり依存したりすることから脱却する時がきています。

（杉井潤子）

VI　家族福祉の資源　1　私的な援助の相手

② 近隣・友人

▷**社会的ネットワーク**
社会的ネットワーク（social network）とは、特定の個人や集団、ここでは家族を中心に放射状に広がりを見せる社会関係のつながりのこと。

▷**第1回全国家族調査（NFR98）**『8　親族内外の援助関係』日本家族社会学会、1998年。

① 家族を支援する社会的ネットワーク

　家族は、元来2つの**社会的ネットワーク**（social network）の中に存在しているとされてきました。一つは、親族であり、もう一つは近隣です。
　かつて言われた「遠くの親族よりも近くの隣人」という言葉が示すように、日常的な援助はもっぱら近隣に頼っていました。こういった原初的な社会的ネットワークのつながりが重要視される村落的社会に対して、都市社会においては、特に近隣関係の希薄が目立ち、社会機関とともに友人関係も家族を支援する重要な社会的ネットワークといえることが、小山（1900-1983）の研究によって明らかにされました。
　1998年の**第1回全国家族調査**（NFR98）では、親族内外の援助関係を調査するにあたって、調査単位を集団としての家族としてとらえるのではなく、個人に対する援助関係ととらえて調査が行われています。これは、昨今の個人化を繁栄した、画期的なとらえ方であるとNFRは述べています。
　このNFRの調査では、支援の種類として、情緒的なもの、金銭的援助、緊急時の人手、自分の老後の介護の4種類を設定し、そのサポート源として、「配偶者」「親、きょうだい（定位家族成員）」「子、その配偶者（生殖家族）」「その他の親族」「友人、職場の同僚」「近所の人」「行政、専門機関」という7カテゴリーをあらかじめ設定し、いくつでも選べる複数回答の形式の質問となっています。
　この調査の結果は、家族や親族を第一のサポート源と考えている人が圧倒的に多い結果がでました。しかし、「近所の人」に関しては、どの種の支援においても10％にもみたず、NFRの調査報告書は、「近所の人」は、今日の主要な援助源のカテゴリーとは言えないと断言しています。
　果たしてNFRが言うように、本当に「近隣」はもはや私たちの主要な援助資源ではないのでしょうか。

② 社会的ネットワークのあり方とウェルビーイング

　ここで、ひとつの興味深い調査研究について紹介したいと思います。それは、本村らによって行われたソーシャルサポートネットワーク（社会的支援ネットワーク）に関する沖縄地方と近畿地方の比較調査研究です。調査結果を簡単に

表4 地域別「いざというときに頼ることができる隣人」の数

地域	3人以上	2人	1人	全くいない	計
近畿	94（45.0）	33（15.8）	42（20.1）	40（19.1）	209（100）
沖縄	258（70.3）	65（17.7）	25（6.8）	19（5.2）	367（100）
総数	352（61.1）	98（17.0）	67（11.6）	59（10.2）	

Chi-Square 59.801　D. F. 3　Significance .000***

出所：本村凡・畠中宗一・杉井潤子「高齢者のためのソーシャルネットワークの研究——近畿地方と沖縄地方の比較」『大阪ガスグループ福祉財団研究調査報告集』7, 1994年, 43～48頁。

表5 地域別「近所づきあい」に対する認識

地域	3人以上	2人	1人	全くいない
近畿	65（32.7）	64（32.2）	70（35.2）	199（100）
沖縄	189（51.5）	124（33.8）	54（14.7）	367（100）
総数	254（44.9）	188（33.2）	124（21.9）	

Chi-Square 59.801　D. F. 3　Significance .000***

出所：本村凡・畠中宗一・杉井潤子「高齢者のためのソーシャルネットワークの研究——近畿地方と沖縄地方の比較」『大阪ガスグループ福祉財団研究調査報告集』7, 1994年, 43～48頁。

要約すると，沖縄の支援ネットワークは，近畿のものに比べて以下のような特徴がみられることがわかりました。

①「いざという時に頼ることができる隣人」の数が相対的に多いこと（表4参照）
②「一番親しくしている隣人との現在の付き合い方」に対する満足度が高いこと
③「近所づきあい」に対する認識で，「非常に大切であると思う」比率が相対的に高いこと（表5参照）
④「地域のしきたりを大切にしながら，地域の伝統や習慣したがって生きていくべきである。自分の勝手な振る舞いは許されないし，地域の噂も評判も気になる。」の比率が相対的に高いこと
⑤「与える援助」と「受ける援助」の相互交換量が相対的に高いこと

この結果に対して，次のように結論付けられています。経済的には貧しい沖縄社会にあっても，伝統志向の強さと隣人ネットワークの豊かさという風土の中で，多くの支援的ネットワークを持つことで，主観的幸福感は高まり，このことが長寿にも貢献していると考えられる，ということです。この調査は，「高齢者のための支援的ネットワーク」を地域レベルで作り出すための基礎資料を作ることを目的としているため，調査の対象者は，高齢者です。

同じように，「育児のための支援的ネットワーク」などインフォーマルサポート・システムを考えると，高齢者に限らずとも，隣人ネットワークが発達していることが，家族や個人のウェルビーイングにつながるという仮説は実証可能な命題だと考えられます。

（木村直子）

▷本村凡・畠中宗一・杉井潤子「高齢者のためのソーシャルネットワークの研究——近畿地方と沖縄地方の比較」『大阪ガスグループ福祉財団研究調査報告集』7, 1994年, 43～48頁。

VII　家族福祉の資源　2　公的な相談機関

1　児童相談所

1　児童相談所の概要とその主な業務

　児童相談所は児童福祉法第15条に基づいて，各都道府県と政令指定都市に設置が義務付けられた，児童福祉行政の専門機関です。現在，全国に175か所の児童相談所があります。児童の福祉に関するさまざまな問題について相談を受け付けています。

　児童相談所に寄せられる相談件数は，1999（平成11）年には347,833件と年々増加傾向にあります（図9）。なかでも児童虐待に関する相談件数の増加は近年目をみはるものがあります。

　児童相談所は，所長をはじめとしてソーシャルワーカー（児童福祉司，相談員），心理判定員，医師（精神科医，小児科医）などの専門職員によって構成されています。それぞれの専門分野から児童に関してさまざまな援助活動を行っています（図10）。児童相談所の業務としては，以下のことがあげられます。

①児童に関するあらゆる相談の受け付け…養護相談，非行問題相談，心身障害相談（肢体不自由，知的障害，自閉症など），育成相談（しつけ，不登校など），保健・医療分野などさまざまな相談に対応しています。最近では，電話相談を開始する児童相談所も徐々に増えています。

②児童およびその家庭に対する調査，判定…相談を受けた児童福祉司，相談員はその児童，及び家庭への調査を行い，必要に応じて心理判定や医学的判定を行います。

③指導，児童福祉施設への入所等の措置…しつけや性格行動上の問題については助言・指導を行います。その他，法により送致された再犯のおそれのある非行児童など在宅指導では不十分であると判断された場合は各種児童福祉施設に入所の措置を行います。

④児童の一時保護…児童福祉法第17条に基づき，児童相談所には一時保護所が付設されています。児童相談所所長の

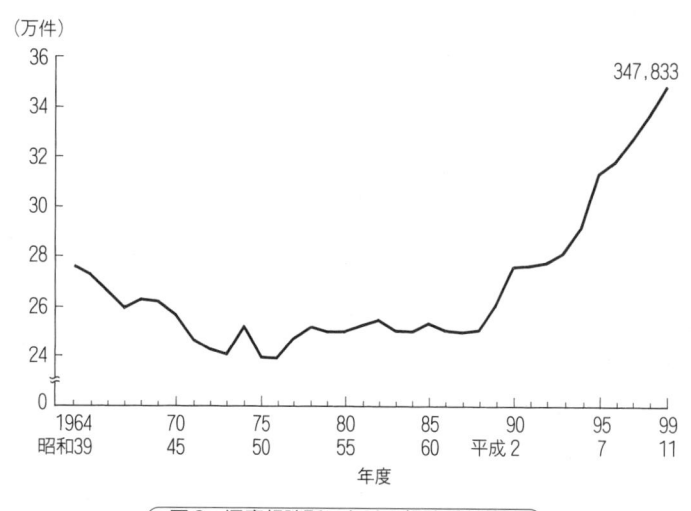

図9　児童相談所における相談受付件数

資料：厚生省『社会福祉行政業務報告』1999年。

決定により，一時入所となった児童は児童指導員や保育士などの職員により指導されます。

最近では，2000年5月に制定された「児童虐待の防止等に関する法律」によって，新たに児童相談所の役割として，以下の⑤〜⑦が付け加えられました。

⑤児童虐待の早期発見に努めること，
⑥通告を受けた場合，児童相談所所長は迅速に当該児童の安全の確認に努めること，
⑦必要に応じては当該児童の一時保護を行うこと。

② 児童相談所に寄せられる相談内容

児童相談所に寄せられる相談は多様ですが，その内容は次のように大別されます。

①障害相談—知的障害児，肢体不自由児，重症心身障害児，視聴・言語障害児，自閉症状を持つ児童に関する相談
②育成相談—しつけ，性格行動，不登校，教育，その他の児童の育成上の問題に関する相談
③養護相談—親の離婚，親の病気などによる養育困難，虐待・放任などの養育環境上問題のある児童への相談
④非行相談—窃盗，放火，傷害などの触法行為のあった児童，浮浪児童などに関する相談

これらの相談のなかでもっとも多く寄せられる相談は障害相談で，全体の50％以上を占めています。

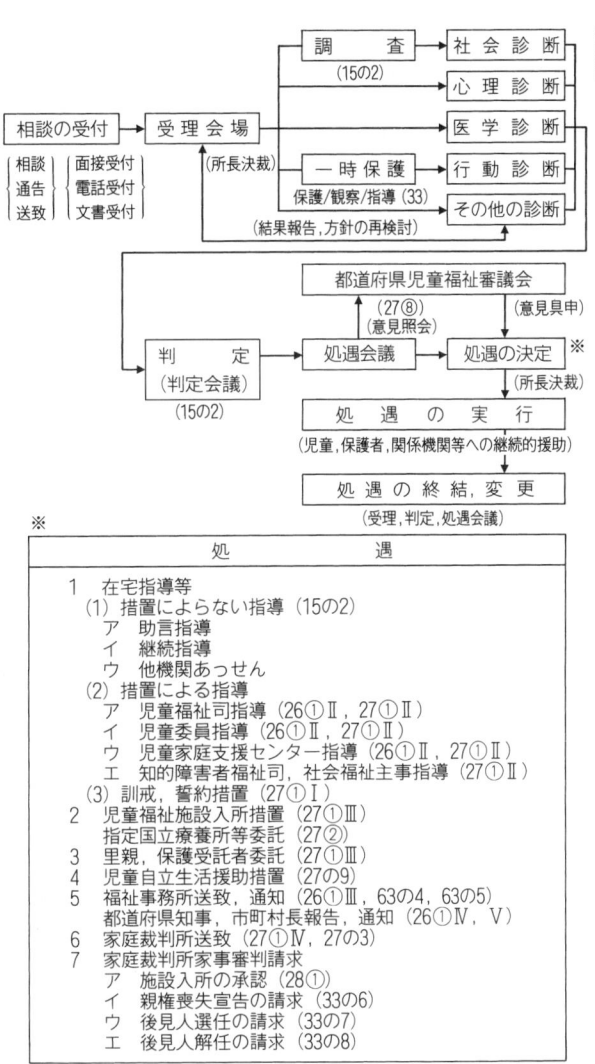

③ これからの児童相談所の取り組み

1991年度からは不登校児童の増加に対応して，メンタル・フレンド活動や集団宿泊，通所指導などを実施するほか，近年増加している子ども虐待問題や育児不安への対応が求められています。

児童相談所は家庭および地域の子育て機能強化を支援する第一義的な機関として，関係機関との連携の強化，子ども家庭支援センターなど気軽に相談できる子育て相談所の設立など多様な取り組みが期待されています。

（栗山直子）

図10 児童相談所における相談援助活動の体系

資料：厚生省児童家庭局『児童相談所運営指針』。

VII 家族福祉の資源　2　公的な相談機関

2　福祉事務所

1　福祉事務所とは

　福祉事務所はGHQ（連合軍最高指令官総司令部）の指導のもと，戦後社会の基本的枠組みの過程で社会福祉事業法が1951年（昭和26年）に制定されたのをうけて，児童福祉法，身体障害者福祉法および生活保護法の福祉三法に関する第一線機関として創設されました。その趣旨は，困窮者に平等に措置を与える公的機関である「福祉に関する事務所」で，都道府県，市および特別区に設置されています（町村は任意設置）。福祉事務所は，福祉三法体制の公的扶助としての生活保護制度面と対人サービスとしての福祉制度面の福祉六法（生活保護法，児童福祉法，身体障害者福祉法，知的障害者福祉法，老人福祉法，母子および寡婦福祉法）に定める援護，育成または更生の措置と必要に応じて民生委員の指名，災害救助等広く社会福祉全般に関する業務を担当します。それゆえ，総合的な社会福祉行政機関として重要な役割を担い，かつ，社会福祉における地域の相談機関として中核的な役割を果たしています。

▷福祉事務所の設置義務：人口10万人あたり１か所設置され，都道府県，指定都市および特別区には設置義務がある。

◯福祉事務所の特徴

　福祉事務所は地域住民の福祉に関わる現業のサービス機関であり，地域でその活動を行う担当者が，福祉ニーズを必要とする地域住民に対して迅速，かつ，直接対応し，また，相談援助活動等において専門的技術を用いてそのニーズに取り組んでいます。そのため，「迅速性」「直接性」「技術性」の３点が要請されることになり，この点が他の行政機関と違うところです。

◯福祉事務所の構成員

▷査察指導員
現業員の指揮監督を行う。

　福祉事務所には，指導監督である**査察指導員**（スーパーバイザー），福祉六法を中心とした現業業務を担う現業員（ケースワーカー），身体障害者福祉司，知的障害者福祉司，老人福祉指導主事等が配置されています。昭和43年度からは，地方交付税により福祉五法（児童福祉法を除く）を専門に担当するケースワーカーが配置されています。また，スーパーバイザーとケースワーカーについては，社会福祉主事でなければならないとされています。さらに，児童の健全育成を図る上で，家庭に対する相談指導の機能を強化，充実させるため児童福祉に関わる業務に従事する社会福祉主事と家庭相談員が配置されています。

◯業務内容

　都道府県の設置する福祉事務所は，生活保護法，児童福祉法，母子および寡

婦福祉法および知的障害者福祉法に定める援護，育成または更生の措置に関する業務を行います。一方，市町村（特別区を含む）の設置する福祉事務所は，生活保護法，児童福祉法，母子および寡婦福祉法，知的障害者福祉法，老人福祉法と身体障害者福祉法（1993年（平成5年）都道府県より委譲）に定める援護，育成および更生の措置に関する業務を行います。

○ 他の福祉関係業務

最近多発している児童虐待についての中心的な対応機関は児童相談所です。しかし，子ども達の健全育成のためには児童相談所の対応だけでは十分でなく，多くの専門機関や身近な相談機関，児童委員等地域に密着したボランティア団体と連携を図り，児童虐待の発生の予防，早期発見，早期対応，また，必要に応じて分離保護，児童・保護者への治療，家族の再統合，アフターケアという連続した対応を充実させなければなりません，そのため，平成12年度から市町村児童虐待防止ネットワーク事業が児童相談所および福祉事務所の公的機関で開始されました。それには「子ども110番」等があります。「児童虐待の防止等に関する法律」に基づく児童福祉関係の主な業務は，実情の把握・調査，そして，個別的また集団的に必要な指導を含む相談等です。そして，福祉援護の措置を要する児童の通告や送致がある場合には，適切な処置を講じなければなりません。たとえば，児童相談所に送致する，社会福祉主事に指導させる，さらに，保育の実施が必要な児童は市町村長に報告・通知して，適切に処置する等です。

○ 福祉事務所の検討すべき問題

福祉事務所の担当地区に関する問題は，町村合併により新市の誕生や人口の都市集中等により，管内人口5万人未満の小規模福祉事務所が全体の28％を占めているのに対して，人口20万人以上では12.5％と偏っていること，また，郡部においては地区の規模による格差が生じていることです。今後，福祉地区の適正人口規模の観点から再検討される必要があります。つぎに，専門委員の充実の問題としては，職務の専門性から一定の資格を有する社会福祉主事の割合がケースワーカー64.2％，スーパーバイザー75.4％に留まっているため有資格者の確保充実が必要です。

2 今後の課題

現在の福祉事務所は，人員の配置不足等の多くの問題で地域住民の福祉ニーズに的確に応えてはいないと指摘されることが少なくありません。社会福祉基礎構造改革では，福祉事務所と各相談機関との弾力的な対応が可能となるように行政実施体制の見直しが検討されています。また，社会福祉主事制度の見直しや，福祉事務所職員の継続的な資質向上を図る必要があります。そして，福祉事務所と他の相談機関との統合により地域住民と密接に結びついた総合的な相談機関となることを目標とすることです。

（早川　淳）

▷福祉四法事務所：都道府県設置の福祉事務所で生活保護法，児童福祉法，母子および寡婦福祉法，知的障害者福祉法に定める援護育成または更生の措置に関する業務を行う。

▷福祉六法事務所：市町村設置の福祉事務所で生活保護法，児童福祉法，母子および寡婦福祉法，知的障害者福祉法，老人福祉法，身体障害者福祉法に定める援護，育成および更生の措置に関する業務を行う。

参考文献

厚生統計協会編『国民の福祉の動向　厚生の指標』第47巻第12号，2000年，138頁。

川村匡由『福祉の仕事ガイドブック』中央法規，1999年，158頁。

坂田周一『社会福祉政策』有斐閣，2000年，148頁。

Ⅶ 家族福祉の資源　2　公的な相談機関

3 保健所

▶保健所
地域保健法（第5条）に規定された機関で，地域住民の健康の保持・増進のために疾病の予防，生活環境衛生の向上等，地域における公衆衛生の向上や増進を図るための保健活動を担っている。

○**保健所の役割の変遷**

　保健所は，社会状況とその時代の要請により国民生活に密着した対応を業務とする行政機関です。それゆえ，保健所の役割は時代と共に多様に変遷してきました。大きく分類すると3期に分けられます。第1期は大正中期頃で，社会事業として母子衛生や乳幼児死亡の問題への取り組みが始まりでした。すなわち，政府は「小児保健所計画」に立脚して小児保健所を設置しました。そこでの業務は，妊産婦の健康診断，小児の定期健康診断そして各家庭を訪問し衛生面の指導等の母子保健が中心でした。その後，1937（昭和12）年にすべての人々が健康的に生活できるように「保健所法」が成立し，同時に小児保健所も保健所に吸収されました。第2期は1957（昭和32）年の「保健所の医療事業の業務指針」に基づき公共医療事業のうち保健事業の一環として，医師の診断を援助することができる保健婦と共に患者や家族の経済的，精神的，社会的な問題の解決，調整を業務とし，かつ，管轄地域における乳幼児から高齢者までの公衆衛生の向上と増進を図る行政機関となりました。そして，第3期は生活文化の発展と共に個々の国民の多様なニーズに対応するため，地域性に根ざしたハード面（専門機関）とソフト面（サービス機関）とに分類され，その結果地域の住民のサービス機関として保健センターが設立されました。当初，保健センターは保健所の補助的な役割でしたが，1994（平成6）年の「地域保健法」の制定によって，衛生知識の向上，栄養改善，母子保健，精神保健等の業務を担い，かつ，地域の保健衛生活動や相談援助活動を行っています。1997（平成9）年度には保健所から保健センターへ母子保健と栄養面の業務が委譲されました。このように保健所は，地域住民の保健衛生の専門機関として，また，保健センターは各都市の住民へのサービス機関としての役割分担が整備されて内容の充実が図られています。

○**保健所の貢献**

　人々が健康的な生活を送ることができるのは，時代の要請に対応できた保健所の貢献度が非常に高い結果です。すなわち，生活感染症の予防，結核および乳幼児死亡率の低下，栄養水準の向上，生活環境の改善等保健衛生面の向上や環境衛生面に貢献してきました。最近では，高齢化に伴い高血圧，ガン，心臓病，脳卒中等の生活習慣病に対する予防策，他の行政機関と連携して母子保健面での子どもの養育，児童虐待等の問題，さらに，2000（平成12）年度の介護

保険の導入により高齢者に対しての福祉サービス面も整備されています。

○保健所と保健センターの活動内容

保健所は，地域の保健衛生活動の中心機関として地域住民の生活と健康面に重要な役割を担ってきましたが，1997（平成9）年度からさらに地域保健の専門的，技術的業務，情報の収集・整理・活用，調査研究，研修等の機能が強化されました。2001（平成13）年から従来使用されていた保健所という名称がそのまま使用されているところや健康プラザ，健康福祉事務所等になっているところもあります。

一方，保健センターは，住民に身近なサービスを一元的に市町村から提供する場として地域保健法の中で位置づけられています。業務として，医療面では，感染症・結核・難病・その他疾患の対策と予防，一般健康診断，災害時の医療救護等，環境面では，公害問題，衛生（食品・水質等）検査，保健面では，母子・高齢者保健，児童虐待予防，福祉面では，母子・寡婦・児童・身体障害児・高齢者への援助です。

○福祉関連施策への役割

児童虐待防止に対し早期発見・早期対応を図る必要性のため，公衆衛生行政の第一線機関でもあり，検診等で地域住民との直接対応が可能な保健センターの役割は重要です。母子保健や身体障害児達への療育給付等福祉の分野においても同様です。また，精神保健福祉活動のため保健所は，平成11年の精神保健福祉法の改正によって人権に配慮した医療の確保と社会復帰の一層の推進を図るための措置が講じられました。その他，精神保健福祉相談，訪問指導，社会復帰相談事業等国民の精神的健康保持増進のための「心の健康づくり」事業が推進されています。

○行政機関としての限界

保健所，保健センターは乳幼児から高齢者に対して多方面にわたり多くの支援を行っています。公的支援の長所として，乳幼児や高齢者にとっては健全育成の場になっていること，多職種のスタッフと関わりが持てること，多方面からのアドバイスが可能であること等があげられます。一方，短所として，サービス情報の提供に限界があるための情報不足，期間・回数・支援策等が限られているため充分な対応ができないこと，あくまでもサービスなので個人個人の意識に差がでること等です。それゆえ，公的支援の不備な点としての公平さ重視，スタッフの不足，情報不足等により個々のニーズを完全に満たすことができないのが現状です。

○今後の課題

保健，医療，福祉全般の一括した総合相談窓口の設置，介護保険の導入に伴う在宅福祉サービスを担う施設との複合的整備，専門的人材の確保，公的機関相互の活動拠点の設置です。

（早川　淳）

▷保健所の設置：都道府県，指定都市，中核市（政令で指定された都市），その他の政令で定める市，または特別区等に設置されている。

▷保健所の職員：医師，歯科医師，薬剤師，獣医師，診療放射線技師，臨床検査技師，管理栄養士，保健師等の業務上必要とされる職員が配置されている。

参考文献

厚生統計協会編『国民の福祉の動向　厚生の指標』第47巻 第12号，2000年，139頁。

大国美智子『保健婦の歴史』医学書院，1973年，16頁。

千葉圭子「児童虐待―保健所の取り組み経過と今思うこと」http://www.4ust-net.ne.jp/capkyoto/chiba.htm.

早川淳「ベビーシッター」畠中宗一編『現代のエスプリ 401 家庭的保育のすすめ』至文堂，2000年，77頁。

VII　家族福祉の資源　2　公的な相談機関

4 保育所

1 保育所とは何か

　保育所の前身は託児所と呼ばれていました。明治の半ばごろから，経済的理由により共働きで育児をすることができない家庭の子どものために，篤志家を中心として託児所は開設されていました。託児所の利用は低所得者層の子どもに限定されていました。大正期に米騒動が起こった頃，日本は経済的に混乱を極め，大阪ではじめての公的託児所が開設されています（1919年）。その後，親の所得に関係なく保育に欠ける子どもを対象とする**保育所**へと転換しました。昭和22年，児童福祉法において保育所は「保育に欠けるその乳児又は幼児を保育することを目的とする」（児童福祉法第39条）とされ，社会福祉事業法において第2種社会福祉事業に位置づけられました。1964年には母親大会で「ポストの数ほど保育所を」というスローガンを皮切りに，保育所運動は全国に広がり，保育所を中心とした保育サービスの充実は社会的な緊急課題となりました。児童福祉法では保育所への入所措置基準を以下のように規定しています（児童福祉法第24条）。

①昼間労働することを常態としていること
②妊娠中であるか又は出産後間がないこと
③疾病にかかり，若しくは負傷し，又は精神若しくは身体に障害を有していること
④同居の親族を常時介護していること
⑤震災，風水害，火災その他の災害の復旧に当たっていること
⑥前各号に類する状態にあること

　昭和50年代以降，少子化の影響によって保育所の数は全体的に減少しましたが，1996（平成8）年度以降，入所児童数は増加傾向にあります（表6・7）。このようななかで，保育所保育の質的向上とともに，地域ニーズに応じた保育所整備を図ることが望まれています。保育所の基本的性格，保育所における具体的な保育内容や目標，方法を示したものに「**保育所保育指針**」があります。保育所保育指針は1999年に改定され，2000年4月に施行されました。保育所での子育て支援のあり方を明らかにし，保育所職員の専門性の向上，保育所の児童虐待への対応など新たな内容を盛り込んでいます。

▶保育所
児童福祉法第39条に基づき，保育に欠ける就学前児童を対象として保育サービスを行う施設のこと。

▶保育所保育指針
厚生省（現厚生労働省）により1965年に保育所における保育の基本方針として全国に通知された。その後，1990年と1999年に改正がなされている。

表6　経営主体別保育所の施設数，在所児童数の推移

区分	施設数			在所児童数（人）
	公営	私営	計	
平成元年	13,412	9,325	22,737	1,745,296
5	13,290	9,294	22,584	1,685,862
10	12,946	9,381	22,327	1,789,599
14	12,414	9,874	22,288	2,005,002
15	12,236	10,155	22,391	2,048,324
16	12,013	10,481	22,494	2,090,374

（注）　平成16年は概況より。
資料：厚生労働省大臣官房統計情報部「社会福祉施設等調査報告」

表7　年齢区分別の保育所利用児童の割合

（平成15・16・17年）

区分	平成15年	平成16年	平成17年
低年齢児（0～2歳）	594,759	618,175	632,011
うち　0歳児	73,085	76,436	78,658
うち1・2歳児	521,674	541,739	553,353
3　歳　以　上　児	1,325,832	1,348,754	1,361,673
全　年　齢　児　計	1,920,591	1,966,929	1,993,684

資料：厚生労働省雇用均等・児童家庭局保育課「保育所の状況等について」

② 保育所をめぐる最近の動向

　1994（平成6）年の「エンゼルプラン」に引き続き，同年12月28日には，「当面の緊急保育対策等を推進するための基本的考え方」（緊急保育対策等5か年事業）が打ち出されました。策定のねらいは，低年齢児保育や延長保育等の多様な保育サービスについての具体的な目標数値を策定することでした。また1999年度までに保育所を中心として，育児指導や相談を行う**「地域子育てセンター」**を全国3000ヶ所整備するなど，保育所保育サービスの拡充と充実が目指されました。その後，「重点的に推進すべき少子化対策の具体的実施計画について」（新エンゼルプラン）は，エンゼルプランおよび緊急保育対策等5か年事業を見直し，低年齢児（0-2歳）の保育所受入れ枠の拡大や延長保育の推進など，幅広い保育サービスの充実を目標としています。

　共働き家庭の増加などライフスタイルの多様化とともに，保育サービスでは**「保育時間の延長」「夜間保育」「早朝保育」「一時預かり」「ショートステイ」**など，保育時間・保育形態の多様化が一層求められてきました。育児に未経験な親，育児不安を抱える親に対し，「育児相談」「育児講座の開催」など地域における育児相談機能はますます重要性が高まってきました。

　また，定員割れの進む幼稚園の増加の一方で，保育所の待機児童の増加という需要と供給のミスマッチを受けて，幼稚園と保育所の双方の機能を併せ持つ総合施設「認定こども園」が2006年10月より施行されることになっています。認定こども園の特徴は，①就学前児童への総合的な幼児教育・保育，②親の就労の有無は不問，③地域での子育て支援の実施，④0-5歳児対象，⑤預かり時間は標準8時間。「認定こども園」の施設形態としては，（1）幼保連帯型―幼稚園と保育所が連帯して一体的に運営を行うタイプ（2）幼稚園型―幼稚園の機能を拡大し，保育所の機能を併せ持つタイプ（3）保育所型―保育所の機能を拡大し，幼稚園の機能を併せ持つタイプ（4）地方裁量型―幼稚園，保育所のいずれの認可もないが，地域の教育・保育施設が総合施設としての機能を果たす，4タイプを想定しています。

（栗山直子）

▷**地域子育てセンター**
保育所が中心となって地域における子育て支援の基盤をつくることを目的とした事業。緊急保育対策等5か年事業の一つとして全国的な緊急整備がもとめられている。

▷**保育時間の延長**
保育所における保育時間は児童福祉施設最低基準第34条において，一日8時間とされている。しかし，就労形態によっては8時間では間に合わないことがあり，1981年には延長保育特別対策が実施された。その後，1991年には午後10時まで延長が認められるようになった。2000年には延長保育推進事業がはじまるなど積極的に進められている。

▷**幼保一元化**
幼稚園と保育所の機能を一体化させ，現場の多様なニーズに応えようとするもの。縦割り行政の弊害などで具体化が進まなかった長年の懸案事項であるが，保育所の待機児童が全国で2万3000人に上る一方で，幼稚園の利用児童は10年間で10万人減少するという近年の現状を受けて，「認定こども園」として実現した。

Ⅶ 家族福祉の資源　2　公的な相談機関

5 児童養護施設

1 家族と児童養護問題

○家族機能の変化と児童養護問題

産業化や近代化は家族機能に変化をもたらしましたが，子どもの養育やパーソナリティ形成をはじめとする社会化の大部分は，家族を中心として行われてきました。**子どもの権利条約（第18条第1項）**においても，子どもの養育の第一次的責任の主体として「親」が位置づけられています。

しかし，近年では子どもの養育がなされていても「不適切なかかわり」としての虐待も増加しており，養育機能に支障をきたす家族も散見されます。すべての子どもの健やかな発達を保障するには，家庭以外の場での子どもの養育の確保をすること，つまり家族の低下した養育機能を社会的に代替するシステムが必要であり，ここに社会的養護の必要性があります。

家庭以外での子どもの養育の場としては家庭型養護と施設養護がありますが，わが国では施設養護がその大半を占め，その中心が児童養護施設です。児童養護施設とは，「乳児を除いて，保護者のない児童，虐待されている児童その他

▶子どもの権利条約第18条第1項
親の子どもを育てる第一次的養育責任を明記している。一方，国はこの責任を援助する義務があることも次項で明記されている。

表8　児童養護施設入所の「理由」

（2003年）

	児童数	構成割合(%)
父または母の死亡	912	3.0
父または母の行方不明	3,333	10.9
父母の離婚	1,983	6.5
父母の不和	262	0.9
父または母の拘禁	1,451	4.8
父または母の入院	2,128	7.0
父または母の就労	3,537	11.6
父または母の精神疾患等	2,479	8.1
放任・怠だ	3,546	11.6
虐待・酷使	3,389	11.1
棄児	236	0.8
養育拒否	1,169	3.8
破産等の経済的理由	2,452	8.1
児童の問題による監護困難	1,139	3.7
その他	2,374	7.8
不詳	26	0.1

（注）　厚生労働省雇用均等・児童家庭局『児童養護施設入所児童等調査結果の概要（平成15年2月1日現在）』2004年，9頁を基に作成している。

の環境上養護を要する児童を入所させて，これを養護し，あわせてその自立を支援することを目的とする施設」と児童福祉法第41条に定められています。2003（平成15）年現在，厚生労働省の調査によれば，3万416人の子どもが児童養護施設で日々の生活を送っています。

▷ http://www1.mhlw.go.jp/toukei/h11syakai8/index.html

❍ 児童養護施設入所の理由と家族問題

児童養護施設入所の理由として，かつては孤児や棄児，貧困などが中心でしたが，近年では「親の死亡」や「親の行方不明」「父母の離別」「廃児」が減少傾向にある一方で，「父母の就労」「虐待・酷使」「放任・怠だ」などの家庭環境についての理由が増加傾向にあります（表8）。松本伊智朗は，「今日の児童養護問題の中心は『家族』や『親』が存在しているが，『何らかの事情』で子どもの養育機能をなし得ないその家族と子どもの問題に移っている」と指摘しています。「何らかの事情」とは家族の離散，養育担当者の実質的な不在，家族関係あるいは親の養育にかかわる問題などです。こうした家族問題が子どもの養育基盤を脆弱化させていると考えられ，このような家族を支える社会的支援が求められます。

▷松本伊智朗「児童養護問題と児童養護施設の課題」庄司洋子他編『家族・児童福祉』有斐閣，1998年，159頁。

2 児童養護施設の課題

複雑・多様化する児童養護問題の解決に向けて，児童とその家族をいかに援助・支援するかという観点から，児童養護施設に課された課題は以下があげられます。

▷同上　168頁。

① 入所児童とその家族の関係の再構築：近年では児童養護問題が「家族や親が存在している子どもの問題」へと変化していることから，入所児童とその家族の関係の再構築は重要な課題です。たとえば，施設の入所にいたった要因が解決をみたり，親や子ども自身の変化によっては再び親と暮らすことが可能になる場合があります。その前提となるのが，子どもと家族，特に親との関係の再構築ですが，多くの場合施設入所にいたる中で家族との関係が壊されている場合が少なくありません。子どもと家族との関係を調整，再構築しながらも，親へのカウンセリングや自立支援などを行い，家族の養育機能の回復に努めたり，親子関係づくりを行っていくことが課題です。そして，子どもが親をはじめ家族と暮らすことが，子どもの最善の利益につながるのかどうかを慎重に検討することも重要な点です。

② 地域の子育て支援：少子化が進み，共働き家庭の増加，地域社会のつながりの希薄化など子どもや家族をとりまく環境が変化しています。その中で，施設の有する専門機能を地域に提供することが必要になっています。たとえば，養護相談あるいは養育相談を行ったり，親のレスパイト（息抜き）のための施設として地域に開放するなど，地域において子育て困難に直面する家族を支える施設となることも新たな課題です。

（冬木春子）

（参考文献）
松本伊智朗「児童養護問題と児童養護施設の課題」庄司洋子他編『家族・児童福祉』有斐閣，1998年。
坂本健「施設サービス」高橋重宏他編『子ども家庭白書』川島書店，1996年。

VII 家族福祉の資源　2　公的な相談機関

6 家庭裁判所

▷村上利範「家庭紛争と家庭裁判所」井上馨編著『これからの家族関係　三訂』建帛社，1997年，145頁。

▷**少年法37条1項**
少年の福祉を害する成人の犯罪の裁判権限のことを指す。

▷**争訟性**
対立する当事者がいないこと。

▷山本和彦他「裁判の仕組み」『現代の裁判　第2版』有斐閣，2001年，173頁。

▷原田幹雄　家庭問題情報センター編『家裁の庭から』日本加除出版株式会社，2001年，153頁。

▷桑原知子・辻村徳治『家裁調査官レポート』日本評論社，2001年，222頁。

▷**児童自立支援施設**
1996（平成8）年の児童福祉法の改正によって，「教護院」から「児童自立支援施設」に改められ，児童福祉法第44条には「不良行為をなし，又はなすおそれのある児童及び家庭環境その他の環境上の理由により生活指導等を要する児童を入所させ，又は保護者の下から通わせて，個々の児童の状況に応じて必要な指導を行い，その自立を支援することを目的とする施設」と規定されている。

1 家庭裁判所とは

　家庭裁判所は，家事事件および少年（20歳未満の者）の保護事件を主に扱う裁判所です。家庭裁判所は，家庭に関する問題と少年に関する問題とは切り放すことのできない密接な関連があると考えられるところから，従前の家事審判所と少年審判所とを統合し，家庭の平和と少年の健全な育成とを指導理念として，1949（昭和24）年1月に創設された裁判所です。

　家庭裁判所の法律上の権限は，裁判所法31条の3によって，①家事審判法で定める家庭に関する事件の審判及び調停をする権限，②少年法で定める少年の保護事件の審判をする権限，③**少年法37条1項**に掲げる罪に関わる訴訟の第1審の裁判をする権限，④その他法律で特に定める権限と定められています。

2 家事事件

◯家事事件とは

　家庭裁判所の任務は，家事審判法で定める家庭に関する事件の審判および調停です。

　審判・調停の対象となる家事事件は次の2つの種類に分類されます。一つは**争訟性**のない事件で，たとえば子の氏の変更，成年後見の開始，特別養子の許可，親権・管理権の喪失の宣言・取消などです。これらは甲類審判事件といい，審判手続きのみで処理されます。他方は，紛争性があり，対立する当事者が存在するような事件は乙類審判事件といいます。たとえば婚姻費用の分担，離婚の場合の親権者決定や財産分与，遺産の分割などです。一方，離婚や認知などの訴訟事件は，家庭裁判所では調停のみ行われ，最終的な法律による解決は人事訴訟として地方裁判所の管轄とされています。

◯最近の家事事件の特徴

　家事事件は最近増加の傾向にあり，1999年の新受件数は39万件余りで，5年間に30％以上の増加率となっています。最近の家事事件の特徴として，親子や兄弟姉妹間で争う遺産分割などの相続に関する事件，両親による子の奪い合いや離婚の際の親権の指定，面接交渉など未成年の子に関する事件，別居した夫婦の生活費や子の養育費の負担，離婚の際の財産分与などの金銭についての事件の増加が目立ち，内容も複雑で解決が困難な事件の増加が指摘されます。ま

た，児童虐待が社会問題化しているなか，親権の喪失や児童福祉法第28条1項（子どもを施設入所させる措置）の承認など子どもの虐待をめぐる審判事件も注目されており，児童相談所などとの連携が求められています。

3 少年事件

○少年事件とは

家庭裁判所の審判の対象となる非行少年は，少年法第3条によって①犯罪少年（14歳以上20歳未満で罪を犯した者），②触法少年（14歳未満で刑罰法令に触れる行為をした者），③ぐ犯少年（20歳未満で将来罪を犯し又は刑罰法令に触れる行為をするおそれのある者）と規定されています。このうち触法少年と14歳未満であるぐ犯少年は，児童相談所が家庭裁判所に送致した場合に限り，家庭裁判所で審理できます。

家庭裁判所が受理した少年事件は，家庭裁判所調査官が調査を行います。

家庭裁判所調査官は，子どもの生い立ちや家庭環境のうえの問題点，本人の性格，先天的な素質，交友関係，学校での行状などについて細かく調査を行い，改善に向けて働きかけ，少年法の理念である少年の「健全育成」を促す役割を果たします。それらの調査に基づいて，非公開の少年審判が開始され，審判の結果，少年院送致，**児童自立支援施設**，保護観察などの保護処分が決定されます。

○最近の少年事件の特徴

家庭裁判所に送致されてくる少年事件数は，1998（平成10）年には総数で31万8,508件となり，前年比1805人（0.5％）の増加となっています。このうち，少年による**凶悪犯罪**に限ってみると，1960（昭和35）年のピーク時には8,017人に達しているものの，1965（昭和40）年以降は急速に減少し，1996（平成8）年にはピーク時の約5分の1となっています。統計的には，少年の凶悪犯罪の総数が低い水準にとどまっており，少年事件の激増や凶悪化が進んでいるとは言えないのが現状です（図11）。

一方で，少年事件が著しく凶悪化はしていないものの，ここ1，2年犯罪統計の上で新しい傾向が生じているとの指摘がなされています。それは，金と結びついた非行（金を稼ぐためのオヤジ狩り，援助交際，稼いだ金を使う道としての覚せい剤）や，今まで非行と縁のなかった子が金欲しさに簡単に非行に走るという意味での「非行の一般化」です。

（冬木春子）

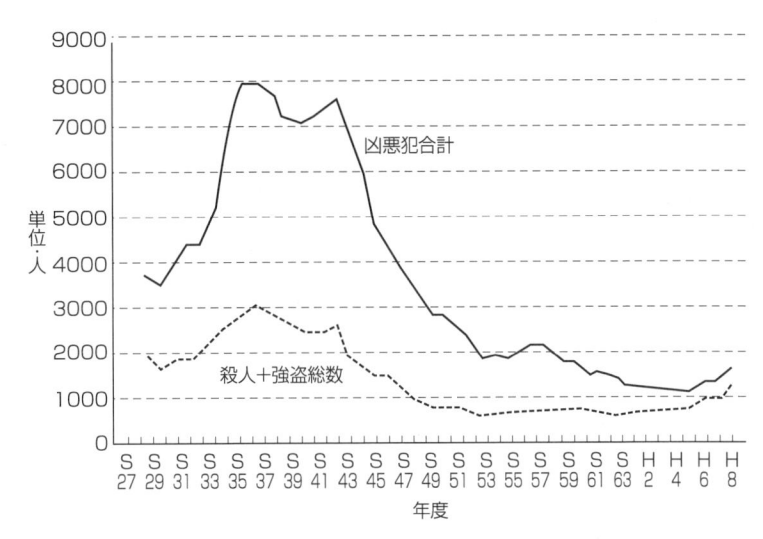

| 図11 少年凶悪犯の家裁既済人数の推移 『司法統計』より |

出所：第一東京弁護士会少年法委員会編『Q&A少年非行と少年法』明石書店，1998年，29頁。

▷日本こどもを守る会編『子ども白書2000』草土文化，2000年，267頁。

▷凶悪犯
裁判所が発表する司法統計では，殺人（自殺関与，同意殺人のほか，未遂および予備を含む）と強盗（準強盗，強盗致死および強盗強姦・同致死のほか，未遂および予備を含む），強姦および放火を凶悪犯罪と定義し，統計をとっている。

▷第一東京弁護士会少年法委員会編『Q&A少年非行と少年法』明石書店，1998年，27～29頁。

▷同上，101頁。

参考文献
井上馨編著『これからの家族関係 三訂』建帛社，1997年。
市川正人他『現代の裁判 第2版』有斐閣，2001年。
第一東京弁護士会少年法委員会編『Q&A少年非行と少年法』明石書店，1998年。

Ⅷ　家族福祉の資源　3　民間の相談機関

1 社会福祉協議会 (Council of Social Welfare)

1 地域福祉の推進役

　社会福祉協議会（社協）は社会福祉法において地域福祉の推進役として位置づけられた民間団体です（図12）。わが国では1949年にGHQが「社会福祉活動に関する協議会の設置」を指示したことからはじまります。通称「社協」とよばれています。社会福祉協議会は全国の市区町村，都道府県および全国社会福祉協議会（中央）の各レベルで組織されており，市町村レベルではほぼ100％に近い状況で法人化されています。国・都道府県・市町村からの補助金，委託金を主な財源とし，その他は赤い羽根共同募金などの募金からの配分金，寄付金，事業収入，利子収入，会費などによって賄われています。社会福祉協議会は1962年の「社会福祉協議会基本要項」で謳われた住民主体の原則のもとに，地域住民の福祉の増進を図ることを目的としています。社会福祉協議会の主な業務としては，①ホームヘルプサービスやデイサービスの受託運営，②食事サービスや入浴サービスなどの在宅福祉サービスの実施，③老人スポーツ活動や家庭介護講習などの老人福祉活動，④レクリエーションや集いの開催・点訳・手話講習などの障害福祉活動，⑤母子父子家庭への活動や遊び場の設置・補助，子ども会への援助などの児童福祉活動，⑥各種ボランティア活動への援助，⑦生活福祉資金の貸付や各種相談活動の実施，などがあげられます。1991年度からは新たな事業として小地域規模での相談援助活動の強化を目指した「**ふれあいのまちづくり事業**」を，1999年度からは判断能力が不十分な人を対象に援助活動を行う「地域福祉権利擁護事業」を実施しています。また，2000年度からは福祉サービス利用の援助事業がスタートしています。とくに市区町村社会福祉協議会の今後のあり方として，①社会福祉協議会の性格の明確化，②権利擁護など公益的事業の追加，③広域的事業の実施，経営基盤強化のため複数の市区町村を範囲とする社会福祉協議会の設置が可能になること，④地域の多様なニーズに対応するための自主財源の確保，職員の質の向上などが期待されています。

　社会福祉協議会の業務は地域住民を中心として，諸組織が地域ニーズを把握し，問題解決を図る「地域組織化活動」とその地域の特性をふまえながら地域に根差した福祉サービスを供給していこうとする「福祉組織化活動」という二種類に大別されます。これらの2つの活動は車の両輪のように連動しています。

▷ふれあいのまちづくり事業
1991年より厚生労働省により予算化された，市区町村社会福祉協議会を実施主体とする福祉コミュニティづくりの事業である。社会福祉協議会を対象としたA型と社会福祉施設との共同事業を行うB型の二種類に分かれる。この事業を通して社会福祉協議会は住民参加型の小地域ネットワークの構築を図っている。

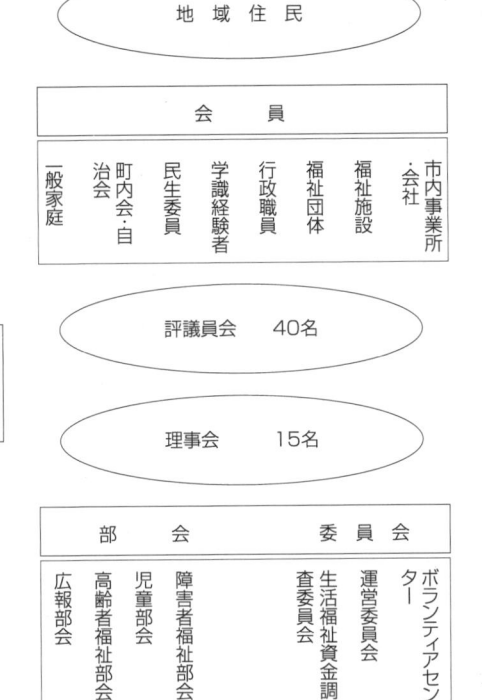

図12 A市の社会福祉協議会の組織図

出所：A市社会福祉協議会発行のパンフレットより。

2 社会福祉協議会の活動例

　たとえば，社会福祉協議会における活動事例は，A市の社会福祉協議会では2001年度より福祉機器リサイクル事業を開始しています。事業内容は，①福祉機器リサイクル事業（不用になった福祉機器を回収し，洗浄・修理を行い，それを必要とする市民に貸し出す），②介護住宅モデルルームの展示・説明・相談，③車椅子貸し出し事業，④住宅改造相談の受け付けなどです。この活動によって，不要になった福祉機器の再利用が可能になるとともに，市民相互の福祉情報の交換にも役立っています。

　またB市では社会福祉協議会の情報キャッチの窓口として「福祉推進委員」が位置付けられています。この福祉推進委員は民生委員や児童委員よりもさらに小さなエリアで世話役活動を行うのが特徴です。福祉推進委員の独自の事業としては「愛の福祉カード」があります。このカードは福祉推進委員が住民の福祉ニーズをキャッチしたら，その内容をこのカードに書き込みます。そしてこのカードは福祉推進委員，町福祉推進委員長，民生委員・児童委員，社会福祉協議会の四レベルで回覧されます。こうすることによって住民のニーズをすばやく社会福祉協議会に集めることが可能になります。A市やB市の取り組みの例からもわかるように，社会福祉協議会はその地域の特性を生かし，独自の事業を展開しています。

（栗山直子）

VIII 家族福祉の資源　3　民間の相談機関

② ボランティア団体

▷たとえばhttp://www.nonohanakai.com//main.html

○ボランティアの語源
「ボランティア」は，英語でVolunteerと書きます。語源はウオロVoloというラテン語つまり英語のWillと同じ「意志する」という言葉から派生したウオルンタスVoluntasという「自由意志」にerをつけた言葉です。フランス語ではVoluntireと書き「義勇軍」「志願兵」を指しますが，その後「喜び・愛」を表すVolontiresが使用されるようになりました。

○ボランティア活動とボランタリズム
ボランタリズムはボランティア活動の中心概念で，同朋の苦難・苦悩を見捨てることができない精神が地域社会の歴史や文化に根づき，種々の文化，教育，医療，そして，社会福祉に寄与しました。ボランティア活動の原理は，自発性（自主性），社会性（公益性），無償性（無給性）の三点です。また，動機やとらえ方は，チャリティーのボランティア（道徳的行為），自己実現のボランティア（文化的行為），社会参加のボランティア（公的行為）に分類されます。

▷COS（Charitity Organization Society：慈善組織協会）運動
産業革命1869年イギリスで始められた慈善運動。

▷セツルメント（Settlement)
地域の人望のある人達がスラムに定住して地域改革を進める運動。

▷ボランティアビューロー
ボランティアの事務所，溜まり場，サロン，紹介，斡旋の窓口等である。

▷NGO（Non-Governmental Organization：非政府民間組織）
国際協力活動に取り組む市民組織を言う。

○ボランティアの歴史
古代では「近隣総合扶助型」でしたが，困窮者の福祉的課題に対応できなくなり「民間救済型」の活動が台頭してきました。代表的なものが**COS運動**や**セツルメント**運動です。わが国での最初の活動として，災害等の地域救済型の始まりは大宝律令に見られます。また，企業等助成財団，宗教を基盤とした活動，そして，日本赤十字社等の社会救済型活動があります。その後，それらが多様化して，その結果，住民の活動による新しい非営利組織の誕生を招きました。さらに，活動を活発化させたのは，善意銀行や**ボランティアビューロー**等の活動推進機関によります。また，青少年のボランティア活動推進は，学校の授業の一環としてボランティアの活動を取り上げた「児童・生徒のボランティア活動促進事業」等によります。一方，長寿社会の到来でシニアボランティア活動も活発になりました。「勤労者マルチライフ支援事業」は参加しやすい環境づくりと参加の実現が目的です。2001年は国際ボランティア年でした。カンボジア難民への援助からNGO活動が始まり，郵政省の「国際ボランティア預金」はアジア・アフリカへの救済活動資金として定着しました。さらに，ボランティア活動は阪神・淡路大震災で関心が高まり，その結果NPO法が成立しました。最近ボランティア参加意識のある若者が増加し欧米諸国と比較しても大差がなくなっています。

●NPOとボランティア

ボランティア活動を支援するための社会的環境整備が急務になり，1998年NPO法が成立しました。NPOの制度は，ボランティア団体が簡単に法人格を取得でき，取得した団体には税制上の優遇措置があります。このボランティア活動原理は自発性・自主性で，組織はネットワーク式で人道的な活動です。このようなNPOの活動に参加者が増え，社会を動かす原動力になってきています。

●ボランティアの活動内容

ボランティアの活動内容として，福祉・医療・保健分野，青少年活動・教育分野，文化の伝承・発信に関わる分野，環境保護・エコロジーに関わる分野，在日外国人への援助や国際協力に関わる分野，平和や人権に関わる分野，町づくり等の地域活動です。そして，時代と地域のニーズに即応した活動やその地域性を生かした活動が今後増加してくると期待されます。

●ボランティア活動の人材確保

従来，ボランティア活動の参加者は一般市民，学生等でしたが，ボランティア活動の環境整備が進むにつれ参加者の層も厚くなってきました。特に，企業の従業員の約七割に「ボランティアに関心がある」等潜在的な希望者が多いとの調査結果があります。これは，企業内にも関心の広がりをみせていることを示しています。活動している人達の社会的背景は，個人個人の主体性が中心ですが，余暇の増大，管理社会下で生活するための「生きがい」づくり，社会状況の変化による問題意識の向上等が影響しています。

●ボランティア活動のニーズ

活動ニーズの社会的背景には，家族機能の減退，老年人口の増大，公的サービスの限界等があります。ボランティア活動の目標としては，福祉が進んでいる西欧諸国のように，高齢者や障害者であっても，皆が同じ様に生活できる社会（ノーマライゼーション），また，自立できるよう支援していける社会環境システム（インテグレーション）構築を目指すことが必要です。一つの方法として，高齢者等の施設を地域社会に開放し，施設の運営に地域住民が参加すること等で高齢者や障害者福祉問題に対して地域住民の理解を深める場とする，また，一市民の自由な生き様の表現可能な場としてコミュニティを重視した住民の手による文化・スポーツ等の活動プログラムの提供等があります。

●ボランティア活動の今後の課題

ボランティア活動で問題になるのは，社会的評価が低い，人材・資金等の調達が必要，リスクを伴う等，また，責任を自分達で負わなければならないにも関わらず評価されない等です。そして，ボランティア団体としてのマネージメント能力とそれに必要な情報提供等のサポートシステムの必要性があげられます。

（早川　淳）

▷ NPO（Non-Profit Organization：民間非営利組織）
自主的，自立的な活動を行う非営利，非政府の組織。

家族福祉の資源
○公的機関
児童相談所
家庭児童相談室
保健所，市町村保健センター
都道府県の福祉事務所
市町村の福祉事務所
○認可制度で公的責任のもとでの提供されているもの
保育所
幼稚園
○企業等の独自事業
ベビーシッター
認可外保育施設
ホームヘルパー
○住民の主体的事業
子育てサークル

（参考文献）
早瀬昇・牧口明『ボランティアと人権』開放出版社，1997年，17頁。
内海成治・入江幸男・水野義之『ボランティア学を学ぶ人のために』世界思想社，1999年，24頁。
大阪ボランティア協会『ボランティア』ミネルヴァ書房，1993年，24頁。
NGO活動推進センター（JANIC）編「あなたもできる国際ボランティア」『The Japan Times』1996年，10頁。
渋谷智明『福祉NPO』岩波新書，2001年，99頁。
日経事業出版社編『ボランティアな生活』日経事業出版社，1999年，171頁。
古川孝順・松原一郎・社本修『社会福祉概論』有斐閣，1997年，28頁。

Ⅷ 家族福祉の資源　3　民間の相談機関

3 NPO団体

1 NPO団体とその活動

○ NPOに含まれる団体

NPOとは一般に「非営利組織」を指し，それはNon-profit Organizationという英語の頭文字に由来します。

「非営利組織」とは「利益拡大のためではなく，その（営利的ではない）使命実現のために活動する組織」を指します。

NPOに含まれる団体については，図13に示しています。「特定非営利活動促進法」（NPO法）成立以降，最狭義にはNPO法人の指定を受けた団体を指す場合もありますが，法人格を取得していない市民活動団体やボランティア団体を含める場合もあります。

○ NPO法人の認証とその活動

「特定非営利活動促進法」（NPO法）は1998年3月に制定され，同年12月から施行されました。この法律はボランティア団体や市民活動団体が簡易に法人格を取得することを目的としており，非営利活動団体の活動促進を目指しています。

この法律で法人となった団体は「特定非営利活動法人」（通称NPO法人またはNPO）とよばれ，2001年4月末までに4000近い団体が都道府県から認証されています。

▶辻本清美・早瀬昇・松原明『NPOはやわかりQ&A』岩波書店，2000年，4頁。

▶渋川智明『福祉NPO』岩波新書，2001年，48～49頁。

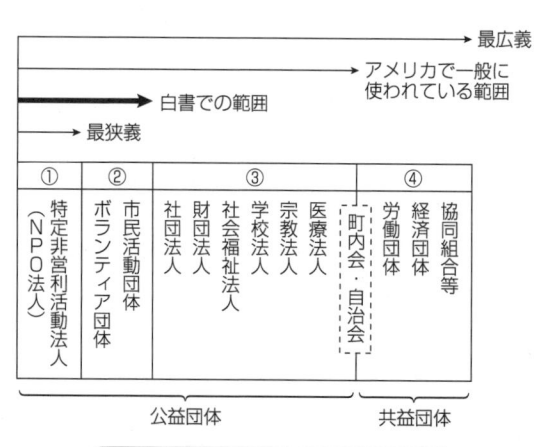

図13　NPOに含まれる団体の種類

出所：経済企画庁編『国民生活白書（平成12年版）』大蔵省印刷局，2000年，130頁。

NPO法が規定する「**特定非営利活動**」は12の分野がありますが，NPO法人の活動の分野を調べた調査によると，「保健，医療または福祉の増進を図る活動」が全体の67％と3分の2を占めています。次に「まちづくりの推進を図る活動」が33％，「子どもの健全育成を図る活動」32％となっています。

2 活発化するNPO活動の現状

　多様な場面で活躍するNPOですが，ここでは高齢者介護と子育て支援におけるNPO活動の現状をとりあげてみます。

○高齢者介護とNPO

　2000年4月からスタートした介護保険制度では，NPOは指定事業者として参入が認められたこともあり，多くのNPOが介護分野において活動をしています。

　国民生活白書では，介護保険制度に則してNPOの活動を3つに分類をしています。

①介護保険上の指定事業者となって，介護保険の対象となっているサービスの提供（もっとも多いのは訪問介護等の居宅サービス）。

②介護保険の対象になっていないサービスの提供（配食サービス，移送サービス，話し相手や趣味活動の提供）。

③指定事業者にならないが，厚生省令で定める人員基準等の要件を満たし，市町村によっては介護報酬が支払われる介護サービスの提供。

　このようにNPOは，介護保険制度による生活上の基本的な部分のサービスを提供し，それに加えて個別性の高い生活上のニーズに応えようとするなど，高齢者の生活がより豊かになるための一翼を担っています。

○子育て支援とNPO

　都市化が進展し，核家族や共働き家族が増加するなど子どもや家族をとりまく環境は変化しており，親の子育て困難の実態が浮かび上がっています。

　それだけに，子育て支援についてのNPOの活躍も期待されています。たとえば，子育て相談や子育てに関する情報提供などを行ったり，子育て仲間との交流を企画したりと，母親たちの悩みを地域の中で解決するように援助をしているNPOがあります。

　また，教育，福祉，医療などの関係機関と地域住民がつながり，共に協同して子育て家族を援助しようとしている取り組みも見られます。

　さらに，2000年3月に保育所の設置主体制限が撤廃され，NPOや営利企業等も認可保育所を設置できるようになったことを受け，保育分野におけるNPO活動も注目されています。NPOは行政によるサービスとは異なる，親のさまざまなニーズに対応した柔軟なサービスを提供できるよさがあります。

（冬木春子）

▶特定非営利活動
NPO法では「特定非営利活動」として①保健・医療または福祉の増進を図る活動，②社会教育の推進を図る活動，③まちづくりの推進を図る活動，④文化，芸術又はスポーツの振興を図る活動，⑤環境の保全を図る活動，⑥災害救援活動，⑦地域安全活動，⑧人権の擁護または平和の推進を図る活動，⑨国際協力の活動，⑩男女共同参画社会形成の促進を図る活動，⑪子どもの健全育成を図る活動，⑫以上に掲げる活動を行う団体の運営または活動に関する連絡，助言または援助の活動をあげている。

▶経済企画庁編『国民生活白書（平成12年版）』大蔵省印刷局，2000年，135～136頁。

▶経済企画庁編『国民生活白書（平成12年版）』大蔵省印刷局，2000年，137頁。

IX　家族福祉の資源　　4　入所・通所施設

1 入所施設

1 隔離・収容から地域での自立生活へ

　障害のある人は，長い間，一人の人間として尊重されることなく，この世に生まれ出た時点で遺棄されたり抹殺されたりしてきました。あるいは逆に神の使いとして奉られてきました。近代になって法制度が整えられるにつれて，地域社会と隔絶された障害のある人だけの施設に収容され，保護・管理されるようになりました。障害のある人に対する隔離・収容政策がとられるようになったのです。その一方で，軽度の障害のある人に対しては，社会に出て働くために訓練を施すという更生が目指されました。

　現在では，このような隔離・収容政策から，地域での「自立」と「社会参加」を支援する施策に転換してきています。大規模収容施設やコロニーは解体され，障害のある人も一市民として地域社会の中で生活するためのグループホームや自立生活センターが整備されてきています。

　知的な障害のある人も地域で生きていけるような社会に地域社会を変えていく必要があるというノーマライゼーション（normalization）の理念と運動が北欧から世界に広がり，いまでは障害のある人もない人も高齢者も子どももすべての人々が，家庭や地域社会でともに生活していける社会がノーマルな社会であるという考え方に拡大して解釈されるようになってきています。

　障害のある人を訓練して社会に適応させるという考え方から，「社会のリハビリ」こそ必要なのだと考えられるようになってきたのです。このようなノーマライゼーションの立場から，障害のある人自身の自立と社会参加を支援する具体的施策が講じられる必要があるのです。

2 ノーマライゼーションの原理

　スウェーデンのB.ニリェはノーマライゼーションを「知的障害者の日常生活の様式や条件を社会の主流にある人々の標準や様式に可能な限り近づけること」と定義して，次のような8つの原理をあげています。

　　①1日のノーマルなリズム
　　②1週間のノーマルなリズム
　　③1年間のノーマルなリズム
　　④ライフサイクルでのノーマルな経験

▶福岡寿『施設と地域とのあいだで考えた』ぶどう社,1998年。
本書では，入所施設で働きながら，地域支援コーディネーターとしての地道な活動が紹介されている。地域に出ると「今の福祉の問題や矛盾にいっぱい気がついてくる」と述べている。具体的な取り組みが紹介されているので，これからの福祉について考える上で参考になる。当事者の視点からのこのような取り組みが大変貴重である。日本の福祉はこのような人たちによって支えられていると言ってもいいであろう。

⑤ノーマルな要求の尊重
⑥異性との生活
⑦ノーマルな経済的基準
⑧ノーマルな環境基準

　これらの原理は，一言でいえば，知的障害のある人も普通の市民として生活できるようにするために必要な権利だと考えられます。これまで知的障害のある人は，地域で普通の生活を送ることができませんでした。確かに知的障害のある人は一人で生活していくことに困難な面があります。しかし，適切な支援を得ることができれば，自分の意思で自分の生活ができるのです。

　施設で長い間生活をしてきた人が，毎日なにをするにも職員の人に対して「ありがとう」と言わなければならないような生活から，自分で自分のしたいことができる生活への転換を望んで，地域の中でのアパート生活を始めたというドキュメンタリーがありました。経済的にも生活は楽ではありませんが，「自分の生活」をたのしむ光景が大変印象的でした。

　また，施設に入所している障害のある人の訴えを聞いたことがあります。その人は家庭の事情で施設での生活を余儀なくされていました。できるだけ早く施設を出て地域で生活をしたいと思っていても，施設での生活を続けていると，知らず知らずのうちに施設向きの障害者になってしまい，だんだん施設から出にくくなるとも話していました。

　このように障害のある人も普通の生活を望んでいるのです。ノーマルな生活，普通の生活とは何か，ということも考えてみる必要がありますが，障害のある人は，他の障害のない人と同じように，地域社会で自分の意思に基づいて生活することを求めているのです。

　知的障害のある人に限らず，障害のある人すべてにこの「地域で当たり前に生きる権利」を保障することがこの社会に求められているのです。

3　権利擁護の重要性

　日本では施設生活を余儀なくさせられている障害のある人がまだまだ多くいます。施設の中の生活の実態は，施設の外からはなかなか見えません。障害のある人の権利が侵害されていないか，権利擁護の体制が整備されているかを問うことも重要です。

　権利擁護に関しては，2001年12月に国連総会において，障害のある人の権利条約を検討する特別委員会の設置が決定されました。この決議を受けて，2002年の秋の国連総会までに「条約を検討する特別委員会」の開催と検討作業の開始が予定されています。障害のある人の権利条約作りが国際的な動きとして具体的に始まったのです。日本国内でも，日本弁護士連合会が，障害者差別禁止法の制定を要求してシンポジウムを開催したり活動しています。　　　（堀　智晴）

参考文献

　浅野史郎『豊かな福祉社会への助走1・2』ぶどう社，1989，1991年。
浅野史郎氏は，前の厚生省で障害者政策を担当してノーマライゼーションを推進させた人で，現在は宮城県知事である。本書には，著者の福祉論が展開されている。

IX 家族福祉の資源　4　入所・通所施設

❷ 通所施設

❶ 通園施設

通所施設は，障害のある子どもの通う通園施設と，障害のある大人の通う通所施設とがあります。

通園施設は，障害のある子どもの幼児期からの療育・訓練の場です。障害種別に，知的障害児通園施設，肢体不自由児通園施設，難聴児通園施設の3施設があります。障害のある幼児の通園施設では，療育と訓練の他に，障害の相談，指導，診断，検査，判定などを行っています。

1998年度からは，地域の身近な施設を利用できるように，「障害児通園施設の相互利用制度」が作られ，特に障害の種類で分けなくてもよくなりました。

通園施設の場合，障害のある子どもだけの集団なので，どうしても大人からの関わりが中心になります。その結果大人からの一方的な関わりになってしまいがちです。子ども時代には，障害のある子どもも障害のない子どもとの関わりが必要不可欠です。できるかぎり通園施設は保育所や幼稚園と積極的に連携をとり，子どもに負担のない範囲で子ども同士の交流を図る必要があります。

通園施設と保育所が隣同士にあったので，両施設の境界の垣根を開放して交流をはかることによって，障害のある子もない子も相互にいい影響をおよぼしあったという例もあります。

❷ 障害のある子どもの親へのケア

通園施設のはたす重要な役割の一つとして親へのケアがあります。我が子に障害があったことによって多くの親はショックを受けています。これまでの親の生き方にもよりますが，一般にはなかなか我が子の障害を受け入れることができません。特に障害のある子どもの母親の場合，障害のある子どもを産んだとして，家族や親戚から有形無形の差別を受けて悩んでいる場合もまだ少なくありません。夫婦間での葛藤が離婚につながる場合もあります。

このような親に対して，子どもと共に前向きに生きていけるようにサポートする必要があります。たとえば障害児の親の会を作って，親同士が定期的に支え合い励まし合うことも必要です。先輩の親たちの経験を聞かせてもらうことによって前向きに生きていこうと励まされることがあるからです。時には，親に対するカウンセリングも必要になります。

▶親の会と子どもの思い
障害のある子どもの親の会は，親の大きな支えになる。最近では，親の会の活動を考える上で，将来の自立に向けて，子ども本人の思いを尊重した取り組みが重要視されるようになってきた。親の会の名前を，「守る会」ではなく，「支える会」としているのもこうした考え方に立っているからである。

③ 障害児通園（デイサービス）事業と障害児短期入所（ショートステイ）事業

　障害のある幼児や学齢児を対象として，日常生活の基本動作の訓練や集団生活への適応訓練を行う「障害児通園（デイサービス）事業」もあります。この事業は，一市町村で療育事業を行うのが困難な場合，広域的に複数の市町村で療育活動が行えるようにするものです。この通園事業の対象となる子どもは，通園による指導になじむ障害のある幼児となっていますが，事業の目的，地域の実情などを考慮して市町村長が適当と認めれば学齢の子どもも利用できます。通園事業の利用人員は，５名以上になっており，通園事業を行うための施設は，障害のある子どもの特性に応じた適切な指導を行うために必要な設備を設けることとされています。職員については，障害のある子どもにたいして適切な指導を行う能力を有する者を配置することになっています。

　また，障害のある子どもを育てる家族の負担を軽減するために，障害児施設や知的障害者更生施設などにおいて，一定期間子どもの保護を行う障害児短期入所（ショートステイ）事業もあります。2000年度からは，入所施設において宿泊を伴わない日中の受け入れも認められました。

④ 通所施設

　知的障害者更生施設や知的障害者授産施設には，入所と通所の二通りの形態があります。更生施設も授産施設も，通所の場合は，それぞれ更生の場，授産の場と考えられ，５人から20人の定員になっています。いずれも，在宅の知的障害のある人が施設を利用しつつ地域社会で自立生活ができるのです。

　また，1997年度から新たに入所施設を作るときには，通所制度を実施しなければならなくなりました。これは障害のある人への施策が，従来の「施設福祉」から「地域福祉」へと転換しつつあることを物語っています。入所施設を作るときには，原則として，デイサービス事業やショートステイ事業を実施しなければならなくなったのです。

⑤ 地域生活の拠点として

　通所施設は障害のある人の地域生活の拠点として重要な役割を担うことが期待されています。グループホームへのヘルパー派遣，デイサービス事業，ショートステイ事業など，障害のある人の在宅生活に対して，通園施設は各種のサービスを提供することができるからです。

　さらに，レクレーション活動，ボランティアやガイドヘルパーなどの人材養成，権利擁護や訪問相談などの相談活動，施設間のネットワークづくりなど，地域の実状に応じたサービスを行うこともできます。　　　　　　（堀　智晴）

▶一人ひとりの顔が浮かぶ関係
障害のある人は「障害者」として一括りにされがちである。地域でのつきあいが深まり「○○さん」とよばれ，その人の顔が浮かぶような関係が形成されるようになっていくのが望ましい。

X　家族をとりまく福祉関係の法律

1　児童福祉法

1　児童福祉法の成り立ち

　第二次世界大戦後，日本の国民生活は破綻し，**戦災孤児や浮浪児**が街にあふれていました。加えて，不衛生な環境や栄養失調で死亡する児童が多発しました。国は緊急対策を余儀なくされ，1947年に「児童福祉法」が成立しました。第1条，第2条では，日本国籍の有無にとどまらずすべての児童の健全育成は全国民の責務であり，国や地方公共団体はそれへの責任を有することを謳っています。特に第1項では，「すべての国民は，児童が心身ともに健やかに生まれ，且つ，育成されるよう努めなければならない」，第2項では「すべての児童が，ひとしくその生活を保障され，愛護されなければならない」と定めています（第1条）。このように児童福祉法ではこれまでの一部の要保護児童に限定する制限保護原則から，すべての子どもの育成と福祉の増進を図る積極的方向へと転換しました。しかし，戦後の混乱期にあって「児童福祉法」だけでは十分機能できなかったので，さらに児童の人権の尊重と福祉の増進のために，1951年5月5日「児童憲章」が制定されました。

▷**戦災孤児・浮浪児**
戦後の日本では国民は窮乏し，「街頭浮浪児」とよばれる戦災孤児・浮浪児が街にあふれていた。街頭浮浪児には放浪して物乞いをしたり，窃盗する者もいた。わが国の児童福祉は戦災孤児・浮浪児の非行を防ぎ，保護することを緊急課題としてはじまった。

▷**児童家庭支援センター**
1998年度に創設された利用型の児童福祉施設のこと。児童福祉法第27条により児童相談所からの指導措置を受託し，児童の福祉全般に関して相談援助を行っている。

表9　児童福祉法等の一部を改正する法律の概要

児童家庭福祉制度の再構築
子育てしやすい環境の整備
児童の健全育成，自立支援

保育施策
- 保護者が希望する保育所を選択する仕組み
- 年齢等に応じた保育サービスの費用を基礎とした保育料負担方式
- 保育所における地域住民からの子育て相談
- 放課後児童健全育成事業の法制化

児童自立支援施策
- 児童福祉施設の名称，機能等の見直し
- 児童相談所の機能強化
- 児童家庭支援センターの創設

母子家庭施策
- 母子家庭の自立の促進や雇用の促進

施行期日　平成10年4月1日

資料：厚生統計協会『国民の福祉の動向』2000年，120頁。

表10 児童福祉施設の名称および機能の見直し

改正前			現行		
名称	対象児童	機能	名称	対象児童	機能
教護院	不良行為をなし，又はなす虞のある児童	児童を教護する（注）「教護」とは，教育，監護のこと	児童自立支援施設	現行の対象児童のほか，家庭環境その他の環境上の理由により生活指導等を要する児童に拡大。	単に保護するだけでなく，退所後の支援などを行い，児童の自立を支援。学校教育の実施。
養護施設	保護者のない児童，虐待されている児童など	児童を養護する（注）「養護」とは，養育，保護のこと	児童養護施設	改正前と同じ。	単に養護するだけでなく，退所後の支援などを行い，児童の自立を支援。
乳児院	乳児（満1歳未満）	乳児を養育する	乳児院	乳児のほか，保健上等により必要な場合，おおむね2歳未満の児童に拡大。	改正前と同じ。
情緒障害短期治療施設	軽度の情緒障害を有するおおむね12歳未満の児童	児童の情緒障害を治す	情緒障害短期治療施設	軽度の情緒障害を有する児童。（年齢要件を撤廃）	改正前と同じ。
虚弱児施設	身体の虚弱な児童	児童の健康増進を図る	児童養護施設に移行する。		
母子寮	母子	母子を保護する	母子生活支援施設	改正前と同じ。	単に保護するだけでなく，その自立の促進のために生活を支援。

	改正前		現行
名称	自立相談援助事業（予算事業）	名称	児童自立生活援助事業（法制化）
内容	義務教育修了後の児童に対し，小規模ホーム形態で，社会的自立に向けた相談援助を行う。	内容	同左。

資料：厚生統計協会編『国民の福祉の動向』2000年を修正。

2 児童福祉法の一部改正について

近年では，少子化の進行，共働き世帯の増加などとともに，家庭・地域における育児機能の低下，子どもを取り巻く家庭や環境の変化が著しく進んでいます。これに対応するべく，1997年に児童福祉法の一部改正がなされました（表9）。

この改正は，子どもと家庭を取り巻く環境の変化を踏まえ，子育てしやすい環境を整備するとともに，子どもの健全な育ちを支援するため，児童家庭福祉制度の再構築を目指して行われました。

主な改正点は①市町村の**措置**による保育所入所の仕組みを，保護者が希望する保育所を選ぶ選択方式に改める，②保育料は子どもの年齢に応じて額を定めるものとし，料金の均一化を図る，③児童福祉施設の名称を変更する（表10），④地域の子育て相談の基点となる児童家庭支援センターを創設する，などです。これにより，保育サービスの見直し，児童自立支援施策・母子家庭支援施策の充実をはかっています。

（栗山直子）

▷措置
行政による行政上の処遇のことを措置という。わが国の社会福祉において措置制度は戦後50年間にわたって続いた基盤であった。しかし，措置制度の問題点として，①利用者主導になりにくいこと，②サービスの選択ができないことなどが批判された。現在では，措置制度から利用者とサービス提供者同士の直接契約による「契約制度」へと移行している。

X 家族をとりまく福祉関係の法律

2 身体障害者福祉法

1 身体障害者福祉法

　身体障害者福祉法は，1949年に制定され，その後時代の変化に応じて改正が繰り返されてきました。この法律の目的は，第1条で，「この法律は，身体障害者の自立と社会経済活動への参加を促進するため，身体障害者を援助し，及び必要に応じて保護し，もって身体障害者の福祉の増進を図ることを目的とする」として，目的を身体障害者の更生＝職業復帰においています。

　また，第2条では，「すべて身体障害者は，自ら進んでその障害を克服し，その有する能力を活用することにより，社会経済活動に参加することができるように努めなければならない。」として身体障害者の障害の克服と職業的自立を強調しています。さらに同条第2項で「すべて身体障害者は，社会を構成する一員として，社会，経済，文化その他あらゆる分野の活動に参加する機会を与えられるものとする。」とし，身体障害者の社会参加を社会が支援していくことが必要であるとしています。

▷⇒Ⅳ-9（48頁）を参照。

　身体障害者福祉法では第4条で，「この法律において，「身体障害者」とは，別表に掲げる身体上の障害がある18歳以上の者であって，都道府県知事から身体障害者手帳の交付を受けたものをいう」と定義し，この別表では障害の種類と，それぞれの種類ごとに障害程度の範囲を示しています。さらに，同法施行規則の別表で障害の程度が，もっとも重い1級から7級に区分されています。しかしこれでも，たとえば「……の極めて著しい障害」など抽象的表現が多くみられたので，厚生省社会局長通知「身体障害者障害程度等級表について」によって詳しい認定基準（各種検査の項目，方法，判定基準など）が示されるようになりました。

▷厚生省社会局長「身体障害者障害程度等級表について」1984年9月28日社更第27号。

2 障害の種類などによる除外

　障害の種類については，視覚，聴覚，肢体不自由からいくつかの内部障害への拡大がみられ，また，障害の程度についても中・軽度障害に限定していたものが職業復帰の望めない重度者や高齢の障害者にも拡大されるなどの発展がみられます。しかし，まだ肝臓，血管，血液，身長など「種類による除外」，呼吸器疾患以外による呼吸機能障害など「原因による除外」，発作性頻脈など「永続要件による除外」，さらに「障害程度による除外」（「軽度」障害の除外）

などが問題として残っています。1998年4月から,「ヒト免疫不全ウイルスによる免疫機能障害」が対象に含まれました。

3 障害者基本法

1970年,障害者福祉の基本施策のあり方や施策の総合的な推進を内容とする心身障害者対策基本法が制定されました。しかし,その第1条に「心身障害の発生の予防に関する施策」が掲げられ,これが障害者施策の最優先課題のような印象を与えました。そこで,1993年にこの心身障害者対策基本法を改正し,障害者基本法が作られ,この第1条が削除され,かわって「自立と社会,経済,文化その他あらゆる分野の活動への参加の促進」が明記されました。また,反福祉的な響きを持つ「障害者対策」を「障害者施策」に,「収容」を「入所」に改め,保護から自立支援へという福祉理念の流れの中で「保護」という用語を極力使わないようにしました。

しかし,その一方で基本的理念(第3条2項)では「すべて障害者は,……あらゆる分野の活動に参加する機会が与えられる」となっています。つまり,「参加する機会」が恩恵的に「与えられる」対象と見なされ,「障害者の社会参加を権利として保障する」となっていません。

4 障害者施策の発展

障害者基本法では,依然として「更生」と「保護」に基づく旧来からの障害者施策の考え方から脱することができていません。当事者に対しては障害の軽減と克服への努力を押しつけ,重度の障害者に対しては隔離・収容型の施設入所を引き続き推進するということになっていると言えます。そういう意味ではまだ,「施設から地域へ」という明確な方向が打ち出されているとは言えないのです。これが今日の日本の障害者施策の現状と言っていいのかも知れません。このような点を考えて,さらに障害者の権利規定を明記した差別禁止法を制定する必要があると指摘されています。

それでもこの障害者基本法の成立によって,政府に障害者基本計画を策定する義務を課し,都道府県・市町村には障害者基本計画の策定に努力する義務を課しました。そしてこの計画の策定やその推進のために,都道府県には,地方障害者施策推進協議会の設置を義務づけ,また,市町村には,協議会の設置の努力義務を課すことになりました。それぞれの組織や運営については条例で定めることとされています。

さらに,障害者施策の実施状況を年次報告にして毎年国会に提出することが政府に義務づけられ『障害者白書』として刊行することになりました。1995年度版の『障害者白書』は,そのタイトルに「**バリアフリー**」を掲げました。

(堀　智晴)

▶バリアフリー社会
1995年版の2回目の「障害者白書」では,「バリアフリー社会をめざして」と題して,4つのバリアフリー(障壁の除去)が明記された。物理的なバリアー,制度的なバリアー,文化・情報面でのバリアー,意識上のバリアーの4つである。障害の克服を障害のある人に迫るのではなく,社会に存在しているこれらのバリアーをなくしていくことが社会の責務であるということが明確に指摘された。参照 p.121。

X 家族をとりまく福祉関係の法律

3 生活保護法

1 生活保護法とは

生活保護法には，旧法（1946年）と新法（1950年）があります。さらに平成12年度から介護扶助が加わりました。

第二次世界大戦後，最初にできた社会福祉法制は生活保護法（旧法）です。そして，全面改正された新しい生活保護法には，福祉事務所の設置と社会福祉主事の配置が義務づけられました。それは，「人権」を意識した制度として位置づけられたことを示しています。

保護の基準は国民生活の度合い等を考慮して決定されます。単に経済給付を行なう制度ではなく，受給者の生活自立の援助が目的なので，受給過程で担当のケースワーカーによる生活指導や就労促進が義務づけられています。生活保護の受給要件の審査には，資産活用，能力活用，扶養義務の履行の優先，他法活用（年金や手当等）等が考慮されます。

生活保護法の変遷

わが国の生活困窮者の収容保護は聖徳太子により四天王寺の四院で行われたのが始まりです。公的扶助制度は大宝律令に認められていますが，それ以降の明治時代までの諸制度の特徴は，私的扶助等の慈恵的性格が強いものでした。統一国家として制定された1874年の恤救（じゅっきゅう）規則には生活困窮者の救済制度としての公的扶助の基本的要素がなかったため，第一次大戦後の困窮者への対応ができませんでした。その結果，新たに制定された「救護法」（1931年）は法体制としては整備されましたが，制限的な救護措置に留まっていたため困窮者への充分な対応が不可能でした。その後，太平洋戦争の勃発で戦争に関与している人々の生活保障が問題となりました。制定された戦時特別立法は制度が分立して一元化した形での救貧制度ではなかったため救護法は極貧の人達だけの利用となり役割が低下しました。そして，第二次大戦後の混乱は，貧困問題に深刻な対応をなげかけ，その結果，昭和21年「生活保護法」（旧法）が制定施行されました。旧法の長所は，無差別，平等の公的扶助制度で生活保護の種類として生活・医療・助産・生業・葬祭の5種類がありました。一方，短所は要保護者に保護の請求権がない点でした。その後，保障制度の在り方等が議論され，1950年現行の**生活保護法**（新法）が制定施行されました。しかし，措置制度の基準や方式は決定されていますが，援助される側の権利や

▶**生活保護法**（1950年5月）
憲法第25条の生存権の理念に基づき，そして，国家責任による最低生活保障の原理により生活が困窮する者に対して必要な保護を行い，最低限度の生活を保障し，本人の自立を助けることを目的とする。4つの保護の原則（申請保護の原則，基準及び程度の原則，必要即応の原則，世帯単位の原則）と8つの保護の種類（生活扶助，教育扶助，住宅扶助，医療扶助，介護扶助，出産扶助，生業扶助，葬祭扶助）がある。

▶**生活保護の申請と手続き**
申請（本人・同居親族）→地域の福祉事務所→ケースワーカーの訪問→書類の提出→保護決定通知書（14日以内に保護の決定）。

措置の決定内容が透明ではなかったため，権利の申請権はあるが「水際作戦」方式（当事者にあきらめさす）により申請権は名目だけになってしまいました。しかし，その後の介護保険法実施によって利用者を中心に考えられた補助になってきています。

◯生活保護基準の改定状況

生活保護で保障される内容や水準は生活保護法第3条に規定されていますが，無差別，平等に保護するためには要保護者の最低限度の生活需要における保護如何を判断する尺度が必要です。最低生活水準は健康の保持その他の需要（衣服・住居）であって，国民経済等の水準とは無関係に決まる絶対的水準論と，最低生活水準という一般的制約があっても国民の生活水準，社会的意識等によって相対的に決まる相対的水準論とがあります。すなわち，生活扶助基準の設定方式は，**マーケット・バスケット方式**，**エンゲル方式**，**格差縮小方式**，**水準均衡方式**と変遷してきました。そして，現在は相対的水準論の立場から水準均衡方式が採用されています。このように生活保護基準は，一般国民生活の向上の度合い等を考慮して改善が図られてきています。

② 保護の動向

要保護者の動向は，社会情勢等の社会変動に対応して推移する傾向が強く，最近の被保護階層は高齢者，母子世帯，傷病者，心身障害者等のハンディキャップを負った者が9割，単身者世帯が7割以上を占めています。生活保護行政の運用には，人々の実態に沿った適切な対応策を講じることが要請されます。扶助の種類として，生活扶助と医療扶助の占める割合が高くなっています。これは，保護の開始要因に傷病等を理由とする者が大部分を占めているためです。

◯生活保護の適正化

生活保護の被保護者数の減少，保護率の低下の原因として，国民の所得水準の上昇，年金等諸施策の充実があげられますが，その減少や上昇は景気循環の影響によります。また，不正受給防止等の保護の適正化政策も影響を与えています。資産調査の審査の厳正化により保護基準も抑制されてきています。さらに，暴力団員等の不正受給の摘発もあります。現在，社会状況として景気の低迷により保護率は引き締め状況下にあります。

③ 生活保護法の施設

居宅において一定の水準の生活を営むことが困難な要保護者の入所，保護を行なう施設として生活扶助のための救護施設・更生施設，医療扶助のための厚生施設，就労のための授産施設，住宅扶助として宿所提供施設等があります。それぞれの地域の福祉事務所が相談の窓口になっています。

（早川　淳）

▶**マーケット・バスケット方式**
（昭和23年～昭和35年）：最低生活を営むために必要な飲食物等の個々の品目を積み上げて最低生活費を算出する方法である。

▶**エンゲル方式**
（昭和36年～昭和39年）：低所得所帯を家計調査から引き出し，生活費総額に占める飲食物費の割合で算出して総生活費を算出する方式である。

▶**格差縮小方式**
（昭和40年～昭和58年）：経済見通しによる翌年度の国民の消費支出の伸び率を基礎として一般所帯と被保護所帯の生活水準の格差縮小分を加味して生活扶助基準の改定率を決定する方式である。

▶**水準均衡方式**
（昭和59年～）：格差縮小方式を一歩進めたもので，一般国民の消費動向に留意しつつ基準およびその体系に常時検証を進め，必要な措置を採る方式である。

（参考文献）
東京ソーシャル・ワーカー『How to 生活保護』現代書館，2000年，7頁。
厚生統計協会編『国民の福祉の動向　厚生の指標』第47巻第12号，2000年，96頁。
三矢陽子『生活保護ケースワーカー奮闘記』ミネルヴァ書房，1998年，3頁。
家庭福祉に関連する法律
1．社会福祉に関する法律
2．医療・公衆衛生に関する法律
3．教育に関する法律
4．労働に関する法律
5．社会保険に関する法律
6．法務に関する法律
7．その他，民法，戸籍法，覚せい剤取締り法等がある。

Ⅹ　家族をとりまく福祉関係の法律

4　知的障害者福祉法

1　心身障害者対策基本法から障害者基本法へ

　障害者施策を行う省庁が多岐にわたるため，その連携をはかり一貫性のある施策を行うために1970年に心身障害者対策基本法が制定されました。ここでは，心身障害者施策における国，地方公共団体の責務が明らかにされるとともに，心身障害の予防と福祉施策に関する基本的事項が定められました。

　1993年12月には「心身障害者対策基本法」の一部改正が行われ，法律の名称が「障害者基本法」に改められました。

　その基本的理念は，「すべての障害者は，個人の尊厳が重んじられ，その尊厳にふさわしい処遇を保障される権利を有するものとする。」とされ，「障害者は社会を構成する一員としてあらゆる分野の活動に参加する機会を与えられるもの」とすることとされています。ここでは，対象を身体障害者，精神薄弱者（後に知的障害者）および精神障害者とすること，そして，障害者基本計画を策定することなどが課せられることになりました。

2　保護と更生

　1947年に児童福祉法が成立して，18歳未満の知的障害児の保護，指導が実施されるようになりましたが，18歳以上の知的障害者を対象とする施策はほとんどありませんでした。そこで子どもから大人までの一貫した施策を望む声が高まり，1960年に精神薄弱者福祉法（現・知的障害者福祉法）が成立しました。

　この精神薄弱者福祉法では，その第1条で，「この法律は，精神薄弱者に対し，その更生を援助するとともに必要な保護を行い，もつて精神薄弱者の福祉を図ることを目的とする。」と規定されていました。これを見てもわかるように，この法律の目的は，「**更生**」と「**保護**」と言えます。知的障害の人を教育，訓練して社会の役に立つようにしてあげよう，という考えがあったように思えます。

3　自立と社会参加

　精神薄弱者福祉法は，その後何度か改正が行われ，1999年4月から「精神薄弱」という用語を「知的障害」に改め，今日の知的障害者福祉法に至っています。この知的障害者福祉法は，2000年に社会福祉基礎構造改革の一環として，

▶**更生の意味**
更生の意味は，広辞苑によると次のような意味がある。①いきかえること。よみがえること。甦生。②反省・信仰などによって心持が根本的に変化すること。過去を清算し，生活態度を改めること。③不要品に手を加えて，再び利用できるようにすること。精神薄弱者福祉法では，どの意味で用いているのであろうか。保護という言葉と共に用いられていることを考えれば③に近い意味で用いられたのではないかと思われる。

障害者が利用者になるという観点から，社会福祉制度の構築を行うために一部改正が行われました。

これまで，知的障害者福祉法ではその第1条で，「知的障害者の自立と社会経済活動への参加を促進するため，知的障害者を援助するとともに必要な保護も行い，もって知的障害者の福祉の増進を図ることを目的とする。」と規定されていました。まだ，保護という言葉が残っていたのです。そこで，第1条の2で，さらに「自立に努めるとともに，社会，経済，文化その他あらゆる分野の活動に参加する機会を与えられるものとする」という内容が追加されました。

ここでようやく法令の上で，知的障害者が個人としてその人権を認められたと言ってもいいでしょう。

4 社会福祉基礎構造改革

社会福祉基礎構造改革とは，1951年の社会福祉事業法制定以来大きな改正の行われていない社会福祉事業，社会福祉法人，措置制度など社会福祉の共通基盤制度について，増大・多様化する国民の福祉需要に対応するために行われた見直しです。この改革では，これまでの措置制度は利用制度に代わります（下図14参照）。措置制度では，対象者（障害のある人など）は，福祉サービスを利用する時，まず，措置権者（行政など）に申請を行い，措置権者はそれに基づいてサービスの資格を審査し，受託事業者にサービスをするように指示し，措置費を支払うというシステムでした。これにたいして利用制度では，利用者は福祉サービスを利用する時，指定事業者に申し込み，契約が成立した段階でサービスが行われることになります。行政は指定事業者が福祉サービスを提供するにふさわしい事業者であるのかをチェックします。障害のある人が福祉サービスを利用する場合，利用料の補助を行政が行います。どのサービスを選ぶかは行政が決めるのではなく利用者が自分で選んで決めることになるのです。

このような利用制度が，支援費制度として2003年4月から始まりました。支援費制度では，障害のある人本人が必要なサービスを選んで利用します。始まったばかりで利用者の自己決定をどう理解するかなど，課題は多くあります。

（堀　智晴）

▷**社会福祉基礎構造改革の方向**

社会福祉基礎構造改革の具体的な改革の方向は次の3点である。
①個人の自立を基本とし，その選択を尊重した制度の確立
②質の高い福祉サービスの拡充
③地域での生活を総合的に支援するための地域福祉の充実

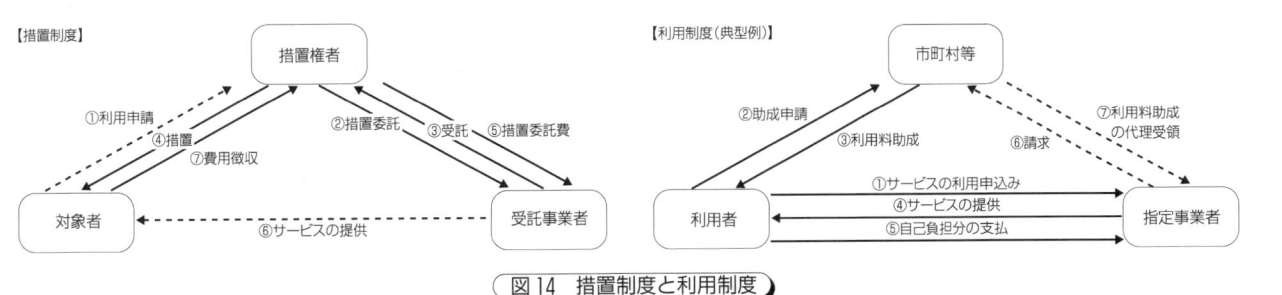

図14　措置制度と利用制度

資料：厚生省監修『厚生白書（平成11年版）』1999年。

X 家族をとりまく福祉関係の法律

5 老人福祉法

1 老人福祉法とは

老人福祉法は1963（昭和38）年7月11日法律第133号をもって公布され，その後1990（平成2）年6月29日付法律第58号「老人福祉法等の一部を改正する法律」等を経て現在に至っています。

2 法律制定の趣旨および目的と基本的理念

1963（昭和38）年7月15日付で出された「老人福祉法の施行について」という厚生事務次官通達によれば，法律制定の趣旨は以下のように記されています。「戦後における老人の生活は，社会環境の著しい変動，私的扶養の減退等により不安定なものとなり，さらに老齢人口の増加の傾向と相まって一般国民の老人問題への関心はとみに高まり，老人福祉のための対策の強化が強く要請されている現状である…」。さらに法律の目的として「従来必ずしも明確でなかった老人福祉に関する原理を法律上規定することによって，老人福祉に関する国及び地方公共団体の施策並びに老人及び一般国民の心構えについていわば指標を与えるとともに，老人に対し，その心身の健康の保持及び生活の安定のために必要な措置として，健康診査，老人ホームへの収容，老人福祉施設の整備等の具体的な施策を実施し，もって老人の福祉を図ることにある」と記されています。戦後の貧困問題や家族制度の変革，さらには急激な経済成長を受けて，当時老人の地位が不安定になり，老後への不安とともに老人に対する社会的処遇の必要性が認識され始めたことが背景にあることがわかります。

以上の法律制定の趣旨および目的をふまえて公布された老人福祉法ですが，昭和38年当時の基本的理念（第2条，第3条）は次のようになっています。「老人は，多年にわたり社会の進展に寄与してきた者として敬愛され，かつ，健全で安らかな生活を保障されるものとする。また，老人は，老齢に伴って生じる心身の変化を自覚して，常に心身の健康を保持し，その知識と経験を社会に役立たせるように努めるものとする。老人は，その希望と能力とに応じ，適当な仕事に従事する機会その他社会的活動に参与する機会を与えられるものとする」（下線部分は1990（平成2）年に改正された部分を示す：著者注）。

当時の基本的理念を分析して，副田義也は老人を「敬愛される」対象としている点，さらに「社会に役立たせる」ために「参与する」という表現のなかに

▶老人福祉法
（昭和38・7・11
法律133号）
　　第一章　総則
（目的）
第一条　この法律は，老人の福祉に関する原理を明らかにするとともに，老人に対し，その心身の健康の保持及び生活の安定のために必要な措置を講じ，もつて老人の福祉を図ることを目的とする。
（基本的理念）
第二条　老人は，多年にわたり社会の進展に寄与してきた者として，かつ，豊富な知識と経験を有する者として敬愛されるとともに，生きがいを持てる健全で安らかな生活を保障されるものとする。
（平成2法58・一部改正）
第三条　老人は，老齢に伴って生ずる心身の変化を自覚して，常に心身の健康を保持し，又は，その知識と経験を活用して，社会的活動に参加するように努めるものとする。
2　老人は，その希望と能力とに応じ，適当な仕事に従事する機会その他社会的活動に参加する機会を与えられるものとする。
（平成2法58・一部改正）

は，タテマエとしては「敬老思想」が見受けられるが，それは老人を過去の社会の主体とし，現在では「敬愛」対象，すなわち客体としてしか認めていないということに通じ，その底流にはホンネとして，「老人への蔑視意識」「老人への無関心」が存在することを指摘しています。

3 老人福祉法の一部改正を受けて

その後，社会状況の変化を受け，一部改正が行われています。特に基本的理念について改正が行われている点に留意する必要があります。1990年8月1日付で「老人福祉法等の一部を改正する法律の施行について」という厚生事務次官通知が出されているのですが，そのなかで改正の趣旨として，「二一世紀を10年後に控え，人口の高齢化が急速に進行する今日，国民が健康で生きがいを持ち安心して生涯を過ごせるような明るい活力のある長寿・福祉社会をつくりあげていくことは，我が国の当面する最大の課題となっている。また，国民の生活水準の全般的な向上，核家族化及び都市化の進行に伴う家族及び地域社会の扶養機能の低下，生活の質や精神的な豊かさへの国民意識の志向等社会福祉をとりまく環境は大きく変化しており，これに応じてきめ細かな福祉行政を展開することが求められてきている。こうした状況を踏まえ，高齢者，身体障害者等の福祉の一層の増進を図るため，在宅福祉サービスと施設福祉サービスとを地域の実情に応じて一元的かつ計画的に実施する体制づくりを進めることとし，関係八法律の改正を行うものである」と述べられています。

さらに基本的理念（第2条，第3条）は，「老人は，多年にわたり社会の進展に寄与してきた者として，かつ，豊富な知識と経験を有する者として敬愛されるとともに，生きがいを持てる健全で安らかな生活を保障されるものとすること。また，老人は，老齢に伴って生ずる心身の変化を自覚して，常に心身の健康を保持し，又は，その知識と経験を活用して，社会的活動に参加するように努めるものとする。老人は，その希望と能力とに応じ，適当な仕事に従事する機会その他の社会的活動に参加する機会を与えられるものとする」と変更されています（下線注：変更箇所）。そこには人口高齢化が急激に進行し，1970年に高齢化率7％の高齢化社会に突入し，さらに24年後の1994年には高齢化率14％の高齢社会になったことを考えると，もはや「老人」は敬愛の対象ではなく，主体性をもった「高齢者」として積極的に社会参加を促し，高齢社会をともに支え合っていこうとする発想の転換を読み取ることができます。

1999年は国連の国際高齢者年でしたが，そのテーマが「すべての世代のための社会をめざして（towards a society for all ages）」でした。厚生白書によれば，現役世代から高齢世代という一方向的な考え方だけではなく，高齢世代内や高齢世代と現役世代との互いの支え合いも含め，すべての世代が共に支え合う視点の重要性が指摘されています。

（杉井潤子）

▶副田義也「主体的な老年像を求めて」『現代のエスプリ』126号，至文堂，1978年，5～24頁。

▶厚生省監修『厚生白書（平成12年度版）──新しい高齢者像を求めて』2000年。

（参考文献）
高橋勇悦・和田修一『生きがいの社会学』弘文堂，2001年，236頁。

X　家族をとりまく福祉関係の法律

6　母子及び寡婦福祉法

1　母子及び寡婦福祉法の成立まで

　母子家庭は，一般的に経済的，社会的，精神的に不安定な状態におかれがちです。しかし，その家庭の子どもたちは健全な育成が保障されなければなりません。また母親自身も，自らが健康で文化的な生活を営みながら，子どもを養育していく必要があります。

　まず1957年に，戦争犠牲者遺族に対して資金の貸し付けを中心とした「母子福祉資金の貸付等に関する法律」が制定されたのに始まり，1964年には母子家庭の福祉を総合的に推進する基本法として「母子福祉法」が制定されました。そして1981年，母子家庭の母であった寡婦に対しても生活を保障する福祉の措置がとられるよう規定されるに至り，名称は「母子及び寡婦福祉法」に改められました。

2　母子及び寡婦福祉法の内容

　母子及び寡婦福祉法は「母子家庭及び寡婦に対し，その生活の安定と向上のために必要な措置を講じ，もって母子家庭及び寡婦の福祉を図ること」（第1条）を目的としています。

　この法律の対象となる「配偶者のいない女子」とは，①配偶者（事実婚を含む）と死別した女子であって現に婚姻をしていないもの，②離婚した女子であって現に婚姻していないもの，③配偶者の生死が明らかでない女子，④配偶者から遺棄されている女子，⑤配偶者が海外にあるためその扶養を受けることができない女子，⑥配偶者が精神又は身体の障害により長期にわたって労働能力を失っている女子，または⑦以上に準ずる女子です。

　また，「児童」とは20歳に満たない者，「寡婦」は配偶者のいない女子であって，かつて配偶者のいない女子として児童を扶養していたことのあるものをいいます。

　内容は，母子福祉資金・寡婦福祉資金の貸付などの経済的自立対策，母子相談員などによる母子家庭の相談，母子福祉施設である母子福祉センターを中心とした生活指導や生業指導，母子家庭・寡婦居宅介護等事業などを規定しています。

表11 母子福祉貸付金の資金別貸付金額および構成割合の年次推移

	昭和28年度 ('53)		38 ('63)		48 ('73)		55 ('80)		平成11 ('99)	
	金額 (千円)	構成割合 (%)	金額 (千円)	構成割合 (%)	金額 (千円)	構成割合 (%)	金額 (千円)	構成割合 (%)	金額 (千円)	構成割合 (%)
総　　　数	1,242,489	100.0	1,604,468	100.0	3,500,815	100.0	9,409,799	100.0	20,930,372	100.0
事業開始資金[1]	710,018	57.1	327,258	20.3	637,850	18.2	1,712,716	18.2	188,177	0.9
事業継続資金	395,665	31.8	194,600	12.1	344,391	9.8	886,230	9.4	74,119	0.4
修 学 資 金	113,326	9.2	677,613	42.2	1,379,354	39.4	4,760,754	50.6	16,008,085	76.5
技能習得資金	6,124	0.5	662	0.1	2,686	0.1	22,056	0.2	278,016	1.3
修 業 資 金	6,588	0.5	14,186	0.9	29,329	0.8	185,221	2.0	391,546	1.9
就職支援資金[2]	6,942	0.6	30,800	1.9	21,133	0.6	27,041	0.3	30,707	0.1
療 養 資 金	—	—	—	—	12,598	0.4	12,512	0.1	12,788	0.1
生 活 資 金	3,826	0.3	482	0.1	7,229	0.2	83,426	0.9	527,837	2.5
住 宅 資 金	—	—	358,218	22.3	949,385	27.1	1,369,907	14.5	154,651	0.7
転 宅 資 金	—	—	649	0.1	768	0.0	4,461	0.0	305,499	1.5
就学支度資金	—	—	—	—	116,092	3.3	345,476	3.7	2,848,689	13.6
結 婚 資 金	—	—	—	—	—	—	—	—	4,200	0.0
児童扶養資金	—	—	—	—	—	—	—	—	106,057	0.5

（注）1）28年度は生業資金　2）28・38年度は支度資金。
資料：厚生労働省『母子福祉資金貸付業務報告書』。
出所：厚生統計協会編『国民の福祉の動向　厚生の指標臨時増刊』2001年，153頁。

●母子福祉資金の貸付け

母子家庭の経済的自立を図るために，母子福祉対策の中で重要な制度です。都道府県と**政令指定都市**，および**中核都市**が実施主体で，20歳未満の児童を扶養している配偶者のいない女子に貸し付けられています。貸付金の種類は，事業を開始し，又は継続するのに必要な資金，配偶者のない女子が扶養している児童の修学に必要な資金など，表11に示すように13種類あり，もっとも多い割合を占める貸付は，76.5％の就学資金です。

●母子相談

母子家庭に対する相談機関として**福祉事務所**に配置されています。母子家庭の福祉に関する必要な実情の把握と生活全般にわたる各種の相談に応じ，指導するのが業務です。具体的には，母子世帯の面接，調査，訪問，指導等がその職務内容です。相談員数は，2000年3月31日現在で，1,189人（うち非常勤830人）で，1999年度は，58万9,258件の相談がありました。

●母子福祉施設

母子福祉施設には，母子福祉センターと母子休養ホームがあります。母子福祉センターは，相談や生活・職業指導を行う施設で1999年10月現在，全国に74か所，母子休養ホームはレクリエーション等のための施設で17か所あります。

その他，公共的施設内の売店，理容所，美容所等の優先的設置，たばこ小売業販売の優先許可，公営住宅の母子世帯向け特別配慮，母子家庭の母および児童の雇用の促進をはかるため，国および地方公共団が必要な措置を講ずること，関連福祉機関と公共職業安定所は，相互に協力すること等を規定しています。

（黒川衣代）

▷政令指定都市
人口50万以上の市で，特に政令で指定されたもの。大都市特有の行政ニーズに対応し，総合的な行政運営を行えるようにするため，事務権限や財政上で一般の市町村にない多くの特例が認められている。

▷中核都市
人口がおおむね30万人規模以上の都市のこと。できる限り住民の身近なところで行政を行なうことができるように，事務権限が強化されている。

▷福祉事務所
社会福祉法に規定される「福祉に関する事務所」のことで，福祉六法に関する業務を行う行政機関。

X 家族をとりまく福祉関係の法律

7 子どもの権利条約

1 子どもの権利条約の意義

「子どもの権利条約」は1989年11月20日に国連総会で採択されました。日本は少し遅れて1994年5月22日に158番目の批准国となりました。「子どもの権利条約」の意義は次の四点です。

①子どもの権利について世界統一の見解を示したこと
②先進国の子どもだけでなく，途上国を含むすべての子どもを対象としたこと
③子どもの権利を法的拘束力を持つ「条約」に発展させたこと
④「保護される子ども」から「権利主体としての子ども」へと子ども観のパラダイム転換をなしたこと

「子どもの権利条約」では，すべての児童の保護と基本的人権の尊重を目指して，「3つのP」が掲げられています。この3つのPとはすなわち，①所有あるいは利用に関する権利（Provision），②保護に関する権利（Protection），③参加に関する権利（Participation）です。

「子どもの権利条約」は1948年の「世界人権宣言」をベースとしており，大人版の「国際人権規約」(1966)に対する子ども版の条約です。子どもの権利条約は18歳未満のすべての子どもの人権保護を謳っています。第2条では，人種や皮膚の色，性，言語，宗教，政治的意見，出身，財産，心身障害，地位などのあらゆる差別を禁止しています。そして，子どもの最善の利益を法的，社会的に考慮することを義務づけています（第3条）。また，この条約は年齢に応じて自由に自己の意見を表明することができるよう，子どもの意見表明権として，その権利を認めています（第12条）。第19条では親による虐待・放任・搾取から子どもを保護することを明記しています。第34条では性的虐待からの保護を，第32条では児童の経済的搾取や有害な児童労働の禁止を規定しています。このように，子どもの権利条約では広く，福祉・保健・医療・教育・文化・労働・司法・難民問題など包括的な子どもの権利保障を目指しています。

2 子どもの権利条約とコルチャック

ポーランドが子どもの権利条約の提唱国となった背景には，教育者コルチャック（Korczak, J.）の存在があります。コルチャックは第一次世界大戦後，戦災孤児を収容するために，「ナシュ・ドム」（ぼくらの家）と名づけられた孤児

コルチャック, J. (Korczak, Janusz; 1878-1942)

院を設立しました。そこでは自発性を何よりも重んじていました。コルチャックは子どもたちに自治権を与え，お互いを評価し，援助するシステムとして，子どもの議会，子どもの法典，子どもによる裁判を試みました。コルチャックは子ども自身を一人の人間として尊重する姿勢を生涯貫きました。1942年，コルチャックはナチスによるユダヤ人迫害により，子どもたちとともにトレブリンカ収容所に送られました。世界中からコルチャックを救出する嘆願書が寄せられ，ナチスも世界的な教育者コルチャックの存在を無視することができず，その嘆願書を受け入れ，特赦の命令を下しました。しかしコルチャックは断固として解放を拒み，子どもたちと一緒に死ぬことを選び，子どもを抱き，声をかけながら整然とガス室に消えていったといわれています。「子どもの権利条約」はこのコルチャックの子ども観を強く受け継いでいます。

この「子どもの権利条約」を受けて1990年にはニューヨークで「子どものための世界サミット」が開催されました。このサミットでは子どもの生存，保護，発育に関する「世界宣言」および「行動計画」が採択されています。子どもをテーマとして，世界各国の71名の大統領や首相が一同に集ったことはまさに画期的な出き事でした。

③ 子どもの権利条約に関する報告と審査

1994年に日本は子どもの権利に関する条約に批准し，その2年後に子どもの状況を国連子どもの権利委員会に報告することが義務づけられました。1998年5月に報告がなされ，6月に最終所見が採択されました。条約第44条の下での締約国により提出された報告の審査において，委員会より主に以下の懸念事項が示唆されました。

①子どもの権利に関する条約が国内法に優先するにもかかわらず，実際には裁判所が国際人権条約一般，就中，子どもの権利に関する条約をその判決の中で直接に適用していないこと。

②条約が扱う分野において権限のある各種政府部局間及び中央・地方政府間の効果的な調整を確保するためには，それらの権限が限られており，とられた措置が不十分であることを懸念する。

④ わが国における今後の課題

わが国も「子どもの権利に関する条約」の批准によって権利行使の主体として子どもを位置づけたので，この条約に沿うよう日本の国内法を修正することが必要です。1998年の児童福祉法の一部改正においては，子どもの主体としての位置づけの明確化が期待されていましたが，まだ十分なされているとはいえません。たとえば，「子どもの意見表明権」を取り上げても学校という組織の中でいかに確立されていくかは今後の課題です。

（栗山直子）

X 家族をとりまく福祉関係の法律

8 育児・介護休業法

1 育児や介護を支援する社会の構築へ

　1989年の「1.57ショック」以来，合計特殊出生率の低下は国家レベルの問題として位置づけられてきました。2000年において合計特殊出生率は1.35であり，少子化は一段と進行しています。

　少子化の原因として，晩婚化やそれに伴う**晩産化**，さらには夫婦の出生力の低下が指摘されています。

　その背景の一つには，より多くの女性が雇用者として労働市場に進出する一方で，子育てを支援する体制が不十分であることから，既婚夫婦にとって「理想の数だけの子どもをもてない状況にある」との指摘があります。また，わが国では高齢社会を迎えており，遠方に住む親の介護に直面し，「介護と仕事の両立」に悩むケースも増えてくると予想されます。

　このような状況において，子育てや介護が「家族の問題」として私的に解決されるのではなく，国および地方公共団体，地域社会や企業を含めた社会全体で取り組むべきとの認識がなされています。この具体的な取り組みとして，わが国では1985年に**女子差別撤廃条約**を批准したことを受け，1991年5月に「育児休業等に関する法律」（「育児休業法」）が制定されました。1994年4月からは規模30人以下の事業所を含め育児休業を全面適用することになり，1995年には介護休業も併せて盛り込んだ「育児・介護休業法（育児休業，介護休業等育児又は家族介護を行う労働者の福祉に関する法律）」となりました。

2 育児・介護休業法の概要と課題

○ 育児・介護休業法の概要

　育児・介護休業法は，育児や家族介護を行う労働者の職業生活と家庭生活の両立を支援することを目的とした総合的な内容の法律です。制度の概要は表12で示しています。

○ 育児・介護休業制度の利用状況

　育児休業制度の利用状況について，平成14年度の女性雇用管理調査によると，出産者に占める育児休業取得者の割合では，女性は64.0%，男性は0.33%となり，女性では平成11年度と比較して7.9%も上昇しています。一方，男性では平成11年度に引き続き取得率は低くなっています。育児休業取得者のうち女性

▷**晩産化**
初婚年齢の上昇に伴って，第一子を産む年齢も遅くなることをいう。

▷厚生省監修『厚生白書（平成10年版）』ぎょうせい，1998年，18～37頁。

▷同上　38頁。

▷**女子差別撤廃条約**
条約は15のパラグラフからなる前文と本文6部30か条から構成されている。多くの国連文書が男女の平等を規定しているにもかかわらず，依然として女性に対する差別が広く存在していることを指摘し，女性に対するあらゆる差別を撤廃するための措置をとることとしている。

▷厚生労働省雇用均等・児童家庭局『平成15年版　女性労働白書』2004年，付表61。

表12　育児・介護休業制度の概要

	育児休業制度	介護休業制度
休業の定義	労働者がその1歳に満たない子を養育するための休業	労働者がその要介護状態にある対象家族を介護するための休業
対象者	男女労働者（日々雇用者・期間雇用者は除く）ただし，継続雇用1年未満の者や配偶者で子の親である者が子を状態として養育できる状態にある者は労使協定で適用除外	男女労働者（日々雇用者，期間雇用者は除く）ただし，継続雇用1年未満の者は労使協定で適用除外
休業期間・回数	子が1歳に達するまでを限度として本人の申し出た休業開始日から休業終了予定日までの間（休業期間の分割は認められない）同一の子については原則1回	3か月を限度として本人が申し出た休業開始予定日から休業終了予定日までの間（休業期間の分割は認められない）対象家族1人につき1回
対象家族	子	配偶者，父母，子，配偶者の父母，同居し，かつ扶養している祖父母・兄弟姉妹
解雇制限	事業主は，休業の申し出をし，または休業したことを理由とした解雇その他不利益な取扱いの禁止	事業主は，休業の申し出をし，または休業したことを理由とした解雇その他不利益な取扱いの禁止

＊省令事項は省いています。時間外労働の制限，深夜業の制限，勤務時間の短縮等の措置，子の看護休暇などについても同法では定められています。
出所：厚生労働省『育児・介護休業法のあらまし』2002年，83～85頁を参考に作成。

が98.1％，男性が1.9％となり，圧倒的に女性が多くなっています。

次に，介護休業取得者の割合（常用労働者に占める平成13.4.1～平成14.3.31までに介護休業を開始した者の割合）は0.05％となっています。性別にみると，介護休業取得者のうち女性は66.2％，男性は33.8％であり，男性の取得者が増加しています。

○育児・介護休業法の改正

仕事と家庭の両立支援をさらに進めるため，2002年に「改正育児・介護休業法」が施行されました。

これにより，育児又は家族介護を行う労働者について1か月24時間，1年150時間を超える時間外労働の制限が新設されました。また，勤務時間の短縮等の対象となる子の年齢が3歳未満に引き上げられ，3歳から小学校就学前の子については事業主側の努力義務となりました。これによって，対象となる労働者の子どもが3歳になるまでは短時間勤務制度，3歳から小学校就学前までは所定外労働をさせない制度を設けるなど，子の年齢によって制度を組み合わせることもできるようになりました。さらに，小学校就学前の子どもの看護休暇制度を導入することが事業主に求められるようになりました。

このような育児・介護休業制度の充実と同時に，休業後の職場復帰を可能にする保育政策の充実やその他の労働環境の整備も両立支援には必要です。

（冬木春子）

▷厚生労働省雇用均等・児童家庭局『平成15年版　女性労働白書』2004年，付表66。

参考文献

浅倉むつ子「家族的責任をもつ労働者保護」国際女性の地位協会編『女性関連法データブック』有斐閣，1998年。

厚生労働省『育児・介護休業法のあらまし』2002年。

1 子どもを含む家族

近代社会では，核家族が通常の家族モデルとされていたため，それ以外は逸脱視されていました。しかし，現代では核家族以外の多様な家族形態が家族として認められるようになりました。

1 子どもを含む家族の類型

○拡大家族

拡大家族は相続制を基礎としています。日本の農村家族を典型とする拡大家族は**直系家族制**であり，子どものうち誰か（多くの場合は長男）が結婚した後も親世帯にとどまる家族形態です。この直系家族制は三世代にわたって構成されていることが多く，農業など生産単位が家族である職住一体型の職業形態に適しています。現代では，拡大家族は職住分離の進行とともに少数派となりましたが，家族構成員が多いことから育児や介護に複数人数で関わることが可能です。

○核家族

核家族とは夫婦とその子どもという構成の家族のことです。核家族は夫婦単位制を基礎とした新居制によって成立します。そもそも核家族には2種類あります。一つは人が子どもとして生まれた家族，つまり「定位家族」（Family of orientation）です。二つ目は人が結婚によって新たに形成する家族，「生殖家族」（Family of procreaion）です。定位家族は子どもという位座からみた核家族です。新居制とは，定位家族の世帯と生殖家族の世帯とを分離し，親世帯から子ども世帯を実質的に独立させることを促すものです。また，小規模な家族は転勤などの職業上のモビリティに適しているため，新居制は能率主義・合理主義を基本とする現代社会にとって都合が良いものとして定着してきました。

○ひとり親家族（ワンペアレント・ファミリー）

「ひとり親家族」とは母子家族と父子家族の両方を包括する概念です。かつては二人親によるノーマル・ファミリー（通常の家族）に対して，欠損家族と位置づけられていました。しかし，欠損家族という用語は差別的な意味合いを有しています。そこで通常の家族と同等に位置づけるため，日本では1980年代に入ってから「ひとり親家族」という用語が用いられるようようになりました。用語の面では平等化が目指されていますが，「ひとり親家族」は少数派であることから，いまだにさまざまな社会的不利益を被っているのが現状です。

▶直系家族制
子どものうち誰かが結婚後も親世帯と同居している家族のこと。わが国の長男相続制によって家を維持する「家制度」が典型例である。

▶核家族化
核家族とは家族構成にみられる家族の小規模化のことである。またこうした核家族の家族が全家族の中で占める割合が高くなることを核家族化という。こうした核家族化はわが国の戦後の家族にみられる変化として一般には位置づけられている。

XI-1 子どもを含む家族

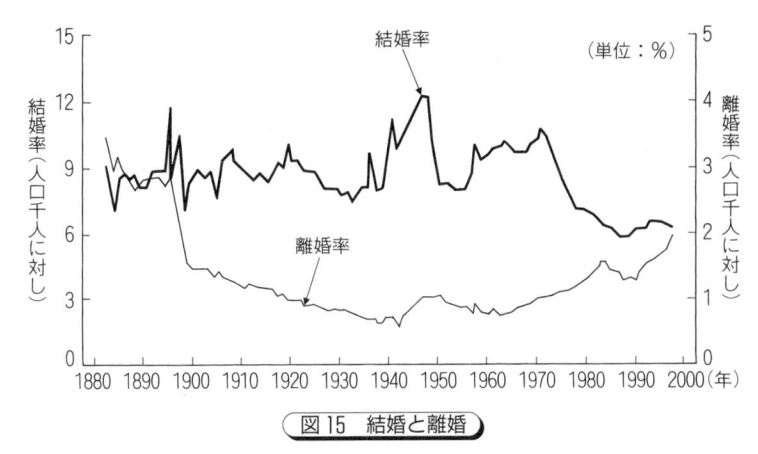

図15　結婚と離婚

資料：内務省『国勢調査以前日本人口統計集成』2001年，厚生省『人口動態統計』2001年をもとに作成。

ひとり親家族に対する基本法はいまのところ「母子及び寡婦福祉法」のみであり，母子相談員の都道府県への設置，母親に対する経済的支援，母子（寡婦）福祉資金の貸し付けなどを行っています。そのほか，「母子家庭等居宅介護等事業」ではひとり親家族への乳幼児の保育などの日常生活面での支援を行っています。この事業は1983年から父子家庭に，1986年からは寡婦を対象とするようになりました。今後，就労面，住宅の保障，所得保障のほか，ひとり親家族専門の育児支援，育児相談事業等の充実が望まれています。

ステップファミリー

近年，アメリカでは「ステップファミリー」と呼ばれる子連れ再婚家庭が急増しています。2010年にはアメリカ人の約半数はステップファミリーの一員になるといわれています。この夫婦とそれぞれの連れ子が新しく家族として結ばれる，ステップファミリーにとって，結婚は単なる個人と個人の結婚ではありません。そのため，ステップファミリーの結婚式も従来の個人単位ではなく，家族単位の「ファミリー・メダリオン」という結婚式が流行しています。このファミリー・メダリオンとは，夫婦とそれぞれの連れ子が家族の絆を誓い合って，お互いにメダルをかけあうという結婚式です。日本でも離婚率の上昇（図15）とともに，こうしたステップファミリーが増え始めることが予想されます。

2　現代の小規模家族と子どもをめぐる病理

近代家族の閉鎖性

高度経済成長期以降，都市化とともに，サラリーマン化が進みました。都市で生活するサラリーマンにとっては，小規模な核家族が適していました。特にいまは一人っ子時代で，3人家族が主流となっています。夫（父親）が外で働き，妻（母親）が家庭で家事・育児をする「**性別役割分業**」が浸透しています。**性別役割分業**によって，妻（母親）は一人で子育てをするようになりました。特に都会の高層マンションでは転勤族の増加に伴い，近所づきあいは希薄にな

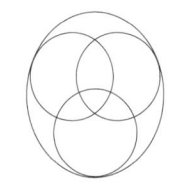

ファミリー・メダリオンのメダル
栗山作成

▶**性別役割分業**
労働において性別により異なる役割が割り当てられていること。代表的なものに「男は仕事，女は家庭」という言い方がある。性別役割分業は仕事が有償のものであるのに対して，家庭における家事・育児が無償であることから，差別的な意味合いを多分に含んでいるとされている。また，この性別役割分業は近代になってからはじまった最近の考え方であることが指摘されている。

るなど，地縁ネットワークがますます欠如してきています。そのようななかで，児童虐待の増加は近年著しく，ワイドショーやニュースなどで頻繁に報道されています。近代家族にとって家庭は聖域となり，プライバシーの砦とされる反面，閉鎖的になり，母親は子育てに悩んでも誰にも相談することができず，悪循環に陥っています。今後は閉鎖的になりがちな家庭に通気性を持たせるべく，親族・地域ネットワークを強化することが課題です。

○産業構造の転換期と教育

最近，胃潰瘍などのストレス性の病気を患う子どもの増加が指摘されています。受験戦争の激化と学歴偏重社会のなかで，子どもは生活にゆとりがなく勉強に追われています。豊かな時代と呼ばれる現代にあって，知育に偏重した教育制度の見直しが進められ，昨今ゆとりの教育が唱えられています。学校の時間割の見直しがなされ，主要教科の時間が削られるなど週休二日制導入が効果を上げるよう文部省が総力をあげています。

その一方では，学歴社会という現実が社会で変わらないため，両親は学歴で人生の成功を測るというものさしを捨て切れていません。1980年代後半に頂点であったバブル期が1990年代に入って崩壊するとともに，日本は産業構造の転換を迫られました。景気の停滞とともに終身雇用制が崩れ，リストラの嵐が吹き荒れ，大企業が倒産し，完全失業率が高まり，アメリカ型の市場経済システムへと転換しつつあります。このまま財政赤字が続けば将来は危機的な状況となり，2025年の潜在的な国民負担率は70％に達し，日本経済・社会生活は破綻するとも怖れられています。つまり，大正期から日本に定着してきたサラリーマン型ライフスタイルは転換期にきています。

知育偏重の教育を見直し，創造性ある職人，林業，農業，漁業など幅広い職業選択が可能な社会を作っていくことが緊急課題です。にもかかわらず，いまだに親の意識のなかでは学歴信仰が残っています。ここに現代の教育の矛盾があります。

○「三間の喪失」という子どもの病理

青少年を取り巻く状況は1980年代を境として「三間の喪失」が進みました。**高度経済成長期**以降バブル期をピークとして土地値が上がり，原っぱや空き地が無くなったため，子どもにとっての遊び空間が失われました。さらに塾通いは1993年の文部省調査によると，小中学生の場合，前回の1985年調査よりも10ポイント増加し，36.4％に達しました。このように「学校の放課後は塾へ」という傾向は強くなる一方であったため，子どもの遊び時間は削られてきました。そのため，遊び仲間（異年齢によるナナメ集団）も喪失し，これが遊び時間・遊び空間・遊び仲間の三間の喪失といわれる現代の子どもをめぐる代表的な社会病理です。

▶高度経済成長期
戦後の高度経済成長期には3C（カー，クーラー，カラーテレビ）のあるハイライフは人々の憧れのライフスタイルであった。その憧れは高度経済成長期における消費の加速化を促した。この時代の豊かさは物質的であり，モノの所有は絶対的な価値を持っていた。

○荒れる子どもたち

　青少年を取り巻く状況は困難さを増しています。1970年代校内暴力が問題になり，不登校児童が現れました。1980年代になると子どもはもっぱら塾に通うようになり，家族内の人間関係が薄まりました。この頃からいじめや不登校が社会問題化されるようになりました。1990年代に入ると，小学校では学級崩壊が起こりました。2000年には中学生による5,400万円の恐喝事件やバスジャック事件など少年犯罪の凶悪化が指摘されるようになりました。現在，これに対応して**少年法**の改正に向けた動きが検討されています。

3　小規模家族へのサポートネットワーク──米国の世代間交流プログラムに学ぶ

　現代は家族規模が縮小し，未婚率・離婚率ともに上昇するなど，社会的に個人化が進んでいます。そのようななかで，母子は家族以外の人と話す機会がない，近所づきあいも希薄であるなど，子どもが就学するまでは家にこもりがちになります。ひとりで育児をするなかで，だれも相談相手がいないことから，母親の育児不安が高まっています。かつて家族はその生活形態が職住一体型であったときには，農作業をする間にも家には父親，母親，祖父母，きょうだい，近所の人など複数の人間が常に子どもの周りに存在していました。

　このように祖父母が子育てに参加することによって，祖父母世代から孫世代へと心情的連続性が受け継がれていました。しかし，現代では地域力が失われ，世代間断絶が進むなかで，母親がひとりで閉塞的に子育てを行っています。このように考えると，家族機能はこのときと比べて弱体化したのではなく，育児ネットワーク・介護ネットワークが喪失されたため，機能不全に陥っているといえます。家族がその機能を回復するためには，世代を超え，血縁を超え，立場を超えた縦・横のネットワークを構築していくことが必要です。

　昨今，アメリカでは世代間交流プログラムが発展しています。1970年代初頭，アメリカで校内暴力が社会問題化し，多くの教師がもてあましていた頃，ミシガン州で小学校教諭をしていたキャロル・タイスは地域の高齢者を組織し，時間割に高齢者による相談会という特別プログラムを組みいれました。教師さえもお手上げであった非行少年に対する相談相手として，素人の高齢者が予想外の効果をあげました。世代間交流プログラムをのちに体系化したピッツバーグ大学のサリー・ニューマンは高齢者の特質を「幼い者を育てるうえで辛抱強く，決して裁かず，いかなるタイプの子どもに対しても受容的である」と分析しています。高齢者と子どもとは一世代間隔があいていることから，互いに緊張感が存在しないといわれます。育児を小人数の家族の中だけで完結させるのではなく，家族を社会に開くこと，地域力・家族力を取り戻すことが現代の育児をめぐる問題の解決の糸口となるでしょう。

　　　　　　　　　　　　　　　　　　　　　　　　　　（栗山直子）

▷少年法
わが国の少年法はアメリカ合衆国標準少年裁判法などをモデルとして作られ1948年に公布された。少年の健全な育成を目指し，非行少年に対して性格の矯正および環境の調整を図ることを目的としている。非行少年についての保護処分は家庭裁判所の管轄である。

XII 家族福祉の展開　2　高齢者を含む家族

1 ひとり暮らし

1 人口高齢化の現状

わが国では，2002年9月15日現在における65歳以上人口（推計）は2,362万人で，総人口の18.5％に達しています。65歳以上の総人口に占める比率をもってその社会の高齢化率を測りますが，ちなみに1920年の高齢化率は5.3％に過ぎません。

わが国の場合，1970年に高齢化率7.1％を示し，「**高齢化社会**」に突入しています。その後も年々高齢化は進行し，わずか24年後の1994年には14％台に達し，「**高齢社会**」となっています。1920年から1970年にいたる50年間は高齢化率5％前後を推移してきたことを考えると，いかに20世紀後半の四半世紀で急速に人

▶**高齢化社会・高齢社会**
高齢化率が7％を超えた社会を「人口構造上，老化が始まっている社会―高齢化社会（Aging Society）」，さらに14％を超えた社会を「人口構造上，老化した社会―高齢社会（Aged Society）」として区別する。

表13　世帯構造別にみた65歳以上の者のいる世帯数および構成割合の推移

年次	総数	全世帯に占める割合（％）	単独世帯	夫婦のみの世帯	いずれかが65歳未満	ともに65歳以上	親と未婚の子のみの世帯	三世代世帯	その他の世帯	(再掲)65歳以上の者のみの世帯
			推　　計　　数				（単位：千世帯）			
昭和50年	7,118	(21.7)	611	931	487	443	683	3,871	1,023	1,069
55	8,495	(24.0)	910	1,379	657	722	891	4,254	1,062	1,659
60	9,400	(25.3)	1,131	1,795	799	996	1,012	4,313	1,150	2,171
平成2年	10,816	(26.9)	1,613	2,314	914	1,400	1,275	4,270	1,345	3,088
6	12,853	(30.6)	2,110	3,084	1,079	2,006	1,602	4,491	1,566	4,231
7	12,695	(31.1)	2,199	3,075	1,024	2,050	1,636	4,232	1,553	4,370
8	13,593	(31.0)	2,360	3,401	1,069	2,332	1,850	4,323	1,659	4,844
9	14,051	(31.5)	2,478	3,667	1,145	2,522	1,920	4,245	1,741	5,140
10	14,822	(33.3)	2,724	3,956	1,244	2,712	2,025	4,401	1,715	5,597
11	14,887	(33.1)	2,703	4,125	1,242	2,883	2,261	4,064	1,734	5,771
			構　　成　　割　　合				（単位：％）			
昭和50年	100.0	・	8.6	13.1	6.8	6.2	9.6	54.4	14.4	15.0
55	100.0	・	10.7	16.2	7.7	8.5	10.5	50.1	12.5	19.5
60	100.0	・	12.0	19.1	8.5	10.6	10.8	45.9	12.2	23.1
平成2年	100.0	・	14.9	21.4	8.4	12.9	11.8	39.5	12.4	28.6
6	100.0	・	16.4	24.0	8.4	15.6	12.4	34.9	12.2	32.9
7	100.0	・	17.3	24.2	8.1	16.1	12.9	33.3	12.2	34.4
8	100.0	・	17.4	25.0	7.9	17.2	13.6	31.8	12.2	35.6
9	100.0	・	17.6	26.1	8.1	18.0	13.7	30.2	12.4	36.6
10	100.0	・	18.4	26.7	8.4	18.3	13.7	29.7	11.6	37.8
11	100.0	・	18.2	27.7	8.3	19.4	15.2	27.3	11.6	38.8

（注）　平成7年の数値は，兵庫県を除いたものである。
資料：厚生省大臣官房統計情報部「国民生活基礎調査」。
出所：内閣府『高齢社会白書（平成13年版）』2001年，62頁。

口高齢化が進行したかがわかります。

高齢化への対応が不十分なまま短期間に人口高齢化が進んだこと，さらにその進行速度が問題なのです。

この速度で推計した場合，高齢化率が2025年には28.7％，さらに2050年には35.7％になると予想され，人類未曾有の超高齢社会にわが国が世界で最初に突入することとなります。

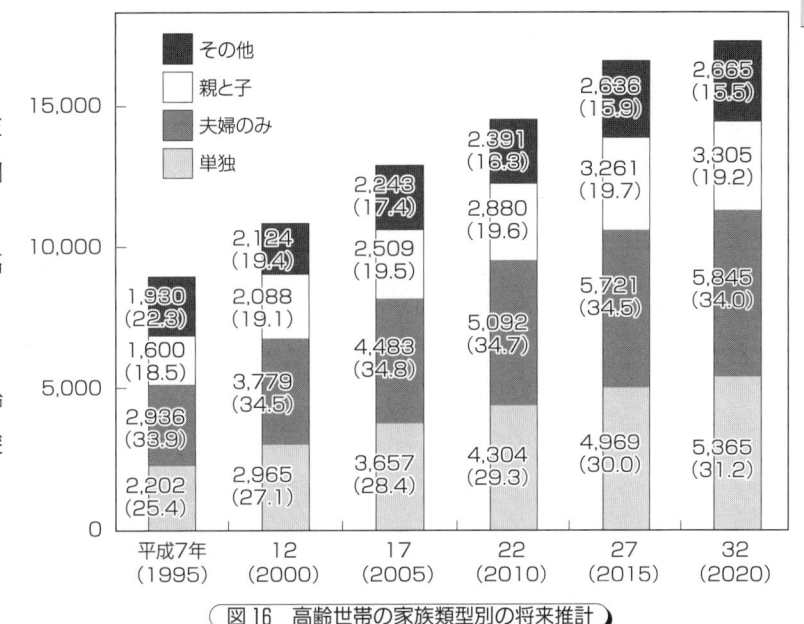

② 高齢者のいる世帯の動向と「ひとり暮らし」

1999（平成11）年「国民生活基礎調査」（厚生省大臣官房統計情報部）によれば，65歳以上の高齢者のいる世帯数は1,489万世帯であり，全世帯の33.1％を占めると言われており，人口高齢化の進行とともに，65歳以上の高齢者のいる世帯は増えつづけています。その内訳をみていくと，「単独世帯」が270万世帯（18.2％），「夫婦のみ世帯」が413万世帯（27.7％），「親と未婚の子のみの世帯」が226万世帯（15.2％），「三世代世帯」が406万世帯（27.3％）となっています。

現段階では「夫婦のみ世帯」と「三世代世帯」がそれぞれ3割弱を占め，単独世帯はそれに比べると2割弱にとどまっています。しかし，表13世帯構造別にみた65歳以上の者のいる世帯数および構成割合の推移に注目すると，1975（昭和50）年以降，「三世代世帯」が急激に減少するとともに，「夫婦のみ世帯」および「単独世帯」の比率が倍増していることに気づかされます。この傾向は今後もますます強められ，図16高齢世帯の家族類型別の将来推計によると，特に「単独世帯」の比率の伸びが著しいと言われています。

子どもとの同居規範が揺らぎ，高齢者の自立志向が高まっていくなかで，老後は誰とどのように過ごすのか，老後の世話は誰に看てもらうのかが私たちに問いかけられていると言えます。社会全体で安心して老後を支え合っていくことのできる支援体制を整備していくことが早急に求められています。

図16 高齢世帯の家族類型別の将来推計

（注）1．高齢世帯とは，世帯主の年齢が65歳以上の一般世帯。
　　　2．（ ）内の数字は，高齢世帯総数に占める割合（％）。
資料：国立社会保障・人口問題研究所『日本の世帯数の将来推計』（平成10年10月推計）をもとに作成。
出所：内閣府『高齢社会白書（平成13年版）』2001年，65頁。

（杉井潤子）

XII 家族福祉の展開　2　高齢者を含む家族

2 寝たきり

1 在宅要介護の高齢者の現状

　2001年度『高齢社会白書』によると，65歳以上の在宅の要介護者（洗面・歯磨き，着替え，食事，排せつ，入浴，歩行のいずれか一つでもなんらかの介助を必要とする者をいう）の数は1,004千人となり，初めて100万人を超えています。その内訳は表14をみると，「**全く寝たきり**」145千人（14.4％），「**ほとんど寝たきり**」171千人（17.0％），「**寝たり起きたり**」440千人（43.8％），「その他」249千人（24.8％）となっています。

　さらに，65歳以上の在宅の「寝たきり」（「まったく寝たきり」および「ほとん

▷「全く寝たきり」
一日中ベッドの上で過ごし，排せつ，食事，着替えにおいて介助を要する者。

▷「ほとんど寝たきり」
室内での生活は何らかの介助を要し，日中もベッドの上での生活が主体だが，座位を保つ者。

▷「寝たり起きたり」
室内での生活はおおむね自立しているが，日中も寝たり起きたりの生活で，介助なしには外出しない者を意味する。

表14　在宅の要介護の高齢者

（千人）

区　分	65歳以上	65～69歳	70～74歳	75～79歳	80～84歳	85歳以上
在宅の要介護者	1,004	110	139	166	225	364
全く寝たきり	145	12	19	21	28	65
ほとんど寝たきり	171	14	20	25	33	78
寝たきり起きたり	440	50	61	72	105	151
その他	249	35	39	47	59	69

資料：厚生省大臣官房統計情報部『国民生活基礎調査（平成10年）』1998年。
出所：内閣府『高齢社会白書（平成13年版）』2001年，100頁。

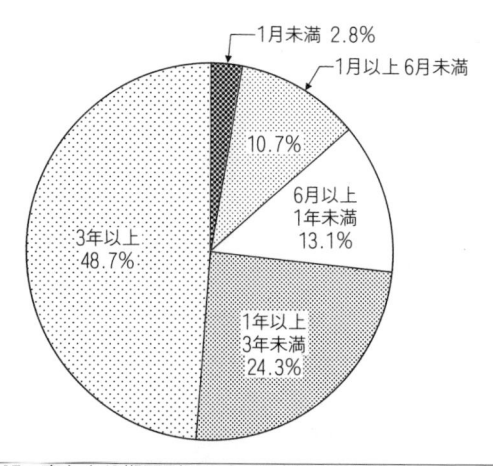

図17　寝たきり期間別にみた65歳以上の寝たきり者の割合

- 1月未満　2.8％
- 1月以上6月未満　10.7％
- 6月以上1年未満　13.1％
- 1年以上3年未満　24.3％
- 3年以上　48.7％

資料：厚生省大臣官房統計情報部『国民生活基礎調査（平成10年）』1998年。
出所：内閣府『高齢社会白書（平成13年版）』2001年，101頁。

ど寝たきり」を合わせたもの）の要介護高齢者について，その寝たきりの期間も明らかにされていますが，それによると，図17にみるように，在宅で「3年以上」寝たきりの高齢者が48.7％を占めています。以上から，「寝たきり」高齢者を介護するという重度の在宅介護が長期にわたっていることがわかります。

❷ 介護する家族の実情

では，長期にわたる重労働である在宅介護を誰が担っているのでしょうか。社団法人「呆け老人をかかえる家族の会」では，1980年，1982年，1991年，1999年にわたって「痴呆性老人を抱える家族の在宅介護実態」について全国レベルでの経年的な調査を行ってきていますが，そのデータに基づいて介護の実態をみてみましょう。

▷社団法人呆け老人をかかえる家族の会編『20年間の調査報告総集編』2001年。

1980年調査で要介護高齢者の性別は男性34.0％，女性66.0％であり，平均年齢は78.8歳，一方，主たる介護者の性別は男性10.0％，女性90.0％，平均年齢は54.5歳となっています。介護者と要介護高齢者との続き柄別では嫁→姑が29.6％ともっとも多く，これに娘→母21.8％，妻→夫20.9％と続いています。夫→妻はわずか6.4％にとどまっています。嫁として，娘として，妻として介護役割を負い，姑や実母，夫を介護している実態が浮き彫りとなっています。

この傾向は1982年においても変わらず，要介護高齢者の性比は男性1：女性2であり，主たる介護者の性比は男性1：女性9であり，続き柄別は嫁→姑がもっとも多く，34.7％を占めます。

さらに，1991年調査でも，要介護高齢者の性比は男性3：女性7，平均年齢79歳であり，主たる介護者の性比は男性1：女性8（不明を除く）であり，姑や実母を介護する女性の姿が顕著となっています。

さらに1999年調査においてもこの20年間の傾向に大きな変化はなく，要介護高齢者の性別は男性25.9％，女性73.6％であり，年齢は80-84歳，一方，主たる介護者の性別は男性18.6％，女性80.3％（不明を省く），年齢は50歳台がもっとも多くなっています。要介護高齢者の続き柄でも姑が28.2％ともっとも多く，これに実母26.7％，夫16.5％と続いています。

2000年4月に公的介護保険制度が導入されましたが，家族のなかに介護役割が囲い込まれる現状はなお根強いと言えます。

なかでも女性が介護を引き受けることを正当化する論理がイエ規範に基づく「嫁の務め」から母と娘の「血縁の絆」へと置き換えられながら，女性が女性を看る介護構造が連綿と続いているという指摘もなされています。

家族のなかで介護をめぐるジェンダー規範が再構築されつづけている現状を今後どのように変えていくのかが大きな課題と考えられています。

（杉井潤子）

参考文献
藤崎宏子「家族はなぜ介護を囲み込むのか──ネットワーク形成を阻むもの」副田義也・樽川典子編『現代家族と家族政策』ミネルヴァ書房，2000年，141～161頁。

XII 家族福祉の展開 2 高齢者を含む家族

3 認知症

▶認知症／痴呆

痴呆（ちほう）という概念は，2004年「痴呆」に替わる用語に関する検討会の報告書により，一般的な用語や行政用語としての「痴呆」について，次のように結論づけられている。（1）「痴呆」という用語は，侮蔑的な表現である上に，「痴呆」の実態を正確に表しておらず，早期発見・早期診断等の取り組みの支障となっていることから，できるだけ速やかに変更すべきである。（2）「痴呆」に替わる新たな用語としては，「認知症」が最も適当である。（3）「認知症」に変更するにあたっては，単に用語を変更する旨の広報を行うだけではなく，これに併せて，「認知症」に対する誤解や偏見の解消等に努める必要がある。加えて，そもそもこの分野における各般の施策を一層強力にかつ総合的に推進していく必要がある。

▶日本医師会発行『老年期痴呆診療マニュアル第2版』1999年。

1 高齢者の健康意識と老人性認知症

平成9年総務庁長官官房高齢社会対策室「高齢者の健康に関する意識調査」（全国60歳以上の男女対象）によれば，72.0％の人が栄養のバランスのとれた食事，十分な休養や睡眠，散歩やスポーツなど健康の維持増進のために日々心がけていることが明らかとなっています。高齢者にとって健康が最大の関心事であることがわかります。平均寿命が男性78.07歳，女性84.93歳（2001年簡易生命表）と伸張した現代社会では，長寿の有り難さの一方で，いかに老後を寝たきりにならず，呆けずに過ごすかということに関心が寄せられ，老後への不安がいっそう高まっています。

認知症高齢者の将来推計によると，高齢者の不安とは裏腹に老年人口の増加とともに今後ますます認知症の割合は増えていくと言われています。

また，年齢階層別の認知症の有病率（在宅・1987年）をみていくと，65-69歳で1.2％，70-74歳で2.7％，75-79歳で4.9％，80-84歳で11.7％，85歳以上で19.9％となっており，高齢になるほど認知症の有病率は高くなってきます。

認知症は，表15に示すように記憶障害，見当識障害，計算力の低下，理解判断力の低下など認知機能の障害のほか，意欲の低下など日常生活能力の障害に始まり，徘徊などの行動異常，幻覚・妄想などの精神症状等が出現します。周囲のものの痴呆への理解と対応としては，受容的対応のほか，退行現象として理解することの重要性が求められています。

表15　認知症の特徴

基本症状	記銘・記憶力障害 日時・場所・人物の見当識障害 計算力の低下，知識力の低下 理解力・判断力の低下
日常生活能力の障害	着脱衣行為の障害，食事摂取行為の障害 排尿・排便行為の障害（失禁） 入浴行為の障害，歩行の障害（寝たきり）
行動異常（問題行動）	徘徊，叫声，昼夜の区別不能，暴力，破衣行為 不潔行為，弄火，収集癖
随伴精神症状	過食，異食，不眠，情動興奮，せん妄，抑うつ 躁状態，幻覚，妄想，人格変化
神経症状	運動障害，言語障害，構語障害，嚥下障害

出所：谷口幸一編『成熟と老化の心理学』コレール社，1997年，182頁。

2 認知症高齢者と家族に対する支援

認知症高齢者に対するケアは具体的にどのように行われているのでしょうか。「認知症老人を抱える家族」全国実態調査報告書によると，

1. 認知症老人の74％は女性，平均年齢は79.4歳，発病年齢は72.4歳
2. 64％が自宅で生活，次は老人ホームで12％
3. 87％が受診歴があり，その74％が精神科・神経科
4. 介護者の続柄は29％が息子の妻，28％が娘，17％が妻
5. 結婚してずっと同居が48％，途中からが35％（このうち57％が老人を呼び寄せた）
6. 60％が介護のために仕事を辞めた
7. 59％が世話を続けたい
8. サービスの利用はデイサービス（79％）とショートステイ（66％）が多い
9. 介護者がぼけた場合，老人ホームなどの施設で生活したいが62％，自宅が18％

となっています。多くの場合，家族が在宅で長期的に介護を続けている様子がみえてきます。また介護者自身が呆けたときには施設で生活したいという希望が寄せられていることから，いかに認知症高齢者の介護が多くの重度のストレスを生むものであるかがわかります。図18は家族の介護ストレスを示したものですが，ストレスを軽減する緩衝要因として介護者に対する情緒的支援やさまざまな社会的支援サービスの整備充実が早急に望まれます。

（杉井潤子）

▶健康保険組合連合会「痴呆性老人を抱える家族」の実態調査事業検討委員会（委員長：中島紀恵子）『「痴呆性老人を抱える家族」全国実態調査報告書』2000年。

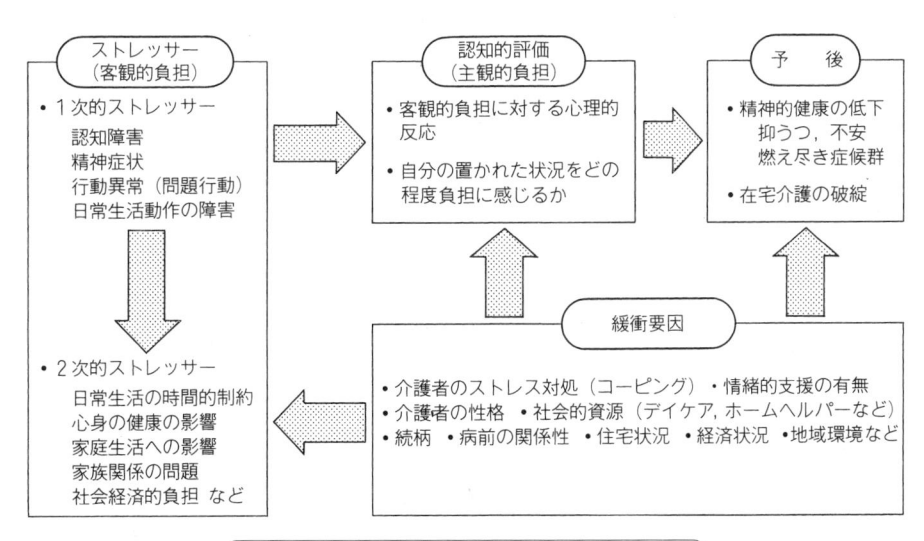

図18 認知症高齢者を抱える家族の介護ストレス

ストレッサー（客観的負担）	認知的評価（主観的負担）	予後
・1次的ストレッサー 　認知障害 　精神症状 　行動異常（問題行動） 　日常生活動作の障害	・客観的負担に対する心理的反応 ・自分の置かれた状況をどの程度負担に感じるか	・精神的健康の低下 　抑うつ，不安 　燃え尽き症候群 ・在宅介護の破綻
・2次的ストレッサー 　日常生活の時間的制約 　心身の健康の影響 　家庭生活への影響 　家族関係の問題 　社会経済的負担　など		

緩衝要因
・介護者のストレス対処（コーピング）・情緒的支援の有無
・介護者の性格　・社会的資源（デイケア，ホームヘルパーなど）
・続柄　・病前の関係性　・住宅状況　・経済状況　・地域環境　など

出所：日本老年行動科学会監修『高齢者の「こころ」事典』中央法規出版，2000年，209頁。

XIII　家族福祉の展開　3　障害者を含む家族

1 知的障害の人と家族への支援

① 知的障害のある人の自己決定権の尊重

　知的障害のある人は，長い間自分で考えることができないので，何事も親やまわりの人が本人の代わりに考えてあげなければならない，と見られてきました。その結果，日常生活のあらゆる場面で保護され，管理されてきたのです。言い換えれば，知的障害のある人は「生かされてきた」と言うことができます。

　現在では，このような古い知的障害のある人への偏見をなくして，本人の意思を尊重することが大切だと考えられています。知的障害があっても，「まず，人間（People First）」というわけです。知的障害のある人も一人の人間として，たとえば異性の人とつきあったり結婚したいと考えているのです。このことは当然です。

　知的障害のある人の自立と社会参加を支援する時の，基本的姿勢は当事者主体です。つまり，自己決定権の尊重です。

② 知的障害のある子どもの子育て

　わが子に知的な障害があるということに気づいて，多くの親は，その現実をなかなか認めがたいのが現実です。多くの親は，自分の人生の中で，障害のある人と出会ったことがないので，「かわいそうな存在」と見なしてしまうのです。子どもを感情的に認めたくない，なぜ自分だけがこんな目にあうのかと恨むこともあります。しかし，多くの親は，子どもを育てていくプロセスの中で子どものありのままの姿を徐々に認めるようになっていきます。

　家族が協力し合って障害のある子どもを育てていく場合もあります。障害のある子どもを家族の大切な一員として受け入れるのです。そして家族生活を送る中でかえって家族としての求心力が強くなる場合もあります。

　また，このような親の意識変革は親によって異なりますが，障害のある子どもをもつ親同士の支え合いが生きていく上での大きな力になることがよくあります。

　上に書いたように，知的障害のある人は長い間本人の自己決定が認められてきませんでした。現在でもなお，知的障害の人は子どもの時から，自己決定が尊重されているとは言えないのではないでしょうか。親も知的障害のある人と接した経験がなければ，我が子が自分で考える力がないとみなしてしまうのも

▷「じぶんのかんがえをはっきりいえるようになりたい」
『私たちにも言わせて：ぼくたち私たちのしょうらいについて：元気の出る本』（手をつなぐ育成会刊，1992年）という本がある。この本は知的障害者本人たちがつくった本で，知的障害者本人が自分の考えと思いを書いている。1990年にパリの世界会議に参加したときの体験を，「じぶんのかんがえをはっきりいえるようになりたい」として書いている。会議でスウェーデンやイギリスやアメリカの人がどんどん発言しているのをみてあっとうされたこと，日本の人はおくれていること，親にたよってばかりいるとこまってしまうこと，などが述べられている。
このような動きの中で，親の会の「全日本手をつなぐ育成会」でも，本人活動が活発になるのを積極的に支援するように変化してきた。

当然と言えるでしょう。

　子どもの行動をよく理解して子どもが少しずつでも自分で考えて行動するようになっていくのを大切に育てていきたいものです。子どもの自立とは，最近では自己決定と考えられるようになっています。もちろん身辺の自立（生活習慣の自立）も経済的自立（自活）も大事です。しかし，障害のある人にとって一番重要なのは自己決定と考えられるようになってきたのです。この自己決定としての自立は，子どもが他の人と出会う中で育ちます。そういう意味で，子ども時代には子どもの中でもまれる機会を大切にしたいものです。

③ 知的障害のある人の外出支援（ガイドヘルパー制度）

　知的障害のある人はなかなか地域社会に出ていく機会がありません。家庭や学校の中に活動が限定されがちなのです。人間として成長し，自立するための体験や他者との関わりが乏しく，地域から切り離されているのです。このような問題を解決するために，外出支援のガイドヘルパー制度ができました。

　この制度は，知的障害のある人が，家族以外のガイドヘルパーといわれる人とともに外出する機会をもち，そのヘルパー料を行政が負担するという制度です。身体障害者の人に介護が必要であり，その介護料が権利として保障されているように，知的障害のある人には，社会経験の支援が権利として考えられるようになったのです。

④ 障害のある人の家族支援（レスパイト・サービス）

　障害のある子どもの親や家族にほっと一息ついてもらうための介護支援の「レスパイト・サービス」が行われているところもあります。

　病気や冠婚葬祭などで，親が急に子どもの世話ができなくなった時とか，親が休養したい時に，この制度を利用するのです。しかし，まだこのようなサービスが行われる地域は限られています。他人による介護は，かえって子どもの自立にプラスになるいい機会にもなります。また，親には親の人生があります。他者の手をうまく借りて親も子どもも自分の時間を持つことも必要なのではないでしょうか。

⑤ 親亡き後の問題

　世界の障害者の生活をみると，収容施設やコロニーは解体され，地域の中で生活するという方向に確実に変ってきています。

　しかし，日本の場合，地域福祉が叫ばれグループホームや自立センターが少しずつ増えつつある一方で，親亡き後の生活の保障ができていません。このような中で，これまでの障害者施策が大きく変わりました。平成18年4月に，「**障害者自立支援法**」が施行されました。

（堀　智晴）

▶**自立と依存の関係**

自立観が変化して，今は本人の自己決定が重視されるようになった。しかし，自分の人生を自分で選択し決定することが大事だとしても，自分一人で生きていけるわけではない。私たちは誰もが何らかの形で他者に依存して生きている。

そこで自立と依存の関係について考えることが必要になる。障害のある人の生き方はまさに自立であり依存でもあるといえる。自分にできることは自分でするが，自分にできないことは手伝ってもらうしかない。その際に，堂々と手伝ってもらえばいいのである。このことが障害のある人の社会参加の基本的な考え方となってきている。

人に助けてもらうからといって，劣等感をもつ必要はない。ましてやそれは恥ずかしいことでもない。お互いに助け合えばいいのである。このような相互に依存し合う関係は，個人の能力で人を評価するという価値観を問い直すことにもなる。

▶**障害者自立支援法**

障害のある人が地域で安心して暮らせる社会をめざして，障害の種別（身体障害・知的障害・精神障害）にかかわらず，障害のある人々が必要とするサービスを利用できるよう，サービスを利用するための仕組みを一元化され，施設・事業を再編されました。ホームページ参照。
http://www.mhlw.go.jp/bunya/shougaihoken/jiritsushienhou01/index.html

XIII　家族福祉の展開　3　障害者を含む家族

② 身体障害のある人への支援

1　障害の克服・軽減ではなく

　長い間障害のある人には，障害の克服・軽減の努力が最優先して要求されてきました。まず訓練して歩けるように，と。また，訓練してうまく話せるように，と。

　特に身体障害のある人には，訓練や手術やリハビリをして，健常者に少しでも近づくことが求められてきたのです。確かにこのような努力のすべてを否定できない面もあります。歩けるようになれば，またうまく話せるようになれば暮らしやすくなることもあるからです。

　問題なのは，このような訓練が本人の意図と関わりなく前提とされ要求されてきたことです。障害をかかえながらも豊かに生きていけるような社会環境をつくっていくことが社会の側に求められているのです。これが障害のある人の自立と社会参加を支援していく上での基本的な考え方です。

　本人がどう生きていきたいのか，その生き方を尊重し，地域社会の中で助け合いながら生きていけるような社会に変えていく必要があるのです。つまり必要なのは「社会のリハビリ」なのです。

▶弱くもろい社会
1981年の国際障害者年の行動計画には，「ある社会が，その構成員のいくらかの人々を閉め出すような場合，それは弱く，もろい社会なのである。」と述べている。このような社会を変革していくことが必要である。

2　障害のある人の家族支援

　日本では，家族の一員に障害のある人がいる場合，家族がまず何事も世話をしなければならないというような考え方が根強くあります。家族にできることは家族ですればいいのですが，家族にだけ障害のある人を世話する責任を押しつけるのは古い考え方です。

　障害のある人も社会を構成する大切な一員として見なし，相互に支援し合う体制を作り，社会として支援することが必要です。障害のある人本人への支援にとどまらず，その家族への支援も必要です。

3　障害のある人への施策の充実

　障害のある人への支援は，市民生活全般にわたってなされる必要があります。そのニーズも障害の状況や生活状況によって多種多様です。そこでこれらのニーズに的確に応え，障害者の自立と社会参加を実現するためには，障害のある人への支援を総合的に進めていくことが必要です。そのためは，長期的視点に

立った障害者支援に関する計画を策定して取り組む必要があります。まだまだ各自治体で長期計画を立てて取り組みが行われているとはいえません。

障害のある人が，自らの意思に基づき，地域社会の中で自立した生活ができるよう，ニーズに応じたサービスの利用を支援する相談やケアマネジメントを行う体制を整備する必要があります。ホームヘルプサービス（訪問介護）やショートステイ（短期入所生活介護）など在宅支援サービスの充実も必要です。

働く意思をもつ障害のある人の労働への参加とその生活の安定を図るため，就労支援センターや**通勤寮**等を充実するなど，雇用機会の拡大を図り職業的自立を支援することも重要です。また，地域のスポーツ・文化施設のバリアフリー化をすすめスポーツセンターを活用した障害者スポーツ活動の振興も必要になります。

4 教育と啓発の必要性

障害のある人の問題は障害のない人の問題でもあります。障害のある人の問題について理解を深めることは，社会生活の規範を学ぶことです。そのためには小さいときから学校教育の中で，障害とか障害者問題について理解を深めるための教育を受けたり，障害のある子どもと共に学ぶことによって，共に生きる意識を形成することも重要です。

そのためには，共に学ぶ教育をいっそう推進することが必要です。また，学校においてボランティア体験や活動をカリキュラムに取り入れるなど，福祉教育の充実を図ることも重要な課題です。

さらに，家庭や職場，地域社会において，福祉教育に関する活動を促進することも重要になります。

5 情報の保障と人権擁護事業

障害のある人に対して各種の施策が行われていますが，そのような施策に関する情報が障害のある人本人に伝わっているか，確認する必要があります。たとえば「障害者情報バリアフリー化支援事業」というのがありますが，この事業は「障害のある方が，パーソナルコンピューターを使用するために必要となる入出力サポート機器及びソフト等の購入に要する費用の一部を助成することにより，障害者の社会参加を促進すること」を目的としています。そしてその助成品目，対象者，助成額などが定められています。このような事業とその細目などについて，障害のある人当事者に十分伝えていく必要があります。

障害のある人の人権擁護に対する相談事業を制度として充実させることも必要です。人権侵害や財産管理の相談については**後見支援センター**を設置するなどして，この活動を充実させていくことも重要な課題となります。このような中で平成18年4月に「**障害者自立支援法**」が施行されました。　　　（堀　智晴）

▷通勤寮
通勤寮は，知的障害のある人が，一定期間入寮し，対人関係・健康管理・余暇の活用などを学び，社会への自立を目指すところである。

▷後見支援センター
障害のある人が，暴力を振るわれたり，財産をだまし取られたりといった権利侵害にあった時に，また，権利侵害にあっても自分で相談機関に出向いて救済を申し出ることが困難なため，現行制度が十分に活用されず，侵害がより深刻化してしまう時などに，本人の権利と財産を守ることを目的に設けられている。

▷障害者自立支援法
XIII-1 側注参照のこと。

XIII 家族福祉の展開　3　障害者を含む家族

3 精神障害のある人への支援

1 精神保健法と精神保健福祉法

　精神障害者の福祉施策は，他の障害者と比べて大きく遅れました。それだけ精神障害者の基本的人権が認められることが遅れたと言うことができます。この状況を変化させたのが宇都宮精神病院問題でした。その結果1987年に精神衛生法は精神保健法と改められました。この法律では精神障害者の人権擁護と社会復帰を二本柱とするものでしたが，まだ他の障害者福祉法と肩を並べられるようなものではありませんでした。

　その後1993年に心身障害者対策基本法が障害者基本法と改正され，精神障害者も他の障害者とともに同法の対象となることが明文化されました。ここでようやく精神障害者が国の障害者福祉施策の対象として他の障害者と同等の権利を持つことになったのです。

　そして，1995年に精神保健法は「精神保健及び精神障害者福祉に関する法律（通称・精神保健福祉法）」と改称され，この法律の中に福祉的概念が含まれることになり，精神障害者の福祉施策は大きく前進するきざしが見え始めることになりました。

2 精神保健福祉法の目的と施策

　精神保健福祉法の目的は，その第1条で，「精神障害者の医療及び保護を行い，その社会復帰の促進及びその自立と社会経済活動への参加の促進のために必要な援助を行い，並びにその発生の予防その他国民の精神的健康の保持及び増進に努めることによって，精神障害者の福祉の増進及び国民の精神保健の向上を図ること」と書かれています。

　この法律には，国，地方公共団体，**国民の義務**が定められ，都道府県は精神保健福祉センターを置いて精神障害者の福祉に関する知識の普及を図るとともに精神障害者の福祉に関する相談や指導を行うこととしています。また，社会復帰の促進，自立と社会経済活動への参加の促進を図るために**精神障害者社会復帰施設**を設置すること，さらに精神障害者居宅生活支援事業などが規定されています。平成18年4月に「**障害者自立支援法**」が施行され，これまで障害種別ごとに身体障害・知的障害・精神障害と縦割であったサービスが精神障害も含めて一元化されました。

▶国民の義務
第3条で「国民は，精神的健康の保持及び増進に努めるとともに，精神障害者に対する理解を深め，及び精神障害者がその障害を克服して社会復帰をし，自立と社会経済活動への参加をしようとする努力に対し，協力するように努めなければならない。」と規定されている。

▶精神障害者社会復帰施設
精神障害者社会復帰施設には，次の5つがある。
①精神障害者生活訓練施設
②精神障害者授産施設
③精神障害者福祉ホーム
④精神障害者福祉工場
⑤精神障害者地域生活支援センター

▶障害者自立支援法
XIII-1 側注参照のこと。

③ 地域生活支援

　精神障害者の**社会的入院**をなくしていくためには、入院している人が地域に戻ってこられるように、住まいやグループホームが用意され、地域での生活を支援する体制が整備される必要があります。生活保護を活用したり、市営住宅への単身入居、優先入居措置を認めたり、民間住宅への入居を促進することも必要です。まず自立生活を体験することから始めて、支援を受けながら自分の生活を取り戻していくことになります。そのためには、介護サービス、ホームヘルパーやガイドヘルパー、コミュニケーションの支援などが受けられる必要があります。たとえば大阪市では、日常的な生活支援の場として大阪市独自の施策として「(仮称)ふれあい生活支援センター」を各区に設置することにしました。また、就労支援センターを作り、精神障害のある人の就労の機会を保障したり、就労時におきるトラブルの相談や解決に当たることになります。

④ 施設コンフリクト

　近年、知的障害のある人や精神障害のある人のための援護・社会復帰施設やグループホームを建設する時に、地元住民からの強い反対があるなどのいわゆる「施設コンフリクト」がおきてきています。そこで人権尊重を基盤とした取り組みが求められることになります。「施設コンフリクト」の背景には、従来の精神障害者施策が、施設や病院への入所・入院を中心としており、「地域で共に生きる」ことがあたりまえとされてこなかったことや、誤解や偏見に基づく障害者への差別意識が依然として存在しているからだと考えられます。自治体にはこのような状況を改善していくための取り組みが求められます。

⑤ 権利擁護事業

　痴呆性高齢者や障害のある人に対する財産詐取等の人権侵害に対応するため、たとえば「後見支援センター」を設置したりするなどして、日常の金銭管理等のサービスを行うことも必要になります。また、判断能力の不十分な人が自立した地域生活を送れるように、福祉サービスの利用をサービス内容に加えた「地域福祉権利擁護事業」を行うことも必要です。

⑥ 人権を尊重した地域医療

　精神障害のある人が、身近な地域で医療を受けることができる病院も必要です。つまり、地域精神保健医療体制の充実です。その際、人権を尊重した医療の確保が重要な課題になり、あわせて精神科救急医療体制と身体合併症の受け入れの充実、保健所での精神保健福祉相談事業の充実が求められます。

（堀　智晴）

◁社会的入院
⇒Ⅳ-10（50頁）

▷精神障害者居宅生活支援事業
精神障害者居宅介護等事業は、精神障害者の社会復帰の促進を図るため、精神障害のために日常生活を営むのに支障のある精神障害者につき、その者の居宅において食事、身体の清潔の保持等の介助その他の日常生活を営むのに必要な便宜を与える事業である（精神福祉保健法の第50条）。この事業の種類は、次の3つである。
①精神障害者居宅介護等事業
②精神障害者短期入所事業
③精神障害者地域生活援助事業

▷精神保健福祉相談員
精神福祉保健法の第48条に、「都道府県等は、精神保健福祉センター及び保健所に、精神保健及び精神障害者の福祉に関する相談に応じ、並びに精神障害者及びその家族等を訪問して必要な指導を行うための職員（精神保健福祉相談員）を置くことができる。」と規定されている。

XIV　家族福祉の展開　4　ひとり親家族

1 母子家庭

1 統計により異なる「母子世帯」の定義

　国が行う調査により「母子世帯」のとらえ方が異なっており，定義は統一されていません。たとえば，厚生省（現厚生労働省）が5年ごとに行っている「全国母子世帯等調査結果の概要」では「配偶者と死別又は離婚した女子であって20歳未満の児童を扶養しているもの，またはその他これに準ずるもの」とし，「国民生活基礎調査」では「死別，離別その他の理由（未婚の場合を含む）で，現に配偶者のいない65歳未満の女（配偶者が長期間生死不明の場合を含む）と20歳未満のその子（養子を含む）のみで構成している世帯」となっています。一方，総務庁が行っている「国勢調査」を見ると「死別または離別の母親と未婚の20歳未満の子どもからなる世帯」となっています。

2 母子世帯は何が悩みか

　ここでは，一般的によく利用される「全国母子世帯等調査結果の概要」からその実態を見ます。まず母子世帯数ですが，1993年の調査では減少しましたが，長期的に見ると増加傾向にあります（表16）。1993年と1998年を比べると，全世帯の増加率が6.4％であるのに対して，母子世帯は20.9％増えています。母子世帯になった理由は，表17に示されるとおり，死別による比率が減少し，かわりに離婚，未婚の母によるものが増加しています。1988年の調査時点での母親の年齢は，40歳代がもっとも多く（42.6％），30歳代（28.1％）がこれに次いでいます。

　母子相談の内訳から見ると，生活援護に関する相談がもっとも多く，母子家庭の大きな問題は，経済面にあることがうかがえます。実際，前出概要調査によれば，母親の84.9％は働いていますが，常用雇用者はその内の50.7％です。年間収入は平均229万円で一般世帯の658万円の約3.5割にすぎません。その理由は，多くがパートタイマーや低賃金の職種に就

表16　母子世帯に関する調査の年次比較

	昭和58年（'83）	63（'88）	平成5（'93）	10（'98）
調査の名称	全国母子世帯等調査	全国母子世帯等調査	全国母子世帯等実態調査	全国母子世帯等実態調査
調査の時期	58. 8. 1	63. 11. 1	5. 8. 1	10. 11. 1
調査員	母子相談員等	母子相談員等	母子相談員等	母子相談員等
全世帯（A）	36,497,000	39,028,000	41,826,000	44,496,000
母子世帯（B）	718,100	849,200	789,900	954,900
B/A（％）	2.0	2.2	1.9	2.1

（注）　母子世帯の定義
　　1．配偶者と死別又は離婚した女子であって20歳未満の児童を扶養しているもの．
　　2．その他これに準ずるもの．
出所：厚生統計協会編『国民の福祉の動向 厚生の指標臨時増刊』2004年，104頁．

いているからです。日本労働研究機構が「母親と20歳未満の子どものみで構成されている世帯」を対象に2001年に行った「母子世帯の母への就業支援に関する調査」では，母子世帯になる前から就業していた者は56.8％で，回答全世帯の65.4％が生活が苦しいと感じています。生別（離婚・別居・未婚）母子世帯のうち，現在児童扶養手当を受けているのは70.8％，子の父親からの養育費を受けているのは21.6％です。無業の母親の大半は就職希望ですが，子育てとの両立の難しさや年齢制限のため就業が難しく，母子世帯となる前に働いていなかった者は，生活との折り合いをつけ早く収入を得るために，今の仕事に就いた事情から，半数近くが転職を希望しています。

③ 求められる就労支援策

母子世帯に対する福祉の中心は「母子及び寡婦福祉法」により規定されています。他に児童扶養手当の支給，母子年金・遺族年金等の支給，母子生活支援施設，保育所への優先入所，税制上の措置などがありますが，前出の日本労働研究機構が行った調査によると，母子世帯の母親たちは，よりよい就職や仕事上の問題解決のために，職業能力の開発・向上や情報の入手についての支援を求めています（図19）。

（黒川衣代）

表17 母子世帯になった原因別割合の年次比較

（単位：％）

	昭和63年('88)	平成5('93)	10('98)
総　　　　数	100.0	100.0	100.0
死　　　　別	29.7	24.6	18.7
病　　　死	23.2	—	—
その他の死別	6.5	—	—
離　　　　別	70.3	73.2	79.9
離　　　婚	62.3	64.3	68.4
遺棄生死不明	2.5	—	—
未 婚 の 母	3.6	4.7	7.3
そ の 他	1.9	4.2	4.2

（注）平成5・10年「その他」欄には，遺棄・生死不明が含まれている。
資料：厚生労働省『全国母子世帯等調査』。
出所：厚生統計協会編『国民の福祉の動向 厚生の指標臨時増刊』2004年，104頁。

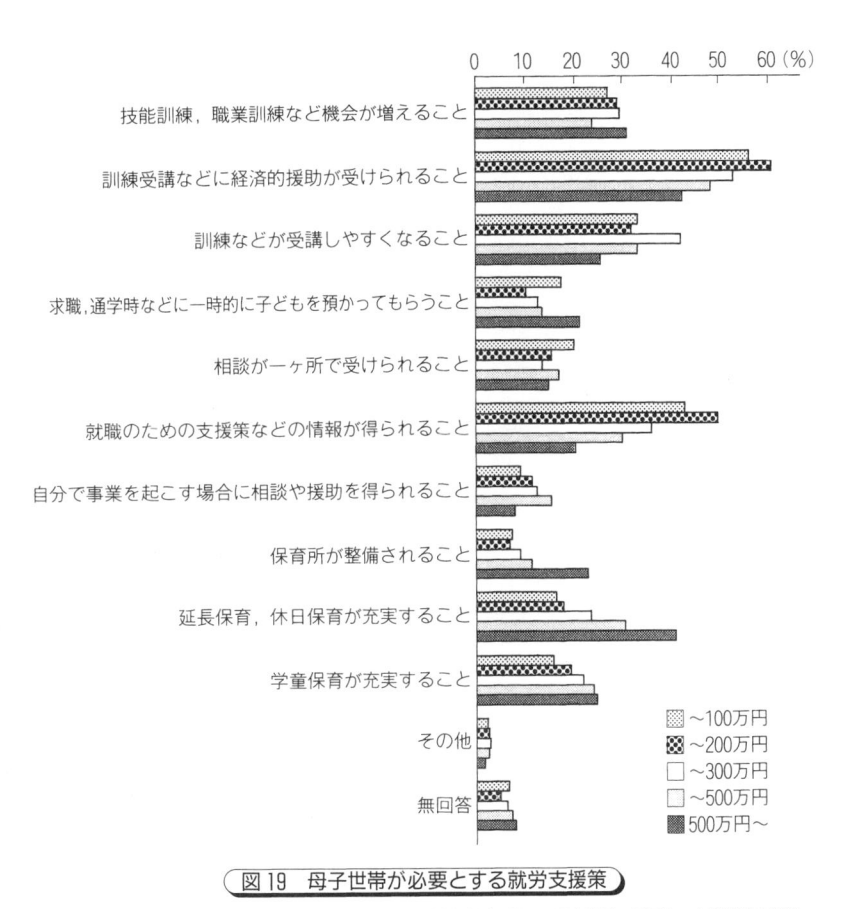

図19 母子世帯が必要とする就労支援策

出所：今田幸子・小川幸子・加藤明『母子世帯の母への就業支援に関する調査結果の概要』日本労働研究機構，2001年。

XIV 家族福祉の展開　4　ひとり親家族

2 父子家庭

1 父子世帯の現状

　日本における離婚件数は，1984年からの約5年間で若干の減少傾向をみせたものの，その後は増加の一途をたどり，2003年の離婚件数は28万6,000件にのぼり，**離婚率**は2.27％となりました。この数値は，もはや日本も離婚率の低い国とはいえないことを示しています。離婚の増加に伴い，ひとり親家庭の数も増え続けています。総務省の2000年度の国勢調査結果によると，**父子世帯数**は全国8万9,000世帯で，一般世帯数の0.2％であったのが，1998年度の全国母子世帯等調査によれば，父子世帯数は16万3,400世帯となっています。この3年ほどの間に，父子世帯は2倍近くも増加しています。1999年の人口動態調査によると，離婚後に妻が全児の親権者となる割合が8割を越えていることや，父子世帯数が母子世帯数の5分の1にも満たないこともあり，父子家庭の問題は，母子家庭と比べて十分な対応がなされてきませんでした。また，母子世帯の平均年収が約229万円であるのに対して，父子世帯の平均年収が，約422万円であることも父子家庭の問題を見えにくくし，社会福祉制度等の父子家庭への支援を遅らせています。

2 父子家庭の抱える問題

　ひとり親家庭における悩みについて，1997（平成9）年度の人口動態調査より集計したものを図20に示しています。
　離婚によってひとり親家庭となった父親，母親それぞれに対して「父子家庭もしくは母子家庭となることで生じた悩みは何ですか」という質問をし，それに対する回答を選択してもらったものです。回答の選択肢は，「子どものこと」「離婚したこと」「近所づきあい」「親のこと」「経済的なこと」などで，いくつ選択しても良いことになっています。父子家庭における悩みで一番多いのは，「子ども，育児のこと」次に「仕事と子育ての両立」そして「家事のこと」と続いています。「経済的なこと」を一番にあげた母子家族の母親に対し，父子家族の父親において「経済的なこと」は4番目となっています。しかし，父子家庭が必ずしも経済的に安定しているとはいいきれません。そもそも，常用労働者に限っても女性の賃金は男性の約6割にすぎず，母子家庭と父子家庭の年収差は，この男女の賃金格差を反映しているとも考えられるのです。確かに，

▶**離婚率**
人口1000人に対する離婚件数の割合。

▶**父子世帯数**
国勢調査における定義によると，父子世帯とは，未婚，死別または離別の男性とその未婚の20歳未満の子どものみで構成される一般世帯（他の世帯員がいない）をいう。

▶「労働省構造基本統計調査」年齢階級別（1998年度版）

離婚後新たに職業を探さなければならない女性に対して，男性は新たに職業を見つけなくてもよく，「就職のこと」に関する心配は女性ほどありません。しかし，一定の収入を得る職業についていたとしても，その収入が残業によって確保されているような場合，家事・育児を重視した家庭生活を営むために残業を断れば，その分の給料は保障されません。さらに，昨今のようなリストラ社会においては，家事育児のために遅刻，早

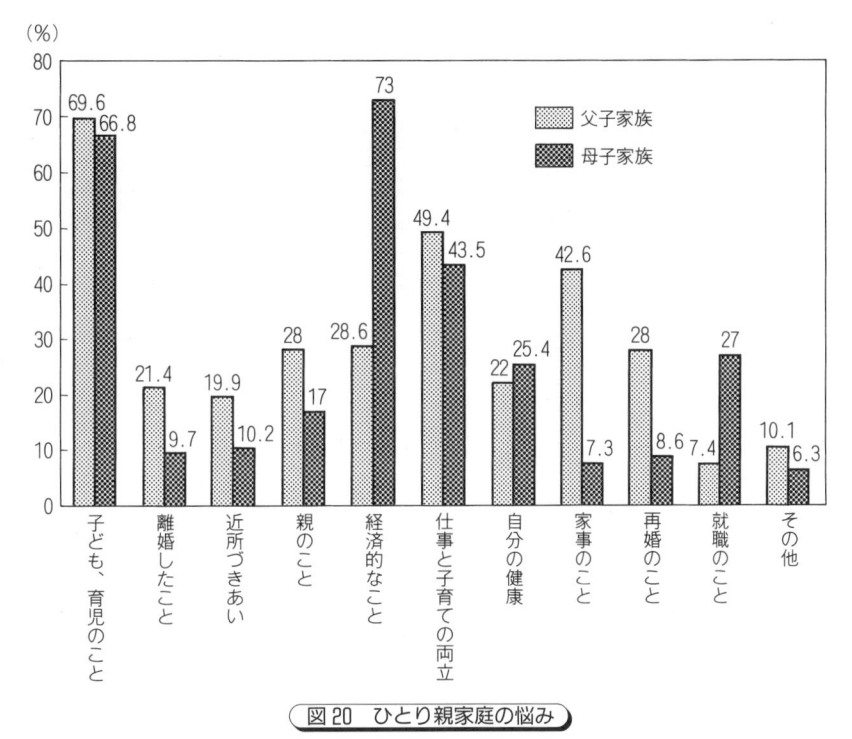

	父子家族	母子家族
子ども、育児のこと	69.6	66.8
離婚したこと	21.4	9.7
近所づきあい	19.9	10.2
親のこと	28	17
経済的なこと	28.6	73
仕事と子育ての両立	49.4	43.5
自分の健康	22	25.4
家事のこと	42.6	7.3
再婚のこと	28	8.6
就職のこと	7.4	27
その他	10.1	6.3

図20　ひとり親家庭の悩み

出所：厚生省大臣官房統計情報部『離婚家庭の子ども（平成9年度人口動態社会経済面調査報告）』厚生統計協会，1997年，36頁。

退，欠勤が多くなったり，転勤や残業を避け続ければ，いつ職を失うとも限りません。父子家庭において父親が育児を担い，仕事と家事・育児を両立させるためには，労働時間の短縮など労働条件に関する制度も必要ですが，父子家庭にはそういった優遇もありません。グラフからも分かるように，父子家庭における家事・育児の問題は深刻です。昨今は，家庭における男性への家事役割の分担や育児への参加等が謳われるようになったものの，依然として多くの父親は，離婚や死別前には家事の大部分を母親（妻）任せにしていることが多く，慣れない家事に戸惑うことが多いようです。特に父親のひとり親家庭で，子どもが乳幼児の場合に世話をしきれず，どうしようもなくなった父親が，子どもを乳児院や児童養護施設に置き去りにするという悲しい現実もあるのです。親であれば当然誰しもが育児について悩みますが，父子家庭においてはそれが顕著に現れる家庭が少なくないのです。

3　立ち上がる父子家庭

　ひとり親家庭の増加とともに，ひとり親家庭に対する民間の非営利組織による援助や自助グループ等も発達してきています。前述の通り父子家庭世帯数は相対的に少ないこともあり，全国的な父子家庭の組織は生じにくく数少ないといえます。また，児童扶養手当の父子家庭への適応も保留のままになり，父子家庭の受けられる福祉制度や手当ては実に少ないのです。しかしそうした中で，最近は，父子家庭の父親達自らの手によって作られたホームページや草の根的なサークルがみられるようになってきています。

（木村直子）

XIV　家族福祉の展開　4　ひとり親家族

3 再婚家族

　離婚の増加とともに，再婚も増加傾向にあり，1998年度の「厚生白書」によると，離婚男性の7割，離婚女性の6割が再婚していると推測しています。両親と子どもで構成される典型的な核家族は年ごとに減少し，ひとり親家庭や単身者家庭などが増加しています。子どもがいる夫婦が離婚し，その後に親権を得た親がその子を連れて再婚し，再婚相手との間に子どもが生まれれば，父親（母親）違いのきょうだいとの新たな関係が生まれます。このような家族は，「混合家族」(blended family)と呼ばれています。また，お互いに子どものいるカップルが再婚することで両親が異なるきょうだい関係が生まれることもあります。このような家族を「ステップファミリー」と呼んでいます。離婚の増加とともにこうした複雑な家族が増加しつつありますが，両親の離婚や再婚に巻き込まれた子どもにとって，その心理的な安定を確保することは，容易ではありません。

1 親の再婚と子ども

　子どもは，親の離婚によって，生活面で大きな影響を被るだけではなく，精神面でも傷ついていることが多くあります。たとえ表面的には明るく振舞い，特別に変わったところがないように見えても，とても大きなショックを精神的に受けているのです。それは，離婚が両親の合意のもとであろうと，喧嘩別れであろうと関係なく，両親の強い葛藤と緊張関係の渦中にあった子どもたちは，不安と動揺を経験しています。時に子どもの目には，一方の親（親権を持っていないほうの親）は，自分を見捨てたのだとうつることもあります。また，離婚の際に子どもを交えて話し合う機会をもたなかった場合には，子どもが強い疎外感を感じているかもしれません。そして，多くの子どもたちは，口にはしないものの内心では，別れて暮らすもう一方の親にもう一度戻ってきてもらい，昔のように一家で仲良く暮らしたいという願望も持っているかもしれません。このような子どもたちにとって，新しく親となる可能性のある男性（女性）の出現によって，一方の親に戻ってきてもらいたいという自分の心の願望が壊されたと感じることになるでしょう。また，再婚によって一番大切な自分の母親（父親）が新しい男性（女性）に取られてしまうのではないかとか，自分は新しい家族にとって邪魔な存在なのではないかといった不安に襲われることもあります。子どもにとって，親の再婚は，とても複雑な思いを抱かせるものなので

す。しかし、一方で子どもは、今は側にいない父親（母親）に代わる男性（女性）を受け入れたいという気持ちも持っているのも事実です。実際にひとり親家庭の多くの子どもたちは、父母両親のそろった家庭を夢見ています。そして、子ども自身の中で、出て行った（いなくなった）親への思慕と、新しい親を受け入れたい気持ちが複雑に入り混じり、新しい親の愛情を素直に受け入れられなくなっているのです。したがって、こういう子どもの心理を再婚する相手にも理解してもらい、気長に子どもに接していくしか解決はないのです。特に、子どもが思春期にあると、問題はいっそう難しくなります。思春期に入った子どもには、自分の母親（父親）が一人の女性（男性）として新たに異性を求めることは受け入れ難く、その気持をうまく処理できずに、親や大人に対してわざと反抗的な態度をとってしまうことがあります。いずれにしても、親の再婚は子どもにとって重大な環境の変化なのです。

2 再婚による親自身の問題

　一方、再婚は、親の側にとっても大きな生活環境の変化といえます。前の夫（妻）との子どもを引き取っている場合、さらに再婚した相手も前の結婚生活で生まれた子どもを引き取っていると、いわゆる複合家族になります。このとき、再婚の相手と自分の子どもとの関係、自分の子どもと相手の子どもの関係、相手の子どもと自分の関係という三重の関係が生じます。このような関係を再婚相手も同じように持つことになり、さらに自分たちの親のこと、前の妻や夫との関係を合わせて考えると、非常に複雑な関係をもつことに気付きます。このように再婚家庭は、初婚の核家族とは異なり、人間関係が複合しているため、それだけ問題が生じやすいといえます。

●再婚した相手の子どもとの関係

　再婚した相手の子と同居している場合には、義理の親としての役割も果たさなければなりません。自分の子どもも一緒に生活している場合には、子ども同士が喧嘩をすることもあります。喧嘩のいきさつで、義理の子どもの方が悪いと考えても、つい遠慮が働き、自分の子どものほうを叱ってしまうことがあります。また、子どもは、自分の親が義理の子と仲良くしているのを見ると、嫉妬したり、自分だけのけものにされていると感じ、新しい家庭には自分の居場所がないと感じてしまうかもしれません。義理の子どもと自分の子どもを公平に育てるということは一番大切であり、再婚した家族の親たちが育児において悩む大きな問題であるといえます。また、再婚した相手が自分の子と同居せず、別々に暮らしている場合でも、問題は生じます。離婚して子と生活を一緒にしない場合でも、未成年の子に対する扶養義務としての「生活保持義務」があり、養育費の支払いなどの経済的負担が、再婚家庭を圧迫します。

　ここで扶養義務について簡単に述べておきます。「生活保持義務」とは、親

の未成年の子に対する扶養義務であり，生活程度を分かち合う家族一体としての義務です。それに対して，「生活扶助義務」とは，成人した親子の間やきょうだい間，あるいは再婚し，養子縁組をしていない相手の子に対して自分の生活に余裕のある場合に生じる扶養義務であります。再婚し，一つ屋根の下に一緒に暮らす再婚相手の子どもへの生活の保障は，「生活扶助義務」になります。したがって，法律上は，一緒に暮らす再婚相手の子どもへの生活の保障よりも，一緒に暮らさない自分の子の方に「生活保持義務」があり，より重い義務を実子に対して背負っているのです。しかし，現実には父母が離婚して，母が親権者となった母子世帯の子の6割近い子どもが，父から養育費を受け取っていないというのが現状です。

　また，子どものいる相手と再婚した場合，その夫が別れた妻（夫）に引き取られている子どもに会うことを制限してはなりません。その子どもが，ひとり親家庭に育っている場合や，子ども自身が離れて暮らす親に会いたがっている場合は特に，その子どもの成長にとって重要です。離別後に別居親との信頼関係を維持できるかは，自分のアイデンティティを肯定して成長する助けになります。したがって，そういった場合にはむしろ，再婚相手が，前の子どもに会う際に後ろめたい気持ちにならなくてもいいような心遣いをすべきです。

●再婚家族の家庭環境

　一般に平均的な再婚家庭においては，資力がないことが多く，しかも二組の子どもたちを扶養しなければならない複合家族においては，養育費の問題だけでなく，住居の問題も出てきます。再婚家族の中でも特に複合家族のばあい，親同士の再婚によって家族となったので，いわば義理の親子，きょうだいという関係です。血縁関係がないので，近親相姦や子どもの虐待，家庭内暴力などの問題が生じる危険性がより高くなります。夫婦の寝室を独立させ，異性の子どもにはそれぞれ独立の個室をあたえるなど，家族の中にあっても個人の生活を自立させ，お互いに尊重するという習慣を身につけることは重要なことです。

3　再婚家族の抱える問題

　佐藤（2001）があげている，再婚して，複合家族になった時に陥りやすい誤りをここに紹介します。

1. 「みんな一緒にたのしくやろう」と期待してつとめること
2. 子どもが幼いからといって，子どもを抜きに大人だけで家庭生活のルールや方針をきめること
3. 義理の親として義理の子どもと仲良くなろうと不自然に努力すること
4. 早く"本当の"親になろうと焦ること
5. 新しいパートナーのこれまでの親子関係のあり方に口出しをすること
6. 自分の連れてきた子が不憫だといって，新しいパートナーにコミットする

のをためらうこと
7 新しいパートナーと強い絆で結ばれていることを子どもたちの前では隠そうとすること
8 相手や自分の先夫や先妻を忘れようとすること

　人間が一人ひとり異なっているように，家族の形もさまざまなものがあることは，現実的に考えても否定できませんし，いろいろな家族の形があっても構わないのです。しかし，子どもたちが，自分のおかれた家庭環境に不満をもたないということはありえません。逆に，自分の家庭環境や新しい親，きょうだいに不満を持つことはごく自然なことであり，そのような子どもの怒りや不満，不安を親たちの欲求によって抑圧してはならないのです。親自身も新しい家族，再婚家族がパーフェクトに上手くいくなどといった根拠の無い非現実的な期待は，抱くべきではないのです。再婚家族を築く際に子どもがいる場合には，子どもにもきちんと話をすることはとても重要です。幼い子には理解できないと勝手に考えて，事情を隠すことは望ましくなく，2歳以下の子どもにもきちんと話さなくてはなりません。子どもたちは，大人たちの感情や行動に敏感で，乳幼児であっても雰囲気や空気によって，親たちが考えている以上にたくさんのことを理解しているのです。またその際には，「離婚」「養子」「再婚」といった言葉も日常的に用いて話すべきです。子どもにとって，親の再婚は，とても複雑な思いを抱かせるものです。子どもたち自身も，新しい家庭を持てることはすごくうれしいことなのです。しかし，心の中には前の親やその祖父母との関係が残っており，自分でもどうすることもできない思いを抱えています。したがって，親は子どものこういった複雑な思いを見守るぐらいの気持ちで接すれば，時間がたつにつれて心の中のさまざまな思いを自然に消化することができます。

4　再婚家族と子どもの未来

　離婚件数がヨーロッパ並となり，日本においても離婚，再婚といったことが日常的なこととして社会に容認されています。毎年，多くの夫婦が離婚し，そして再婚していきます。離婚や再婚といった不安定な状況に，子どもは大人の何倍もの不安と葛藤を経験します。しかしだからといって，必要以上に心配してもしかたがないのです。根拠もなく楽観視することは危険ですが，愛情ある家庭というよりどころさえあれば，子どもたちは意外に柔軟に新しい環境に適応することができます。離婚や再婚をすることが，非難されなくなった現在において，大人たちは，離婚や再婚をすることが，さも自分たちの当然の権利であると認識しがちです。

　しかし，忘れてはならないことは，大人たちの欲望や感情とは全く別の次元に「子ども」が存在するということです。
　　　　　　　　　　　　　　　　　　　　　　　　　　　　（木村直子）

▷佐藤悦子「再婚家庭の病理」「学校心理臨床と家族支援――家族崩壊と学校心理臨床」亀口憲治編『現代のエスプリ』407号，至文堂，2001年，142～150頁。

XIV 家族福祉の展開　4　ひとり親家族

4 単独世帯

1 単独世帯の数量的把握

単独世帯とは世帯員が一人の世帯を指します。ここでは，その全体像をとらえるために単独世帯の数量的な把握を行います。

2000（平成12）年の**国勢調査**によると（表18），一般世帯数（4,638万世帯）のうち，世帯主と親族関係にある世帯員がいる親族世帯は3,392万世帯（一般世帯数の73.1%），単独世帯は1,227万世帯（同26.5%），世帯主と親族関係にある者がいない非親族世帯は19万世帯（同0.4%）となっています。

次に単独世帯に注目すると，1985年には790万世帯（一般世帯の20.8%），1990年には939万世帯（同23.1%），1995年には1,124万世帯（同25.6%），2000年には1,227万世帯（同26.5%）と増加しています。現在では，ほぼ4世帯に1つが単独世帯といえます。

さらに，1999年度の**国民生活基礎調査**は（図21），世帯主の年齢階級別構成割合からみた単独世帯の状況を示しています。単独世帯の構成割合では，29歳以下が32.5%ともっとも多く，次に70歳以上18.8%，60〜69歳以上が13.2%となっています。したがって，単独世帯の主要な担い手は20歳代の若い世代と高齢者であると言えます。

▷**国勢調査**
統計法に基づく全数調査であり，1920年以降ほぼ5年ごとに実施され，10年ごとの大規模調査と中間年の簡易調査とに大別される。

▷**国民生活基礎調査**
世帯の構造や保健・医療・年金・福祉・所得等の国民生活の基礎的事項を明らかにするために厚生労働省が行う調査である。調査結果は厚生行政施策の基礎資料として利用されている。

表18　世帯の家族類型別一般世帯数の推移―全国（昭和60年〜平成12年）

世帯の家族類型	一般世帯数（1000世帯）				家族類型別割合（%）			
	昭和60年	平成2	7	12	昭和60年	平成2	7	12
総数	37,980	40,670	43,900	46,376	100.0	100.0	100.0	100.0
親族世帯	30,013	31,204	32,533	33,920	79.0	76.7	74.1	73.1
核家族世帯	22,804	24,218	25,760	27,462	60.0	59.5	58.7	59.2
夫婦のみの世帯	5,212	6,294	7,619	8,864	13.7	15.5	17.4	19.1
夫婦と子供から成る世帯	15,189	15,172	15,032	14,946	40.0	37.3	34.2	32.2
ひとり親と子供から成る世帯	2,403	2,753	3,108	3,651	6.3	6.8	7.1	7.9
その他の親族世帯	7,209	6,986	6,773	6,459	19.0	17.2	15.4	13.9
夫婦と親から成る世帯	682	766	865	965	1.8	1.9	2.0	2.1
夫婦，子供と親から成る世帯	4,506	4,302	4,046	3,569	11.9	10.6	9.2	7.7
その他の世帯	2,021	1,918	1,862	1,925	5.3	4.7	4.2	4.2
非親族世帯	73	77	128	187	0.2	0.2	0.3	0.4
単独世帯	7,895	9,390	11,239	12,268	20.8	23.1	25.6	26.5

出所：総務庁統計局『平成12年国勢調査』『厚生の指標』第48巻第10号，厚生統計協会，2001年，52頁。

XIV-4 単独世帯

② 単独世帯増加の背景

○進む高齢化

2000年度の国勢調査によると、2000年の一般世帯数（4,638万世帯）のうち、65歳以上の親族（高齢親族）のいる世帯は1,526万世帯で、1995年に比べて248万世帯増加しています（表19）。一般世帯に占める65歳以上親族のいる一般世帯割合は、1990年の26.4％から2000年の32.9％と拡大するなど、高齢化が進行しています。

同調査から高齢親族のいる一般世帯数を家族類型別にみると（表19）、単独世帯は、1990年において高齢親族がいる一般世帯の15.1％から2000年には19.8％と急速に拡大しており、高齢単身者は急速に増加しています。核家族世帯の割合も、1990年の35.4％から2000年の45.3％へと拡大し、高齢親族世帯において核家族化が進行しています。

このように、高齢親族のいる世帯が増加するなかで、特に夫婦のみの世帯が増加しており、夫または妻に先立たれた場合単身で暮らすことを余儀なくされる高齢者が増加していると考えられます。特に、高齢単身者数を男女別にみると、男性が71万人、女性が232万人であり、女性が男性の約3倍になっており、65歳以上の女性の5.6人に1人は単独世帯となっています。

○未婚化の上昇・晩婚化

単独世帯増加のもう一つの背景には、若い世代の未婚率の上昇や晩婚化があると考えられます。わが国において、生涯未婚率（50歳時の未婚率）は上昇しており、1995年には女性5.12％、男性9.13％となっており、特に男性の生涯未婚率が急激に高まっています。また平均初婚年齢は、1950（昭和25）年に男性

図21 世帯構造別にみた世帯主の年齢階級別世帯数の構成割合

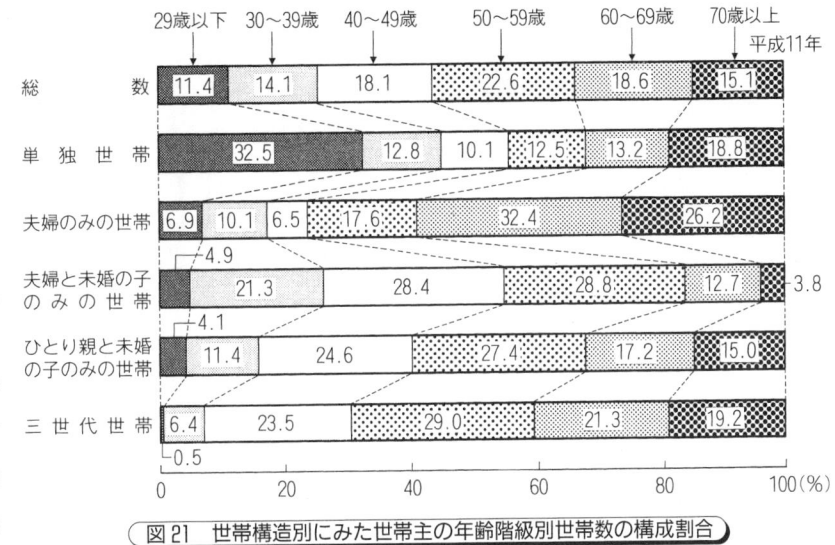

世帯構造	29歳以下	30～39歳	40～49歳	50～59歳	60～69歳	70歳以上
総数	11.4	14.1	18.1	22.6	18.6	15.1
単独世帯	32.5	12.8	10.1	12.5	13.2	18.8
夫婦のみの世帯	6.9	10.1	6.5	17.6	32.4	26.2
夫婦と未婚の子のみの世帯	4.9	21.3	28.4	28.8	12.7	3.8
ひとり親と未婚の子のみの世帯	4.1	11.4	24.6	27.4	17.2	15.0
三世代世帯	0.5	6.4	23.5	29.0	21.3	19.2

（平成11年）
出所：厚生省大臣官房統計情報部ホームページ http://www1.mhlw.go.jp/toukei/h11k-tyosa/1-1-2-8.html

表19 世帯の家族類型別65歳以上親族のいる一般世帯の推移―全国（平成2年～12年）

世帯の家族類型	65歳以上親族のいる一般世帯数 (1000世帯)			割合 (%)		
	平成2年	7	12	平成2年	7	12
65歳以上親族のいる一般世帯数	10,729	12,780	15,256	100.0 (26.4)	100.0 (29.1)	100.0 (32.9)
親族世帯	9,096	10,564	12,210	84.8	82.7	80.0
核家族世帯	3,801	5,162	6,911	35.4	40.4	45.3
うち夫婦のみの世帯	2,218	3,042	4,029	20.7	23.8	26.4
その他の親族世帯	5,295	5,402	5,299	49.4	42.3	34.7
非親族世帯	10	14	19	0.1	0.1	0.1
単独世帯	1,623	2,202	3,027	15.1	17.2	19.8

（注）（ ）内の数値は一般世帯に占める65歳以上親族のいる一般世帯の割合
65歳以上親族のいる一般世帯人員及び65歳以上親族人員の割合は一般世帯人員に占める割合
出所：総務庁統計局「平成12年国勢調査」『厚生の指標』第48巻第8号、厚生統計協会、2001年、53頁。

▷総務庁統計局「平成12年国勢調査」『厚生の指標』第48巻第10号、厚生統計協会、2001年、53頁。

▷同上 54頁。

▷総理府編『男女共同参画白書（平成13年版）』大蔵省印刷局、2001年、36～38頁。

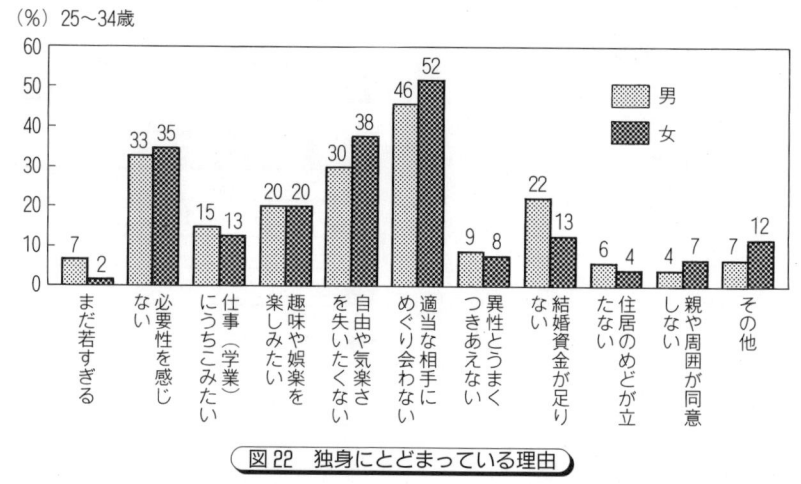

XIV 家族福祉の展開　4　ひとり親家族

（％）25〜34歳

図22　独身にとどまっている理由

理由	男	女
まだ若すぎる	7	2
必要性を感じない	33	35
仕事（学業）にうちこみたい	15	13
趣味や娯楽を楽しみたい	20	20
自由や気楽さを失いたくない	30	38
適当な相手にめぐり会わない	46	52
異性とうまくつきあえない	9	8
結婚資金が足りない	22	13
住居のめどが立たない	6	4
親や周囲が同意しない	4	7
その他	7	12

（注）　未婚者のうち何％の者が，各項目を主要な独身にとどまっている理由（三つまで）として考えているかを示す。（速報値）
資料：国立社会保障・人口問題研究所『第11回出生動向基本調査（平成9年）』1997年。
出所：厚生省『厚生白書（平成10年版）』厚生問題研究会，1998年，37頁。

25.9歳，女性23.0歳でしたが，その後は上昇し続け，1999年に男性28.7歳，女性26.8歳となっています。女性の場合は，学歴が高くなるにつれて初婚年齢が高くなる傾向があり，男女ともに専門職など一定の職業についている者にあっては，初婚年齢が高くなる傾向にあります。

▶厚生省『厚生白書（平成8年版）』厚生問題研究会，1996年，32頁。

このように，若い世代の晩婚化が進む理由として，25〜34歳の年齢層の男女による「独身にとどまっている理由」が参考になります（図22）。独身にとどまっている理由として，男女とも，「適当な相手にめぐり会わない」との回答がもっとも多く，次に「自由や気楽さを失いたくない」あるいは「必要性を感じない」の理由をあげる者が多くなっています。つまり，若い世代にとって結婚の「適齢期」という感覚が弱まってきており，結婚についても「社会や家族のため」ではなく，「自分の幸福のため」というように結婚の意味づけが変化していることが伺われます。このように未婚化の上昇や晩婚化の進行を背景に，若い世代において単独世帯が増加していると考えられます。

③　家族単位の問題と単独世帯の福祉

単独世帯が増加しつつある現在，単独世帯の福祉をどう保障していくかは新たな課題となっています。特に，現代社会の基本的仕組みは，家族（世帯，夫婦）を社会の「単位」としているために，「家族」の枠からはみ出るような形態，たとえば単独世帯のような家族形態を差別しているとも考えられます。このような問題を指摘したのが伊田広行です。そこで，彼の議論の主要な部分から，現代社会における家族単位の問題点を整理し，単独世帯の福祉を考えます。

▶伊田広行『シングル単位の社会論』世界思想社，1998年，16〜81頁。

○家族単位とその問題

現代の社会の基本的仕組みは，家族（世帯，夫婦）を社会の「単位」として

組み込んでおり，社会構成は〈国家-家族-個人〉の3段階レベルから成り立っています。それは，行政や立法といった国家領域，企業活動の市場領域，人々の意識や暮らしの生活領域においても，すべて家族はひとかたまり（1ユニット）と見なされているということです。

その中で，「家族単位」が意味するものについて以下のようにまとめられます。

①個人は部分，標準家族外差別：家族構成員は部分でしかなく，一人前の主体ではないと見なされ，標準家族を作っていない者，家族外の者（独身者，離婚者）は「半端者」と見なされ，差別される。
②男女二分法発想，性分業の肯定：家族の構成物である男女の役割，特性，本質は相補的と見なされ，男女の分業が肯定され，男女の抑圧関係が維持される。
③結婚の必然視：相補的と見なされる男女観からは，結婚が必然視され，結婚による家族形成が幸福概念と同値とされる。
④問題が問題とならないという問題：一つの単位の中では男女間の「性分業の強制という問題」が問題とならない。
⑤「愛」＝「一心同体」による抑圧と干渉：共同体（親子・夫婦）の愛の名の下に自他の区別が不明になり，干渉や抑圧が構造化される。

そして家族単位の具体的な問題としてあげられるのが，わが国では社会保障体系の基本が家族を単位としているため，「家族の自助」を前提とし，公的な社会保障制度の適用がなされる範囲と量を小さくしていることです。たとえば，高齢者の介護や乳幼児の保育などは基本的に家族員（主婦）が行うことが前提とされており，それができない時にのみ公的社会保障制度が適用されるというわけです。とりわけ女性は，介護や保育などの無償の労働を担う存在として位置づけられており，そのかわりに**専業主婦が優遇される社会保険制度の仕組み**になっているのです。

このように，伊田広行の議論では社会保障制度をはじめ戸籍制度などの家族関連法においても結婚をしていない者や標準的な家族の枠からはみ出した者を不利にしていることが指摘されています。この議論は，家族を単位とする社会の諸制度が個人の多様な生き方をする自由を奪っているとの問題提起をしています。

●単独世帯の福祉に向けて

単独世帯が増加しつつある現在，「家族」の枠からはみだした個人が不利益を被らないような社会的な仕組みをつくることが求められます。つまり，すべての人々が多様な生き方を選択でき，それを社会的にも保障していく仕組みです。今後，伊田が述べるように，社会の仕組みを「家族単位」から「個人単位」へ，さらには国家－家族－個人の3段階レベルから国家－個人の2段階へと変えることについて，活発な議論が求められるでしょう。

（冬木春子）

▷**専業主婦が優遇される社会保険制度の仕組み**
サラリーマンの専業主婦が保険料を拠出せずして医療・年金・介護の社会保険において給付を受けることができることをいう。つまり，専業主婦の社会保険の費用は夫だけでなく，働く男女が負担する仕組みになっていることである。近年，社会保障費用の負担増大を背景に，このような仕組みの見直しが提起されている。

XV　家族を理解する概念

1　ライフサイクル

1　家族のライフサイクル——家族周期論

　家族をどのようにとらえるのか，家族を理解するためのアプローチのひとつに家族の**ライフサイクル**，すなわち家族周期論があります。ライフサイクルの考え方を家族に援用し，生活体としての家族にも生と死があり，一生にわたって家族は発達的かつ段階的推移をたどると考えるのが家族のライフサイクル（家族周期論）の基本的な考え方です。

　この考え方は，個々人が営む生活体という視点から家族の時間的変化を観察し，「発達アプローチ」によって動態としての「家族」をとらえようと試みたところに特徴があります。

　森岡清美によれば，家族そのものは生命をもたないけれど，家族は家族成員の生命現象，特に家族の中核をなす夫婦の結婚と死亡によって，その存続が基本的に規定されると考えることができます。したがって，そこにはライフサイクルと呼ぶべき，明らかな繰り返し，すなわち規則的な推移があるという見方が存在します。具体的に家族の周期的変化を段階によって区切り，諸段階ごとにその段階を特徴づける発達課題を設定したものが表20家族の周期段階別・生活構造の局面別課題例です。

　新婚期から孤老期にいたる7段階を設定しています。

　この考え方は一定の成員構成と家族規範を前提にするとき，何年か先はおろか，何十年か先の目標と課題さえも，かなりの精度をもって予測することができることから，周期段階の安定的移行と周期の世代的再生産を約束する長期的計画が可能になるとして，1960，70年代にかけて高く評価されました。また，生活設計のうえで広く家族のモデル・コースを提示した点に，当時その有用性が認められました。

2　ライフサイクルの推移と画一性・斉一性の限界

　家族のライフサイクルは個人，そして家族の一生には規則的な推移があることを前提とし，暗黙のうちに家族は一様に同じライフサイクルを歩むことを想定していたこと，さらには個人に限らず，家族という集合的な生活体，すなわち家族集団をその視野に含めたものであったことにもうひとつの特色があると言えます。

▷ライフサイクル（Life cycle）
生命を持つものの発生から消滅までの一生にみられる規則的な推移を意味し，人間でいうならば，出生から死亡にいたるまでの段階的発達とその推移。

▷森岡清美『家族周期論』培風館，1973年，『現代家族のライフサイクル』培風館，1977年。

表20 家族の周期段階別・生活構造の局面別課題例

周期段階		目標	役割体系	消費体系	住宅利用体系
o	新婚期	健康で調和的な家庭の形成 産児計画 長期的基本計画の粗描 生活・人生の見方についての基本的一致	満足できる性関係の形成 機能的な夫婦間役割分担の形成 安定したリーダーシップ・パターンの形成 有効なコミュニケーション・パターンの形成	満足できる安定的な家計の設計 出産・育児費の準備 耐久消費財の整備 長期の家計計画	機能的な住まい方の形成 室内装飾の好みの調整 子ども部屋の準備 長期の住宅計画
a	養育期	乳幼児の健康な保育 第2子以下の出産計画 長期的基本計画の再検討	育児のための夫婦の協力パターンの形成 夫婦の役割分担，リーダーシップ・パターンの再調整 子どもによる役割分担の開始	子どもの成長に伴う家計の設計 教育費・住宅建設費を中心とした長期の家計計画の再検討	子ども部屋・遊戯空間の設計 長期の住宅計画の再検討
b c	教育期	子どもの能力と適性にみあった就学 妻の再就職と社会参加の活発化	子どもの成長に伴う両親の役割の修正 夫婦関係の再調整 子どもによる役割分担の前進	教育費の計画 住宅建設費の再検討 子どもの成長に伴う小遣いの設計 夫婦の教育費の設計 異居老親への仕送りの設計 妻の再就職による収入計画	子どもの勉強部屋の設計 夫婦のプライヴァシーを確保する部屋の設計 長期の住宅計画の再検討
d e	排出期	子どもの能力と適性にみあった就職 子どもによる幸せな生殖族の形成	親として子どもの離家を支える役割 子ども離家後の夫婦関係の再調整	子どもの結婚資金の準備 老後のための家計収支の設計	子ども離家後の住宅利用パターンの修正
f	向老期	安定した老後のための生活設計	子ども夫婦との役割期待の調整 祖父母としての役割の取得	定年後の再就職の設計	老夫婦むきの住宅改造
g	退隠期	老後の生きがいと楽しみの設計	子ども夫婦との役割期待の再調整	収入が細まった老後の家計の設計 遺産分配の計画	老夫婦むきの住宅利用
h	孤老期	ひとりぐらしの生活設計	子どもによる役割の補充	ひとりぐらしの家計の設計 遺産分配の計画	ひとりぐらしの住宅利用

資料：国民生活センター編『生活設計の基本問題』1972年，130～135頁を参考に作成。
出所：森岡清美『家族周期論』培風館，1973年，344～345頁。(一部割愛)

しかし，わが国では1980年代以降，家族の多様化が顕著になるとともに，個人が築くライフサイクルが大きく変化し始めます。結婚－出産というライフイベントに関しても，晩婚化あるいは未婚化，さらには離婚の増加現象のほか，出生率の低下という現象が生じてきました。平均寿命の伸長により人生80年の時代を迎えて，個々人の「家族」生活の過ごし方がますます多様になりつつある現代では，個人差が拡大されてきたことにより，もはや平均的・標準的な家族集団における単一の発達段階モデルを前提とした家族のとらえ方には限界があることが指摘されています。

(杉井潤子)

XV 家族を理解する概念

2 ライフコース

1 ライフコース（人生行路）とは

ライフコースとは「個人が年齢別に分化した役割と出来事を経ながらたどる人生行路」を意味します。

わが国の家族研究においては1980年代以降精力的にライフコース研究がすすめられていますが、そもそもその背景には家族の多様化現象を受けて、もはや平均的・標準的な家族集団における単一の発達段階モデルを前提とし、歴史的な出来事による影響をも捨象してしまうライフサイクル（家族周期論）にはすでに限界があるという指摘があります。

「関係によって担われ、また創られていく個人」を主軸に据え、個人のライフコースに家族はいかに関わっていくのか、個人がどのような家族的な関係を構築していくのかを把握し、理解するという考え方が根底にあります。

図23はライフコースの理論的枠組みを示したものですが、個人のライフコースは「歴史や文化などの時空間上の場所」、「社会関係などの結びあわされる人生」、「個人の発達といった人間の主体的行為能力」、さらには「年齢や時代、コーホートの交差タイミング」の4つの基本的要素が相互に関連するところに生成すると言われています。

具体的には結婚や出産といった家族経歴上の出来事だけではなく、個人にとって重要なその他の経歴上の出来事、たとえば卒業や就職なども取り上げ、また人生の特定時点について予想し得る出来事でない災難や病気など、不時の思いがけない出来事にも目配りをすることによって、ライフサイクルにおけるモデルコースでみられたような「斉一性」よりも、むしろ現実上の「多岐性・多様性」に注目しようとする発想が見受けられます。

2 ライフコースの多様な道筋

ライフコース研究の先駆者であるエルダー（Elder, G. H. Jr.）の画期的な研究と言われる『大恐慌の子供たち』（原著1974）は、アメリカ人にとって大恐慌がどのような意味をもっていたかを明らかにするために、まず1932年に11歳の子どもたちを対象として始められ、その後彼らが40歳近くになるまでの約30年間にわたって、大恐慌期の彼らと彼らの家族生活を記録し、さらに彼らのその後の生活まで年齢縦断的に追跡しています。大恐慌が及ぼす家族、パーソナ

▷森岡清美・青井一夫『現代日本人のライフコース』日本学術振興会、1991年。

▷藤見純子・嶋崎尚子「ライフコース論的アプローチ」野々山久也・清水浩昭編『家族社会学の分析視角』ミネルヴァ書房、2001年。

▷同上 27頁。

▷G. H. Jr. エルダー 本田時雄他訳『大恐慌の子どもたち――社会変動と人間発達』明石書店、1986年。

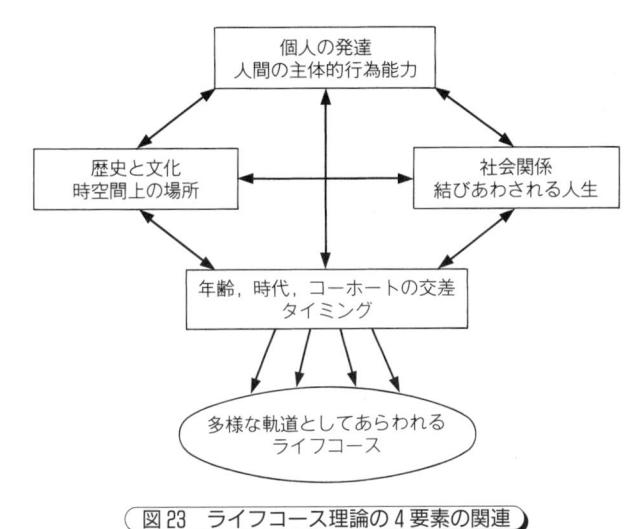

図23 ライフコース理論の4要素の関連

出所：野々山久也・清水浩昭編『家族社会学の分析視角』ミネルヴァ書房, 2001年, 326頁。

リティーへの影響を描写することによって、時間とともに変化する現実の生活を特徴づける経験のパターンを見つけようとしたところに大きな特徴があると言われています。

3 ライフコース上における家族的経験：個人化現象

ライフコースの分析においては、家族をその観察単位とするよりも、個人に注目することによって、個人にとっての重要な他者（significant others）、あるいは協同者（consociates）の中心的カテゴリーとして、家族成員を登場させるという取扱いが可能になりました。そして、家族集団のライフサイクルではなく、個人のライフコースに注目し、家族成員の相互依存的ライフコースのセットとして、「家族」のライフコースをとらえる道が開けたと言われています。

言い換えるならば、家族のライフサイクル論とライフコース論は、ともに「発達」という視点にたって、動態を把握しようとするところに共通点がありますが、家族のライフサイクル論は家族をひとつの集団としてとらえ、その分析の中心を家族の周期的変化におくことによって、「家族」のライフサイクルにおける個人をとらえようとします。

それに対して、ライフコース論は家族を個人と社会との出会いを媒介するものとして位置づけ、「個人」のライフコースにおける家族との関わり合いをとらえようとするところにその特色があると言えます。

現代の家族は、制度や規範によって拘束を受ける集団ではなく、個々人によって主体的に選択され、構築される関係性へと変化してきています。「親族組織のなかの一員としての個人、家族集団のなかの一員としての個人から、個人が一生のうちに多数の多様な家族、または家族的連帯を経験するようになる」家族の個人化傾向は今後ますます強まっていくと思われます。　　　　（杉井潤子）

▷森岡清美・青井和夫『ライフコースと世代──現代家族論再考』垣内出版, 1985年。

▷ ⇒ XV-1（136頁）を参照。

▷目黒依子『個人化する家族』勁草書房, 1987年。

XV 家族を理解する概念

3 コンヴォイ理論

1 コンヴォイとライフコースにおける重要な他者たち

　コンヴォイ（convoy）はふだん聞きなれない言葉ですが，その原義は，「軍艦などが〈商船・客船などを〉護送［護衛］すること：護衛艦・護衛［護送］隊」です。この概念を，ライフコースにおける個人をとりまく社会的支援関係（ソーシャルサポートネットワーク）に援用したのがコンヴォイ理論です。

　かつて文化人類学の立場から，プラース（Plath, D. W.）は『日本人の生き方──現代における成熟のドラマ』（原著1980）において，谷崎潤一郎らの近代小説に登場する中年主人公の生きざまと現代の中年者のライフヒストリー聞き取り調査を根拠としながら，日本人のライフコースを分析してみせています。ライフコースとは「個人が年齢別に分化した役割と出来事を経ながらたどる人生行路」を意味しますが，彼は日本人の人間観は関係モデルのうえに立っているとした上で「運命的な仲間」との関係のなかから，人間は生まれ出るのであり，彼らとともに成長し，ともに成熟し，ともに年をとるとして，日本人の生き方の特長を「長い人間的かかわり合い（long engagements）」に求めようとしました。この「運命的な仲間」こそが，プラースによればその個人のライフコースにおけるコンヴォイであり，まさにその人のライフコースを共有し，その人のライフコースの証人であり，また決定的な影響を与えたり，支援者であったような人生上の重要な他者たちにほかなりません。

　人生上の重要な他者たち，すなわちコンヴォイを形成するメンバーのなかには，一般的に人間は一生のうちに「生まれた家族（定位家族）」と「生む家族（生殖家族）」の2つの家族を経験すると言われていますが，いわゆるもっとも身近な関わりをもつ親やきょうだい，そして配偶者や子どもなどの「家族」が含まれます。

　しかし当然のことながら，コンヴォイを形成するメンバーは家族だけとは限りません。家族・親族のほか，親友，友人，知人，同僚，先輩，隣人などインフォーマルなつきあいの人々，さらに医者や社会福祉援助者などの専門家など，個人のライフコース上に関わってくるさまざまな人々が含まれることとなります。

▷ D. W. プラース　井上俊・杉野目康子訳『日本人の生き方──現代における成熟のドラマ』岩波書店，1985年。

▷ ⇒ XV-2 （138頁）を参照。

▷青井一夫「人生行路と人間の成熟──プラース（Plath, D. W.）の場合」森岡清美・青井一夫編『ライフコースと世代──現代家族論再考』垣内出版，1985年，97〜128頁。

▷石原邦雄「研究目的・概念枠組・研究方法」森岡清美・青井一夫編『現代日本人のライフコース』日本学術振興会，1991年，17〜28頁。

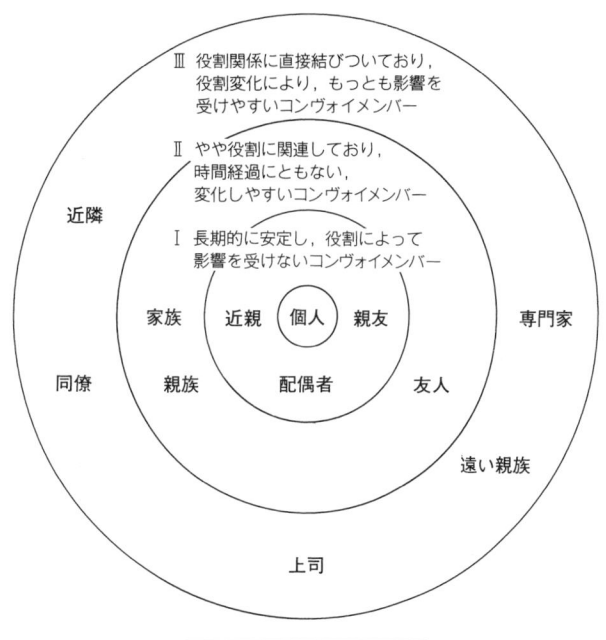

② コンヴォイモデル理論

コンヴォイモデル理論（convoy model）は，カーンとアントヌッチによって，1980，1981年に提唱されたことに始まります。彼らは人間が一生涯を通して経験する，さまざまな人間関係の連続性と変化の過程に注目し，個人が長いライフコースにおいて蓄積し，創り上げてきた人間関係を，役割関係の視点から三層にわたって周りから支えるコンヴォイと考えました。社会的支援の観点から理論的に意味づけ，個人を周りから支える支援システムを護衛艦になぞらえて概念化した，ひとつの演繹的モデルです。

具体的には，支援的関係を役割によって規定される程度によって個人を中心とする三層の同心円内に階層的に位置づけ，支援システムを構造的にモデル化しています（図24）。個人のもっとも近くに位置する第一層の円のなかには「長期的に安定し，さまざまな役割によって影響を受けない，いわば絶えず変わることなく個人を見守りつづける固定的なコンヴォイメンバー」が入ります。また第二層の円のなかには「やや役割に関連し，時間経過にともない，変化しやすいコンヴォイメンバー」が入ります。さらに一番外の第三層の円には「特定の役割関係に直接結びついたコンヴォイメンバーで，役割の変化にもっとも影響を受けやすく，具体的には役割の獲得や喪失によってコンヴォイから出入りもするメンバー」が入ります。このモデルを用いた調査では，面接形式で，役割関係によって裏づけられた親密さを基準に，自らを取りまく三層の同心円のなかに，それぞれに位置すると思われる人々を具体的にあげてもらい，個々について交流の頻度や支援のやりとりなどを問うことによって，個人をめぐる社会的支援システムを把握しようとする試みがなされています。そこでは，基本的には個人の認知が軸になり，家族，親戚，近親，友人，同僚，さらには専門家などもコンヴォイのメンバーに含まれることになります。

さらにアントヌッチらはコンヴォイの特性，すなわちライフコースを通じて構築された個人をとりまく支援的関係の効果を把握するための理論的枠組をも提示しています。理論的枠組には個人的特性，状況的特性に加えて，コンヴォイの構造特性，コンヴォイの機能特性，コンヴォイの適切性，そしてそれらの産出結果としての個々人の行動成果と幸福感があげられています（図25）。そ

図24 コンヴォイモデル

Ⅲ 役割関係に直接結びついており，役割変化により，もっとも影響を受けやすいコンヴォイメンバー
Ⅱ やや役割に関連しており，時間経過にともない，変化しやすいコンヴォイメンバー
Ⅰ 長期的に安定し，役割によって影響を受けないコンヴォイメンバー

近隣／家族／近親／個人／親友／専門家／同僚／親族／配偶者／友人／遠い親族／上司

出所：Kahn, R. L. & Antonucci, T. C. (1980). Convoys over the Life course : Attachment, Roles, and Social Support. In P. B. Baltes., O. G. Brim (eds.) *Life-span Development and Behavior*. vol.3. Academic Press. p. 273.
Kahn, R. L. & Antonucci, T. C. (1981). Convoys of Social Support : A Life-Course Approach. In S. B. Kiesler., J. N. Morgan., V. C. Oppenheimer (eds.) *Aging : Social Change*. Academic Press. p. 397.

▷ Kahn, R. L. & Antonucci, T. C. (1980). Convoys over the Life Course : Attachment, Roles, and Social Support. In P. B. Baltes., O. G. Brim (eds.) *Life-span Development and Behavior*. vol. 3. Academic Press. pp. 253-286.

Kahn, R. L. & Antonucci, T. C. (1981). Convoys of Social Support : A Life-Course Approach. In S. B. Kiesler., J. N. Morgan., V. C. Oppenheimer (eds.) *Aging : Social Change*. Academic Press. pp. 383-405.

XV 家族を理解する概念

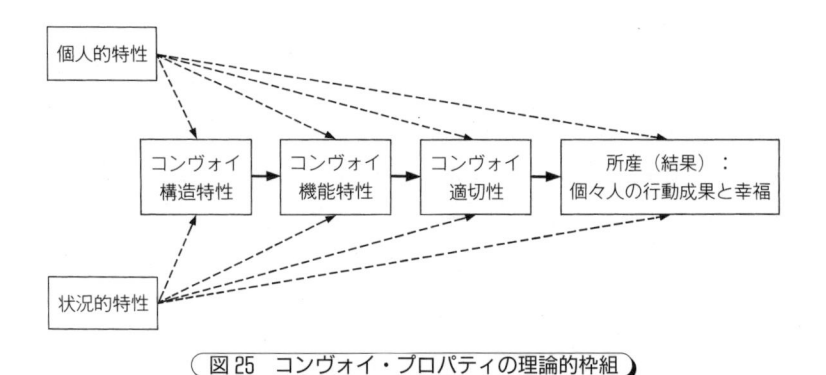

```
       個人的特性
         ↓ ↘ ↘ ↘
  ┌─────┐ ┌─────┐ ┌─────┐ ┌─────────┐
  │コンヴォイ│→│コンヴォイ│→│コンヴォイ│→│所産（結果）：│
  │構造特性 │ │機能特性 │ │適切性  │ │個々人の行動成果と幸福│
  └─────┘ └─────┘ └─────┘ └─────────┘
         ↑ ↗ ↗ ↗
       状況的特性
```

図25 コンヴォイ・プロパティの理論的枠組

出所：Antonucci, T. C. (1985). Personal Characteristics, Social Support and Social Behavior. In R. H. Binstock., E. Shanas. (eds.) *Handbook of Aging and the Social Sciences*. 2nd ed. Van Nostrand Reinhold Co. p. 100.

表21 特定されたコンヴォイ変数

個人的特性	コンヴォイ機能特性
年齢	信頼すること
性別	元気づけること・安心させること
配偶者の有無	尊重すること
子供の有無	病気看護すること
収入	健康状態について話をすること
学歴	動転しているときに相談にのること
人種	
パーソナリティー	
日常生活動作能力	
状況的特性	コンヴォイの適切性
居住形態	理解してくれていない，頼りにならない
職業からの離脱	あまりにも要求が多すぎる
組織構成員と活動性	ネットワークに対する満足感
居住地	ネットワークの変動
コンヴォイ構造特性	所産・結果
サイズ	人生満足感
紐帯	安寧感
同質性	状況満足感
安定性	幸福感
複合性	
均等性	

出所：Antonucci, T. C. (1985). Personal Characteristics, Social Support and Social Behavior. In R. H. Binstock., E. Shanas. (eds.) *Handbook of Aging and the Social Sciences*. 2nd ed. Van Nostrand Reinhold Co. p. 102.

▷ Antonucci, T. C. (1985). Personal Characteristics, Social Support, and Social Behavior. In R. H. Binstock., E. Shanas. (eds.) *Handbook of Aging and the Social Sciences*. 2nd ed. Van Nostrand Reinhold Co. pp. 94-128.

れらの主なる諸変数は表21に示すとおりです。

それによると，コンヴォイの構造特性とは，その個人のライフコースのなかで構造化された支援的関係性の側面を指すもので，サイズ（size），紐帯（connectedness），同質性（homogeneity），安定性（stability），複合性（complexity），均等性（symmetry）などの内容を含む概念です。サイズとは社会的支援関係の総体としてのコンヴォイに含まれるメンバーの数を指します。紐帯とはコンヴォイメンバーとの関係，接触の回数や居住距離，親近感，コンヴォイモデルにおける3つの同心円での位置などによって測定された親密度の程度のこ

とであり，同質性とはコンヴォイメンバーの年齢，性別，職業などの類似度を指します。また安定性とはコンヴォイメンバーとの多年にわたる交流の平均的回数や知り合ってからの年数，複合性とはコンヴォイメンバー間で分有しあう，異なった役割や関係の数，そして均等性とはさまざまな援助の受け渡しという互酬性を問題にしています。それに対して，コンヴォイの機能特性とは，コンヴォイメンバーによる病気看護，困ったときの相談や健康についての相談など，実際のサポートの提供，受取，交換などを意味します。

次に，直接的には個々人のコンヴォイの構造特性が実際のコンヴォイの支援機能を規定するのですが，総じてそれら個々人のコンヴォイの構造特性と機能特性の如何によって，コンヴォイとしての適切性とその所産が規定されると考えられています。コンヴォイの適切性は，個々人にとってコンヴォイが適切かどうかという主観的な評価で測定されるものであり，それらは精神的満足度や身体的健康度との関連で測定されるコンヴォイの産出結果と密接に関わっています。コンヴォイの評価・効果測定，すなわちコンヴォイが果たして「支援的に」機能しているのかどうかは客観的に判断されるものではなく，あくまでも個人の主観的な状態にまで踏み込んで，支援の受け手となる個々人が「支援的」と認知し，その効果をポジティブに評価するのかどうかにかかっていると考えられています。

3 コンヴォイモデル理論の活用

一般的にコンヴォイモデルは人生を積み重ねてきた高齢者をとりまく社会的支援関係の把握と理解に活用されていますが，その有効性は，まずこれまでは家族・親族内での人間関係，特に子どもとの関係（嫁姑関係など義理の関係も含む）においてしか，高齢者のライフスタイルをとらえてこなかったのに対して，配偶者，子ども，孫，きょうだい，その他の親族といった拡大された家族・親族関係に加えて，さらに知人・友人関係，近隣関係，公的な機関などにおける専門家との関係をも含めて，これらを高齢者をとりまく社会的支援関係の総体として把握していこうとする発想にあります。コンヴォイ・モデルに依拠して，高齢者の保有するさまざまな社会的支援関係と主観的幸福感との関連を検討した研究では，配偶者や子どもだけを頼りにしているよりも，友人・知人，隣人をもち，いざとなれば公的なサービスをも積極的に活用していこうと，社会関係を広く認知している高齢者の主観的幸福感のほうがより高くなることなどが確かめられています。家族関係の呪縛から解き放たれた，新しい社会関係の把握と理解が可能になったと言えます。

（杉井潤子）

▷杉井潤子・本村汎「高齢者のサポート・システム特性と主観的幸福感との関連——「資源の重層性」と「資源の代替性」の観点から」日本社会病理学会編『現代の社会病理Ⅶ』垣内出版，1992年，188〜221頁。

参考文献

Antonucci, T. C. (1985). Social Support : Theoretical Advances, Recent Findings and Pressing Issues. In Sarason I. G., Sarason, B. R. (eds.) *Social Support : Theory, Research, and Applications*. Martinus Nijhoff Publishers. pp. 21-37.

Antonucci, T. C. (1990). Social Supports and Social Relationships. In R. H. Binstock., L. K. George. (eds.) *Handbook of Aging and the Social Sciences*. 3rd ed. Van Nostrand Reinhold Co. pp. 205-226.

XV　家族を理解する概念

4 ソーシャルサポート・ネットワーク

1 ソーシャルサポート・ネットワークとは

　家族の小規模化や多様化が進み家族機能が変化するなかで，血縁・地縁ネットワークも弱体化し，地域中心の社会福祉の充実が課題となっています。この状況に対応した援助活動としてアメリカでその重要性が注目されているソーシャルサポート・ネットワークについて，わが国においても関心が高まりつつあります。

●インフォーマルなネットワーク

　ソーシャルサポート・ネットワークについて，小松源助は「ソーシャルサポート（社会的支援）の機能を果たすソーシャルネットワーク（社会的ネットワーク）であるが，社会福祉の領域においては，家族，友人，隣人，地区の世話人などのインフォーマルなネットワークを指す」としています。さらに，ソーシャルサポート・ネットワークアプローチについては「フォーマルな援助を提供する立場にある専門識者が，専門職でない，素人によるインフォーマルな援助を理解し，確認し，創出し，活用しながら実践活動を展開していくアプローチ」と述べています。

●公的支援とボランティアなどの結合

　他方では，ソーシャルサポート・ネットワークアプローチを「公的機関や専門家が提供するフォーマルなサポートシステムとボランティアや近隣者，そして家族に代表されるようなインフォーマルなサポートシステムをケースマネージメントという方法を用いて，意図的に有機的結合を促進しながら，多面的にクライエントを援助していこうとする地域福祉アプローチ」との定義もあります。

　このように，ソーシャルサポート・ネットワークとそのアプローチに統一した定義はありませんが，共通する視点として，ソーシャルサポート・ネットワークは，クライエントをとりまく家族や友人，隣人などのインフォーマルなサポートシステム，あるいは医師，ホームヘルパー，弁護士などの専門家をも含めたフォーマルなサポートシステムからなり，それらのシステムを有効に活用し援助していくアプローチがソーシャルサポート・ネットワークアプローチといえるでしょう。

▷小松源助「ソーシャルサポートネットワークの動向と課題」L. マグワァイア小松源助他訳『対人援助のためのソーシャルサポートシステム』川島書店，1994年，241頁。

▷同上　242頁。

▷京極高宣監修『現代福祉学レキシコン』雄山閣，1993年，518～519頁。

2 ソーシャルサポート・ネットワークの基礎概念

ソーシャルサポート・ネットワークにはソーシャルネットワークとソーシャルサポートという2つの基礎概念が統合されています。そこで、これらの基礎概念の検討を行います。

○ソーシャルネットワーク（社会的ネットワーク）

ソーシャルネットワークは、個人が結ぶ対人関係のネットワーク構造に着目し、「その人が他者と結ぶ特定の社会関係（連結）の特徴によって理解していくという観点を示す概念」です。また、安田雪はこの概念について「個人の行動を説明するのに個人がどのような資質や特徴を備えているかではなく、その人がどのような他者に囲まれているかという個人の社会関係を問題にしている」とも述べています。つまり、個人が結ぶネットワークの構造やその中で個人が占める位置が、その人の行為や思想に影響を与えていると考えるのです。

ソーシャルネットワークの分析に構造面からアプローチする方法として安田雪は以下をあげています。1つはソシオセントリックアプローチであり、ネットワークの全体像を押さえてから、個々の内部の行為者の特性を見ていく方法です。もう1つは、エゴセントリック・ネットワークに注目する方法です。これは、特定の行為者がどのようなネットワークを自分のまわりに取り結んでいるかを初めに特定し、その人を中心としたネットワークを掘り起こしていく方法です。どちらのアプローチも、ネットワーク分析の対象はネットワークとしてとらえた「行為者のあいだの関係構造」を分析しています。さらに、ソーシャルネットワークには、大きさ、密度、紐帯の力、頻度、拘束度などの側面からも分析が行われています。

○ソーシャルサポート（社会的支援）

ソーシャルサポートは対人関係の機能的な側面に着目した概念であり、「対人関係からもたらされる、手段的・表出的な機能をもった援助」、あるいは「その人が生活をしている一般的な社会環境もしくは生態環境における積極的な相互作用」とも定義されています。

これまでの研究において、ソーシャルサポートが果たす機能的分類には必ずしも統一した見解はありませんが、オーフォードは以下のようにソーシャルサポートの主要な機能を整理しています（表22）。

オーフォードが説明するように、物質的（実態的）サポートは実際問題を解決する助けとなるものやサービスの提供などの援助であり、情緒的サポートは励ましや個人的温情、愛などの援助や配慮です。また、尊重サポートとは人が尊重され、受けいれられているという情報となる援助です。さらに、情報的サポートとは情報、アドバイス、ガイダンスを与えるような援助であり、仲間づきあいサポートとは、レジャーやレクリエーションなどで他者と過ごすなどの

▷小松源助「ソーシャルネットワークの動向と課題」L. マグワァイア 小松源助訳『対人援助のためのソーシャルサポートシステム』川島書店、1994年、245〜246頁。

▷安田雪『ネットワーク分析』新曜社、1997年、6頁。

▷同上 13〜19頁。

▷稲葉昭英「ソーシャル・サポート研究の展開と問題」家族問題研究会編『家族研究年報』No. 17, 1992年、67頁。

▷L. マグワァイア 小松源助他訳『対人援助のためのソーシャルサポートシステム』川島書店、1994年、14頁。

▷ジム・オーフォード 山本和郎監訳『コミュニティ心理学』ミネルヴァ書房、1997年、87〜90頁。

表22　ソーシャル・サポートの主要な機能
物質的，実体的，道具的サポートもしくは扶助 情緒的，表出的，愛情サポートもしくは配慮 尊重，肯定的，価値サポートもしくは承認 情報的，助言，認知的サポートもしくは指導 仲間づきあいサポート，もしくは肯定的社会的相互作用

出所：ジム・オーフォード　山本和郎監訳『コミュニティ心理学』
ミネルヴァ書房，1997年，87頁。

肯定的な社会的相互作用となる援助です。

　このようにソーシャルサポートの機能は多次元的に分類されてはいますが，これらが必ずしも明確に区別されるというわけでもなく，基本的には手段的サポートと表出的サポートの二次元として設定されている場合が多いようです。ソーシャルサポートは心身の健康を促進する効果をもちますが，そのような効果は常に発揮されるとは限りません。それは，サポートの受け手と送り手の関係性に応じて，適した送り手から送られてようやくその効果が発揮できるのです。浦光博が指摘するように，クライエントにとって情緒的なサポートは，専門家よりも配偶者や家族，友人から送られてはじめてこころの安らぎをもたらします。自分が命を預けている医者から情緒的なサポートしか得られなかったり，逆に家族や友人が聞きかじりの医学的知識をふりまわせば，それは患者の安らぎなどの効果にはつながらないのです。したがって，受け手と送り手の関係によって，ソーシャルサポートが心身の健康に及ぼす効果は異なり，その効果には限界があることにも留意が必要です。

▷浦光博『支えあう人と人』サイエンス社，1992年，78頁。

　このように，ソーシャルネットワークとソーシャルサポートという概念が統合されて「ソーシャルサポート・ネットワーク」という概念が構築されており，人と環境の相互関係を把握し，資源を探索する上で有用な視点を提示していると言えます。

③ ソーシャルワーク実践におけるソーシャルサポート・ネットワークアプローチ

　ソーシャルワーク実践におけるソーシャルサポート・ネットワークアプローチでは，専門識者であるソーシャルワーカーがソーシャルサポート・ネットワークという資源を活用することで，クライエントを援助していきます。

▷L. マグワァイア　小松源助他訳『対人援助のためのソーシャルサポートシステム』川島書店，1994年，19頁。

▷「その他」
医師，ソーシャルワーカーなどの専門家，学校の教師，グループ等が含まれる。

▷林素子「ソーシャルワークからみたソーシャル・サポート」『ソーシャルサポート　現代のエスプリ』No. 363，至文堂，1997年，38頁。

　このアプローチの具体的な一手法として，クライエントの置かれた状況や問題をアセスメントするために，クライエントのソーシャルサポート・ネットワークを明確にしていくことがあげられます。たとえばマグワイアは図26を用いることを提案しています。マグワイアによると，図ではクライエントの名前は真ん中に書き入れられ，外側の円は3つのパイ形のくさびに切られ，それぞれ「友人」「家族」「その他」に分類されます。クライエントは自分がもっとも親密であると感じている者の名前，もしくは頭文字を記入することでソーシャルサポートネットワークを記述するように求められます。これは視覚的にクライ

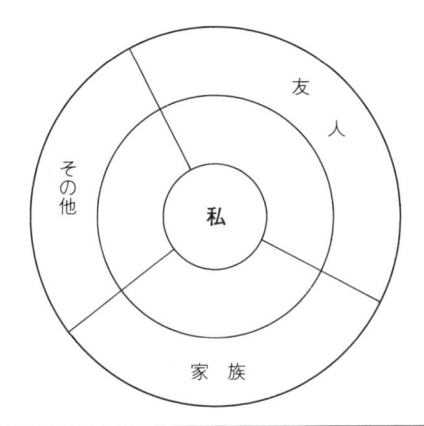

図26 クライエントのソーシャルサポートネットワークを明示するための図

出所：L. マグワァイア　小松源助・稲沢公一訳『対人援助のためのソーシャルサポートシステム』川島書店, 1994年, 19頁。

表23 個人ネットワークアセスメント用具

氏　名 住　所 電　話	関　係 親族 友人 近隣 職場 専門家 援助者 その他	援助の意欲 高　い 中　間 低　い	能　力 社会的面 情緒的面 （簡潔に記述）	資　源 物的面 接触面 （簡潔に記述）	接触の頻度 毎　日 毎　週 隔　週 月1回 それ以下	交友の期間 1か月 6か月 1～5か年 それ以上	強　度 好意と慰安の方向と程度―簡潔に記述
1							
2							
3							
4							
5							
6							

出所：L. マグワァイア　小松源助・稲沢公一訳『対人援助のためのソーシャルサポートシステム』川島書店, 1994年, 20頁。

エントのネットワークを知る上で有用な方法です。さらにマグワイアは，クライエントとそのネットワークの人物との関係を知るために，個人ネットワークアセスメント用具を用いることを勧めています（表23）。

これを基に援助計画を作成し，ソーシャルワーカーは以下の点から援助を行います。それは，①新しいサポートシステムを作りだす：資源のないところに資源を作り出すこと，②すでに存在している資源の強化：現存している資源の能力を高めるとともに，利用促進をはかること，③クライエントの自らのサポートシステムを強化できるようにするためにクライエントにソーシャル・スキルの訓練を行うことです。

（冬木春子）

参考文献

小松源助「ソーシャルサポートネットワークの動向と課題」L. マグワァイア 小松源助他訳『対人援助のためのソーシャルサポートシステム』川島書店, 1994年。

XV 家族を理解する概念

5 家族システム理論

1 システムとは

　システムには，「相互に作用し合う要素の統一された複合体」や「秩序だって組み立てられた全体」という意味があり，ものがただ集まっているという状態ではなく，集まったものが秩序立てられ，作用し合って統一された全体を作っているものを指しています。システム理論に基づく，システムについては以下の特徴が認められています。

　①ある要素は，さらにある特徴によって小さく分けられるサブシステムより成り立っており，システムはより大きい階層システム（メタシステム）のサブシステムである。

　②システムは部分の集まりではなく，部分があるパターンによって組み合わされてできた統合体であり，その独自性は，境界によって維持されている。

　③システムは，もの，エネルギー，情報をシステムの外の環境と交換するかしないかによって，開放システムと閉鎖システムに分けられる。

　④多くの場合，システム内の活動はブラック・ボックスのように未知で，インプットとアウトプットのみ知覚できる。

　⑤ブラック・ボックスは，時，空間を持つ形態形成体である。

　⑥生きた生物体は，本質的に開放システムであり，環境との間に無限に，もの，ことを交換し合うシステムである。そのため，等結果性（equifinality：異なった初期条件と異なった方法からでも同一の最終状態に達する）と等能性（equipotentiality：同じ「起源」からでも異なった結果が生み出される）を持っている。

　⑦開放システムの世界では，原因と結果が直線的に結び付くような直線的因果律は成り立たず，すべてがすべての結果であって，円環的，循環的因果律が成立する。

　このシステム理論は，無生物，生物，精神過程，社会過程などあらゆる事象および学問の底を貫く普遍的な一般原理として概念化したものです。

2 家族システム理論

　家族システム理論は，文化人類学者のベルタランフィー（Bertalanffy, L.）の「**一般システム理論**」や「**サイバネティックス・システム理論**」を取り入れ

▷平木典子「一般システム理論」『家族心理学事典』金子書房，1999年，12～13頁。

▷**一般システム理論**
システム理論は，1945年にベルタランフィーによって提唱された「一般システム理論」に始まり，1948年にウィナー（Wiener, N.）が名付けた「サイバネティックス・システム理論」，1973年にマトゥラーナ（Maturana, H. R.）によって提唱された「オートポイエーティック・システム理論」へと展開していく。したがって，家族システム理論もこの展開の中で，影響をうけて発展してきた。

ることで発展してきた理論です。家族システム理論においては、家族を数人の人間の単なる集合ではなく、独特の構造を持った有機体ととらえ、その構造は人間関係を表すパターンによって成り立っています。

特に家族のように環境との相互作用を持っているシステムは上述したとおり、「開放システム」と呼ばれ、環境との相互作用を持たないシステムである「閉鎖システム」とは区別されます。それ自体で完結している「閉鎖システム」とは異なり、人間や家族などそれ自身だけでは完結しない「開放システム」では、常に環境との限りない相互影響関係を持っています。家族システム内の1人の動きは、そのシステム内のすべての人々に連鎖的に影響を及ぼし、円環的因果律を成り立たせています。また、この動きはそのシステム内にとどまらず、そのシステムの境界を越えて個人の内面や家族の外のシステムにも波及し、それが再び家族全体にも影響することとなります。このように、環境との関わりによって変化がいつまでも続く循環的因果律から成り立っているのです。

3 家族システム理論からみた家族

システムとして家族をとらえた場合の家族の特徴として、家族療法の臨床家である平木はその著書の中で、以下の4つをあげています。

①家族とは、メンバーの単なる集まりではなく、それらの人々がつくる関係やパターンを持ったまとまりであり、個々人を部分として取り出して理解しようとしても不十分である。

②家族システムは変化しながら平衡状態を保っているので、家族の言動はそこに呼応している。つまり個人の変化は全体の変化を、また逆に全体の変化は個人の変化をもたらしている。

③家族内の動きは、円環的・循環的作用の構造をしているので、一方的な因果関係で直線的に原因―結果をつなげて理解することはできない。

④家族には、変化しながら一定のバランスを維持するために、明瞭なもの、無意識なものを含めてルールが存在する。

家族療法は、この家族システム理論を基礎理論とする心理臨床的アプローチです。家族療法によって、家族を理解する際には、上記のような家族の特徴を前提としています。たとえば、家族のメンバーの一人が問題を抱えている場合、それを個人の問題としてとらえるのではなく、家族システム全体の「病理」をその個人が症状として表していると考えます。その家族は、家族の特定のメンバーが不適応に陥っている状態で、家族システムは一つの均衡状態にあるのです。したがって、家族療法では患者は家族の「病理」を代表し、家族によって**患者の役割を担わされている人**とみなすことによって、問題を個人から家族に向けなおし、家族システムのあり方を変えようとするものです。

（木村直子）

▷平木典子『家族との心理臨床――初心者のために』垣内出版、2001年、78〜79頁。

▷家族療法
⇒ⅩⅦ-1（174頁）

▷患者の役割を担わされている人
家族療法では、患者のことをIP（identified patient）とよぶ。

XV 家族を理解する概念

6 家族境界

1 家族の境界とは

　家族を全体で一つのまとまった集団であると考えるならば，家族と外界の環境の間に境界があると考えるのはごく自然な発想ではないでしょうか。今，父，母と3人の姉妹からなる家族を考えてみます。子どもが小さいときには，父と母は協力し合って3人の子どもたちを育てます。時には，3人姉妹は共同戦線をはって親に反抗し，いたずらをして父や母を困らせることもあったでしょう。このとき父母と，3姉妹の間には目には見えないけれど境界を感じることができます。しだいに3姉妹が成長し，年頃になると，母と3姉妹は連れ立って買い物や旅行に出かけ，父だけがのけ者にされることもあります。このとき，家族の境界は母と3姉妹と，父の間に生じているのです。

2 家族システム論における家族境界

　ミニューチン（Minuchin, S. 1974）は，家族療法の実践的経験から，明確な家族システムのあり方を構造理論として概念化しました。

　そこでは，家族システムをメンバーによってできる関係，つまり提携や連携によるいくつかのサブシステムからなる構造の全体としてとらえています。家族内の**サブシステム**間の境界は，家族メンバーやシステムの同一性および独自性の機能，システム内の関係，関わり方のルールや機能によるシステム間の接触の量を規定します。

　ミニューチンは，このシステム間の境界の状態を「明確な境界」「硬直した境界」「拡散した境界」の3つに分類しています。「境界」というと，何か無機質なものを想像するので，これを「境界膜」とよぶ専門家もいます。この3つの「境界」のイメージを図27に示しておきましたので，このイメージを持ちつつ以下の説明へと読みすすめてください。

　なお，図の外側の楕円は，家族システムと外界の「境界」を示し，楕円内の2つの小さな楕円はサブシステムを表します。実際の家族においては，サブシステムももっと多く，サブシステムの数だけ境界も増えます。そしてこれら3種類の境界が入り混じり，複雑なシステムを形成しています。

◯ 明確な境界

　システム間の理想的な配置によって生じる境界のことを，「明確な境界」と

▷サブシステム
家族全体を全体システムとするならば，父，母，三姉妹におけるサブシステムは，父母のサブシステム，三姉妹のサブシステム，母と三姉妹のサブシステム等が考えられる。

▷亀口憲治『家族臨床心理学――子どもの問題を家族で解決する』東京大学出版会，2000年，121頁。

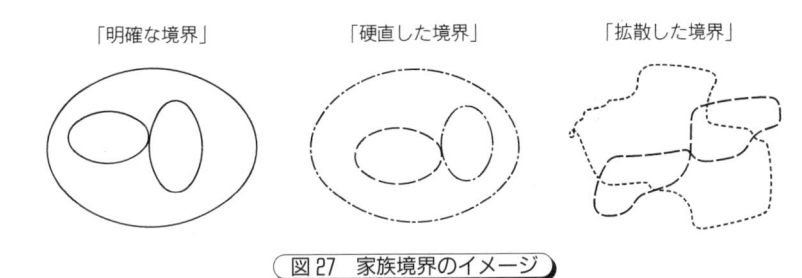

「明確な境界」　　　　「硬直した境界」　　　「拡散した境界」

図27　家族境界のイメージ

よびます。家族と外界の間に「明確な境界」が存在するということは，家族システムの特徴と周囲との関わり方がはっきりしており，物理的にも心理的にも家族の領域を囲んで外の世界との明確な一線をつくりだします。また，家族内に「明確な境界」があることは，システム間の境界が柔軟でありながら，サブシステム内は凝集性を示します。システム間の境界が柔軟であるとは，家族内において支持，養育，包容，自由，個別性，自律性のバランスが取れていることをいいます。したがって「明確な境界」によってシステム化された家族は，家族の内外の状況や発達の変化に伴って，家族構造やルール，メンバーの役割を変化させ，新しい家族関係や状況へ対応するために，新たなシステムの構造をつくることができます。

○硬直した境界

家族と家族の外側の環境との境界が固く，相互の関わりがうすい境界を「硬直した境界」といいます。家族メンバーや家族システムは自律的に別個に動いており，極端に「硬直した境界」になると，外界からの情報や援助の供給を取り入れることができず，孤立化し，機能不全を起こします。システムのメンバーそれぞれが，自分のことに精一杯で，他のメンバーに無関心であるため，問題解決の資源に乏しく，自分たちの家族内部の問題や家族関係のちょっとした変化にも対処できません。

○拡散した境界

家族が纏綿状態にある家族は，「拡散した境界」を有する家族です。家族内のサブシステム間が「拡散した境界」の場合は，家族のメンバーからの支持が強く，そういった意味での家族の関わりは多くなります。しかし，サブシステムに必要な境界がないため，個人の自律や自由がなく，干渉や妥協をし過ぎることになります。また，外界と家族の境界が拡散していると，内からの情報や資源が流出しやすく，外界に対する抵抗も脆弱であり，外界の影響を受けて混乱しやすい状況にあります。

システムにとっては，「硬直した境界」も「拡散した境界」もシステムの自律性や適応性を低減させ，危機的状況に家族が対面した場合，家族システムを維持することが困難となります。

（木村直子）

参考文献
平木典子『家族との心理臨床——初心者のために』垣内出版，2001年．

XV 家族を理解する概念

7 エンパワメント

1 エンパワメントという言葉

「エンパワメント」は1970年代初期に台頭したアメリカの変革思想の中で影響力を持ったもののひとつで、日本では1995年の**北京女性会議**以降、よく聞かれるようになった言葉です。英語として入ってきた言葉で、empowerment と書きます。-ment は名詞を作る接尾語ですから、empower が元の語です。em- は「……（の状態に）する」の意味の動詞を作る接頭語ですから、empower は、一般的に「……する権限［機能、能力］を与える」という意味に訳されます。しかし、家族福祉関係で「エンパワメント」と言うとき、単純に「権限をもつこと、力をつけること」とは解釈していません。

2 肯定する心のあり方の思想

○エンパワメントの意味

日本におけるエンパワメントの第一人者のひとりといわれ、自らエンパワメント・センターを主催する森田ゆりは、エンパワメントとは「力をつけることではない」と言い、次のように述べています。

> エンパワメントを「力をつけること」と理解してしまったら、それはあの「自立」のエリート意識と少しも変わらなくなってしまう。わたしは力をつけたのよ、あなたもがんばって力をつけなさい、私は自立してるわ、あなたも自立しなさい、というがんばれ、がんばれのメッセージ。相変わらず個人の競争意識をあおるだけで、ある者には優越感を、ある者には劣等感を抱かせるだけの掛け声にすぎず、変革思想などとはほど遠いのだ。

森田ゆりによれば、力（パワー）には二種類あります。否定的パワーと肯定的パワーです。否定的パワーの例としては暴力、抑圧、権力、支配、戦争、いじめ、虐待などがあり、肯定的パワーの例としては、知識、経験、技術、自己決定、選択の自由、援助、共感、信頼、愛、権利意識などをあげることができます。（図28）

否定的パワーに対抗する力が肯定的パワーで、エンパワメントは肯定的パワーの諸要素を活性化して、生き返らせることなのです。その根底には、人間は

▷**北京女性会議**
1995年に中国の北京で開かれた第4回世界女性会議のこと。世界女性会議は女性の地位向上のために国連が開催する世界的な会議で、1976年のメキシコシティ、1980年のコペンハーゲン、1985年のナイロビでの開催に続くものであった。

▷森田ゆり『エンパワメントと人権』解放出版社、1998年、15頁。

XV-7 エンパワメント

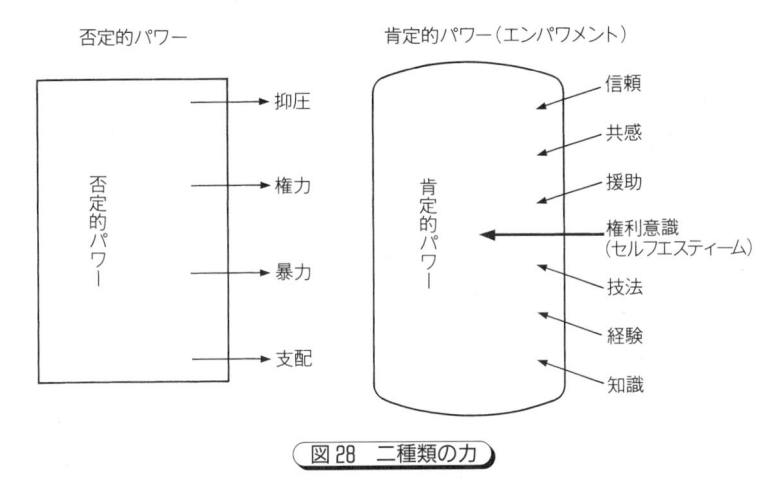

図28 二種類の力

出所：森田ゆり『エンパワメントと人権』解放出版社，1998年，19頁。

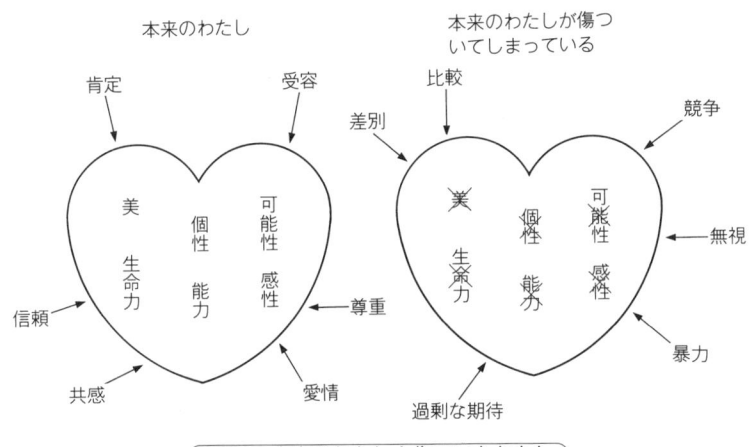

図29 本来のわたしと傷ついたわたし

出所：森田ゆり『エンパワメントと人権』解放出版社，1998年，17頁。

みな生まれながらにして，潜在的にすばらしいパワーや個性を持っている存在であるという考えがあり，それがエンパワメントの思想です。私たちはみな「存在するだけで十分にすばらしい。がんばって外から力をつけようとしなくても力はすでに内にあるのだから」と言えるのです。

🌑 否定的パワー vs. 肯定的パワー

しかし，現実の世界では，自己がさまざまな否定的なパワーによって傷つけられ，内なるパワーを発揮するどころか，自らの可能性を限定したり，自己を否定してしまったりということが多々あります（図29）。そのような自分を，本来の潜在的にすばらしいパワーや個性を持っている存在に回復するためには，肯定的パワーに働きかけることが必要です。このような考え方は福祉の分野で，クライエントの強さや能力を引き出し増強させていく，**エンパワメント・アプローチ**として生かされています。

（黒川衣代）

▷森田ゆり『エンパワメントと人権』解放出版社，1998年，15頁。

▷**エンパワメント・アプローチ**
ソロモンが1975年代後半に提唱し，日本では1990年代に入ってから紹介された。社会福祉のサービス利用者が，自分たちの生活に影響を及ぼす事柄や問題を，自分自身でコントロールできるようにする援助方法。

XV 家族を理解する概念

8 二重拘束理論

　二重拘束理論は，1950年代にベイトソンらのグループが，分裂病患者とその母親のやりとりを分析して明らかにしたものです。そもそもの発端は，分裂病患者とその母親の病理的なコミュニケーション様式から立てた「二重拘束（double bind）仮説」（Bateson, G. et. al., 1956）に基づいているのです。

1 コミュニケーション

　人間の行うコミュニケーションは，コンテンツ（内容，言葉，情報，話題，テーマなど）とコンテクスト（脈絡，状況，プロセス，非言語メッセージなど）の2つの次元によって成り立っています。たとえば，ある人が友人に誕生日のプレゼントをもらい，満面の笑みを浮かべて「ありがとう」と言ったとします。このとき"「ありがとう」という言葉"や"プレゼントに対するお礼を言ったという事実"はコンテンツに値します。また，"満面の笑顔"はコンテクストに相当するのです。この場合，お礼の言葉とうれしさを表現する笑みとはどちらも喜び，すなわち快を表わしており，このコミュニケーションを投げかけられた人も素直に受け取ることができます。

2 二重拘束のメッセージによるコミュニケーション

　これに対して，二重拘束のメッセージとは，コンテンツの理解を不可能にするような矛盾したコンテクストのあるメッセージの事です。つまり，相反する矛盾したメッセージが発せられているので，そのようなメッセージを受けた人は葛藤状態に陥り，相手の意図を判断する事ができなくなります。結局，コンテンツに素直に反応しても，コンテクストに逆らうこととなり，逆にコンテクストに従うとコンテンツに反するため，どう反応してもメッセージを発した人の意には添えないのです。具体的に，ベイトソンらの観察した分裂病患者とその母親のコミュニケーションでみてみます。

　　　入院中の息子に面会しにきた母親に，息子が喜んで近づき抱きつこうとしました。そのとき，母親はとっさに身を引き，冷たい視線を自分の息子に送りました。それを見た息子が母親から離れようとすると，
　　「お母さんは，あなたに会いたかったのに，あなたはお母さんが嫌いになったの？」と母が言いました。

この場合，息子が，母親の言葉すなわちコンテンツに従うならば，息子は母親に抱きつくことができます。しかし，母親の息子を拒否するような冷たい態度すなわちコンテクストに従うならば，息子はおそらく母親から遠ざかるでしょう。このように母親の言葉と行動の持つ意味は互いに背反しているのです。したがって，息子は，母親に抱きついても，離れようとしても，結局母親から非難されます。

このような例は，何も分裂病患者の家庭といった特別な家族だけにおけるコミュニケーション様式ではありません。もっと身近かな例を一つあげてみましょう。

家庭において子どもが親の言い付けを守らず，反抗をすることがあります。子どものわがままに付き合いきれなくなった親が，子どもに対して
「もう，勝手にしなさい！」と言ったとします。

この場合，子どもは親に反抗していたいのですが，本当に勝手にするということは，逆に親の命令に従うことになります。また親も実際には，子どもが勝手自由にすることを期待しているのではないのです。

このような二重拘束のメッセージによる葛藤の体験を一定の関係の中で続けますと，その人は現実を二重拘束のパターンで認識する習慣がつき，どんなメッセージにも2つの意味をかぎとろうとしてしまい，葛藤の中でコミュニケーションが上手くできなくなる可能性があります。

二重拘束理論は，家族療法の中でも特に**短期療法**（ブリーフセラピー）の中心的な技法として応用され，「パラドキシカル・アプローチ」や「対抗パラドックス」「治療的二重拘束」と呼ばれています。

ごく簡単にこの技法を説明しますと，先ほどの例の反抗する子どもを親がセラピストのもとに連れてきたとします。親は，「子どもが，親の言うことを聞くように」なることを期待してセラピーにやってきます。また多くの子どもは，その期待を十分すぎるほど分かっているのです。

この子どもに対して，セラピストが「もっと反抗しろ！」と命令しますと，この子どもは肩透かしにあったようで，拍子抜けします。何に対しても反抗する子どもは，この命令にも反抗すれば，反抗をやめたことになります。さらに反抗を続けるとすれば，この命令に「従った」ことになるのです。

これは，「メッセージによる行動の拘束」を逆手に取ったものです。この不意をつくような技法にはリスクもあり，実際の治療場面においては，状況やタイミングが重要となるため，セラピストの力量が問われます。

（木村直子）

▶短期療法
短期療法（ブリーフセラピー）は，1960年代にアメリカで生まれたものである。このアプローチの背景には，MRI（メンタル・リサーチ・インスティチュート）での家族研究がある。そして，そのMRIの中心となっていたのが，この「二重拘束理論」をたてたベイトソン（Bateson, G.）やジャクソン（Jackson, D. D.）である。

XV 家族を理解する概念

9 偽相互性

① 家族精神病理学における偽相互性理論（pseudo-mutuality）

　アメリカの精神医学者ウィン（Wynn, L. C.）が精神分裂病の家族研究において家族内力動の観点から家族の感情が互いに不完全に相補的になっている「偽相互性」を指摘したことに始まります。ウィンは「社会の中で健全な発展をするためには，他者との健全な相互作用が必要であるが，それはまず家庭成員の間に成立していなければならない。家族における健全な相互性とは，成員が互いの独自的発展を認識し，個性的であることを容認し，それぞれの同一性の形成に協力し，しかもお互いが足りないところを補足し合うことを意味している。しかしこの偽相互性と言われる状態においては家族成員がともかくも結びついていることだけが重要視されてしまい，成員の一人がその独自性，同一性を求めて，いわば分極的行動をすることは許されない。あえて独自の行動をとろうとすると，家庭の役割から外れるものとして，他の家族はそれを認めまいとし，あるいはその行動は妄想的に歪められて認識される。分裂病者はこの家族のもつ金縛り的機制に反抗し，自己同一性を求めて苦悩する人間であると考えられる」とし，家族の平衡を維持するために個人の独立性を妨げる状態のことを「偽相互性」と呼びました。

▶大森健一・高江州義英『精神分裂病──その理解と接し方』日本文化科学社，1983年。

　このような考え方は，特定の家族成員に認められた病理的症状を，「全体としての家族」を通してシステミックに家族の病理的症状としてあらためて理解しようとする点に特徴があり，リッツ（Lidz, T.）の「分離した家族（schismatic family）と歪んだ家族（skewed family）」，ベイトソン（Bateson, G.）の「二重拘束理論（double-bind theory）」などと並んで，1950，60年代において盛んに研究が進められました。

② 家族の情緒構造

▶森岡清美・望月嵩『家族関係──現代家族生活の社会学』放送大学教育振興会，1987年。

　森岡清美・望月嵩によれば，家族とは家族成員が相互に情緒構造を基盤として勢力や役割構造を構成しながら家庭生活を営んでいるものと考えられ，情緒性が異常に強まり表面化すると，役割や勢力構造の安定を脅かし，混乱に陥れ，時には家族崩壊をもたらすこともあるとされています。情緒構造を構成する基本的要素は情緒関係ですが，これには相互に牽引しあう「愛着関係」と，相互に拒否しあう「反発関係」のほか，相互に情緒性をあまり示さず，形式的な関

係だけが維持されている「無関心」の三種に分類することができるとされます。なかでも無関心は，外見上は問題がないようにみえるが，臨床的にみれば，反発関係よりも治療が難しいと言われています。

図30は家族内二者関係（夫婦関係）の，図31は家族内三者関係の情緒構造を示したものです。夫－妻の二者関係においては，夫婦相互に牽引し合う愛着関係で結ばれているのが「統合型」，反発関係と無関心を合わせて「解体型」と整理することができます。

父－母－子の三者関係になると，情緒構造はより複雑になって，次の四つのパターンにまとめられます。①統合型…三人が三つの愛着関係によって結び合っているもので，家族としてのまとまりもよく，もっとも安定した家族である。②ブリッジ型…三つの関係のうち，二つが愛着関係で，他の一つが反発関係か無関心であるパターン。このパターンでは2つの愛着関係をもつ家族成員を中心として三人関係が維持されるという構造をなす。③スケープゴート型…愛着関係が一つで，他の二つの関係が両方とも反発関係または無関心であるか，あるいは一方が反発関係，他方が無関心という構造をなす。このパターンでは愛着関係を全くもたない成員が一人存在することになる。この成員の存在によって，愛着関係で結ばれる二人の関係が疑似安定的に維持され，強化されるという効果を生む。すなわち，愛着関係をもたない成員は，他の二人のための**スケープゴート**となる。④解体型…愛着関係が一つも存在しないもので，三つの関係がすべて反対関係あるいは無関心であるもの，二つが反対関係で残りが無関心のもの，逆に無関心が二つで反対関係が一つのもの。

以上，四つのパターンのうち，「解体型」パターンの家族は実質的には解体している情緒構造を潜在化させることによって，ようやく家族として存続していると考えられています。「偽相互性」の家族の情緒構造はまさにこのパターンに当てはまると考えられ，偽相互性の家族成員は自分たちの家族関係には安定した健全な相互性が存在しないにもかかわらず，家族という名のもとにまとまりを見せているに過ぎないのです。

（杉井潤子）

図30　二者関係の情緒構造

出所：森岡清美・望月嵩『家族関係──現代家族生活の社会学』放送大学教育振興会，1987年，229～230頁。

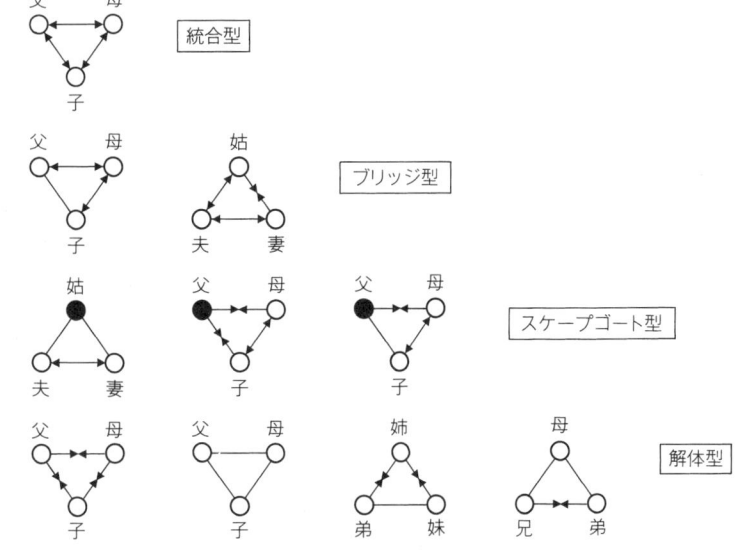

図31　三者関係の情緒構造

出所：森岡清美・望月嵩『家族関係──現代家族生活の社会学』放送大学教育振興会，1987年，229～230頁。

▷スケープゴート（scape goat）
聖書で贖罪のヤギを意味する。身代わり。犠牲。他人の罪を負う者をさす。

XV 家族を理解する概念

10 生活構造論

1 あらゆる社会形態に関わらない場合

　かつて家族問題は，貧困問題によって基礎づけられることが多かったように思います。生活構造論は，生活の構造的理解を図る中範囲理論に属する分析概念です。人びとが営む生活に共通する要素を抽出し，そこにえられる諸要素の間の連関の総体を一般に生活構造とよんでいます。いわゆる生活構造の基礎理論においては，あらゆる社会形態に関わらない場合と資本主義社会における場合ではそれは異なります。前者は，生産過程と消費過程から構成され，その生活構造は，生命の生産→生命の消費→生活手段の生産→生活手段の消費→ふたたび生命の生産→……という循環式で表現されます（図32参照）。

2 資本主義社会における場合

　後者は，生産過程，消費過程および交換過程から構成されます。（図33参照）その生活構造は，生業労働に従う場合，家事労働に従う場合，労働に従わない場合（子ども，高齢者，病人など）によって異なります。

　生業労働の場合，それは，労働力の生産→労働力の販売→労働力の消費→生活手段・サービス・生産手段の生産→生活手段・サービスの購買→生活手段・サービスの消費→ふたたび，労働力の生産→……となります。家事労働の場合，労働力の生産→労働力の消費→生活手段・サービスの生産→生活手段・サービスの消費→ふたたび，労働力の生産→……となります。労働に従わない場合，生活手段・サービスの消費→生命の生産→生命の消費となり，この連関は循環しません。以上3つの場合は，労働者階級についてですが，それ以外の中間階級のそれは，労働力の生産→労働力の消費→生活手段・サービス・生産手段の生産→生活手段・サービス・生産手段の販売→生活手段・サービスの購買→生活手段・サービスの消費→ふたたび，労働力の生産→……となります。

　これらの生活構造を，具体的・全体的に展開するために以下の4つの概念があります。すなわち，①生活水準，②生活関係，③生活時間，④生活空間がそれです。4つのなかでは，①生活水準に関する研究がもっとも早くから注目されました。

　生活水準に関する研究は，貧困研究に代表されます。最低生活費をどのように試算するかをめぐって，ロウントリー（Rowntree, B. S.）以来の一定の研究

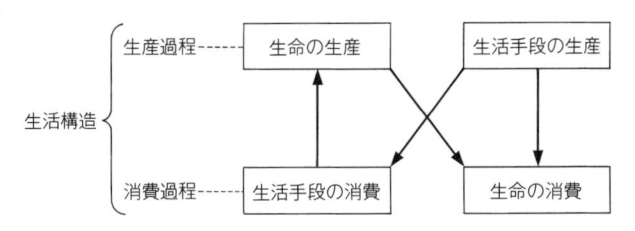

図32 生活構造——あらゆる社会形態に関わらない場合

出所：青井和夫・松原治郎・副田義也編『生活構造の理論』有斐閣，1976年，51頁。

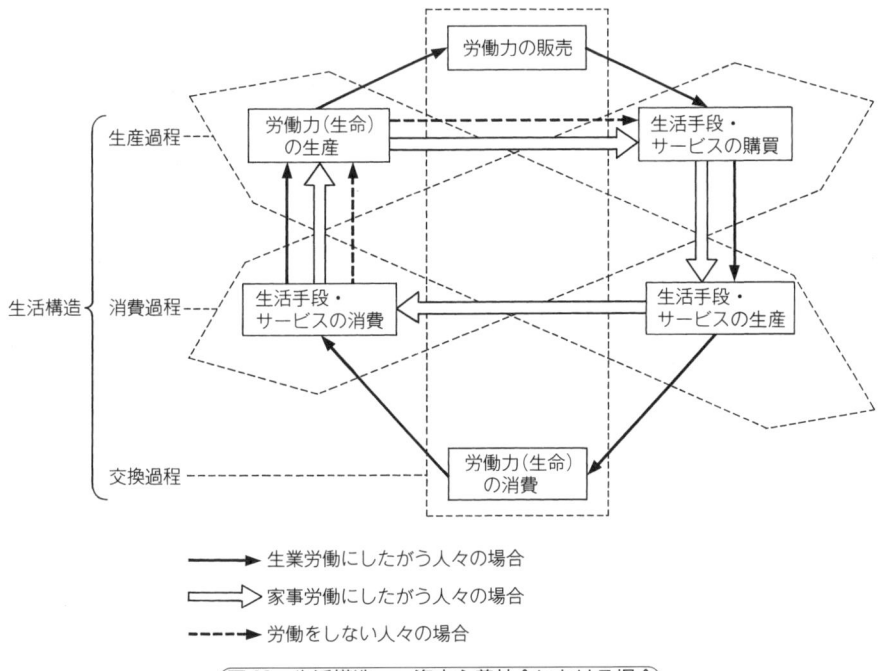

図33 生活構造——資本主義社会における場合

→ 生業労働にしたがう人々の場合
⇒ 家事労働にしたがう人々の場合
--→ 労働をしない人々の場合

出所：青井和夫・松原治郎・副田義也編『生活構造の理論』有斐閣，1976年，54頁。

業績があります。

　生活関係に関する研究は，生活問題の質が，基本的に生活水準に規定されながら，さらに生活関係を規定していくという関係を理解するところにあります。すなわち，支出は収入に規定されます。しかし，資本主義社会は，欲望を煽る社会でもありますので，ローンを借りてでも欲望を充足しようとする人々が出てきます。一般的には，生活関係は，生活水準に規定されるはずですが，欲望を煽る社会では，支出の構造に変化が現れました。たとえば，かつては，エンゲル係数の高さは，貧困のバロメータと言われた時代がありましたが，今日ではライフスタイルの多様化ともあいまって，エンゲル係数それ自体の意味が変化してきたと言わざるを得ません。自己の関心に貨幣を充当し，貧困な食生活に甘んじるという人も少なくないように思われます。もちろん，その結果，からだを壊すということもないわけではありません。

　生活時間や生活空間の研究も，生活水準だけでなくライフスタイルとの関係で検討する必要が出てきているように思います。　　　　　　　（畠中宗一）

参考文献

青井和夫・松原治郎・副田義也編『生活構造の理論』有斐閣，1976年。

XVI 家族問題を理解するモデル

1 ABC-X モデル

1 家族の危機発生を説明するモデル

家族の危機を理解する概念モデルの一つに，アメリカの家族社会学者ヒル（Hill, R.）が提唱した ABC-X モデルがあります。このモデルは，第二次世界大戦下で召集された兵士の家族を対象にした研究から導き出されました。ABC-X というのは，このモデルを構成する要素で，

　　A：ストレス源となるでき事
　　B：家族がもつ対処資源
　　C：でき事に対する家族の意味づけ
　　X：危機

をそれぞれ表しています。これらの要因がどのように関係するかを表したのが図34です。

すなわち，「A（ストレス源となるでき事）は B（家族がもつ対処資源）と相互作用し，また C（でき事に対する家族の意味づけ）とも相互作用して，X（危機）をもたらす」と説明することができます。

ABC-X の各要因について，もう少し詳しく見てみましょう。

A 要因（ストレス源となるでき事）について，ヒルはいくつかの分類方法を示しています。その一つが，でき事の出所による分類で，家族外で起きるでき事と家族内で起きるでき事に分けられます。前者に当てはまるものとして，戦災，政治的・宗教的迫害，洪水・竜巻き・ハリケーンなどの自然災害などをあげています。これらのでき事は大変なストレスとなりますが，家族の外部の力により家族内に起こるので，家族を団結させる方向に働くと考えられています。後者に当てはまるのは，私生児の誕生，扶養遺棄，精神障害の発生，不貞，自殺，アルコール中毒などです。これらは，家族内部の問題から起きるでき事なので，家族をさらに混乱させます。

A 要因についての研究は，その後**家族周期**の研究と相まって，上記のような非通例的なでき事だけでなく，家族のライフサイクル上の変化に伴って起きる子どもの誕生，入学，子どもの独立，退職などの通例的なでき事も注目されるようになりました。

B 要因（危機対処資源）について，ヒルは定義をしていませんが，ストレス源となるでき事に家族が対処する助けになる諸々のものという考えを示唆して

▷**家族の危機**
家族内部，あるいは家族外部から衝撃を受けてストレス状況が継続し，家族がそれまでの生活パターンを維持していくことが困難になり，なんらかの変化を迫られる事態をいう。

▷**家族周期**
婚姻によって新しい家族が形成され，子どもが生まれて成長し，子ども結婚・独立によって夫婦だけの家族となり，夫婦の死亡によって消滅するという家族生活の時間的展開に見られる規則的な推移をいう。家族のライフサイクルともいう。

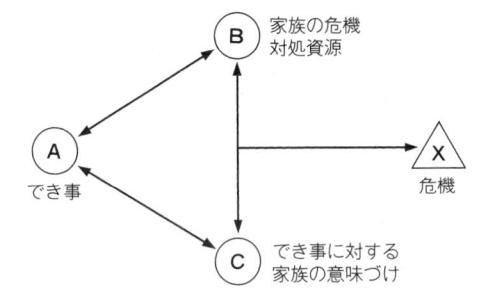

図34　ABC-Xモデル

出所：清水新二『現代家族問題シリーズ3　アルコール依存症と家族』培風館, 1992年, 47頁。

います。すなわち, 家族のまとまり, 適応能力, 凝集性, 団結性, 役割構造への同意, 過去に危機を乗り切った経験などを述べています。B要因は, 後にマッカバン（McCubbin, H.）らによって, 家族成員の個人的資源（体力, 技能, 教育など）, 家族内部の資源（凝集性, 役割配分の柔軟性, 収入など）, 社会的支援（親戚, 友人, 専門家, 公的制度, 自助グループなど）の3つのレベルで考えられることが示されました。

C要因（でき事への意味づけ）とは, ヒルによれば, 家族による主観的な定義づけであるとし, でき事の状況が家族の地位や目標にとって脅威とみなされるかどうかという問題と説明しています。でき事に対する家族の定義づけは, 家族の価値観, 危機に遭遇した過去の経験, でき事を以前はどう見ていたかなどを反映しています。

X要因（危機状況）について, ヒルは従来の様式ややり方では十分に対応できない明白で決定的な変化と定義しています。

ヒルのABC-Xモデルは, その後マッカバンとパターソン（Patterson, J.）により提唱された二重ABC-Xモデルの基礎となっています。

2　資源, 認知の違いにより異なる危機状況

このモデルの前提となっているのは, 「あるストレスとなるでき事によって, 家族に危機的状況がもたらされる」という考え方です。

しかし現実には, 同じでき事が起きても, ある家族は比較的早く危機以前と近い状態に回復するのに対し, 別の家族はほとんど回復できないということがあります。同じ原因（でき事）なのに, なぜ結果（危機状態）が違ってくるのでしょうか。

家族によって異なる危機に陥る程度の違いを説明するために, A（でき事）→X（危機状況）の間に, B（資源）, C（意味づけ）という2つの要因を媒介させているのがこのモデルの特徴です。

つまり, 危機に対応する手だてがあるかどうか, 危機を脅威であると受けとめるかどうかで結果が異なるのです。

（黒川衣代）

XVI 家族問題を理解するモデル

2 ジェットコースターモデル

1 ジェットコースターにたとえられるモデル

◯名前の由来は形から

アメリカの家族社会学者，ヒル（Hill, R.）がABC-Xモデルとともに，第二次世界大戦下で召集された兵士の家族を対象とした研究から導き提唱した，危機への適応を説明する理論的モデルです。ヒルは，ローラーコースターモデルとよんでいますが，日本語ではジェットコースターを意味するので，ジェットコースターモデルの名前がついています。つまり，モデルとして描かれた家族の危機適応の軌跡がジェットコースターのアップダウンに似ているのです。

◯適応過程はどう表されるか

家族が危機に適応していく行程は，家族により，また危機により異なりますが，ジェットコースターモデルは，一般的に共通した適応過程を模式図で示しています。集団としての家族が危機に直面したとき，危機（crisis）→組織解体（disorganization）→回復（recovery）→再組織化（reorganization）という軌跡を描いて，危機に適応していくというものです。ヒルの描いたモデルの図（図35）によれば，横軸にとった時間進行のなかで，ある時点で危機が発生します。すると家族組織化の水準はぐっと下がり，家族組織化の水準が一番低くなるまでを解体期といいます。やがて家族組織化の水準が上がっていきます。下がり具合と上がり具合を表す2つの線が作る角度が，回復角度です。やがて，家族は落ち着きを取り戻し，ある一定の平衡状態に達します。これを再組織化の水準とよんでいますが，新しく到達した水準は，元の家族組織化水準より低いこともあれば高いこともあります。

ただし，この図は，ヒルの言わんとしているところを正確に表していないと

▶ヒル（Hill, R.；1912-1985）アメリカの代表的家族社会学者。長年ミネソタ大学教授として勤め，後に家族研究の拠点となるミネソタ家族研究センターを創設した。ABC-Xモデルの他，三世代家族調査，ストレス論とライフサイクル論等で知られる。

図35 家族適応のジェットコースターモデル

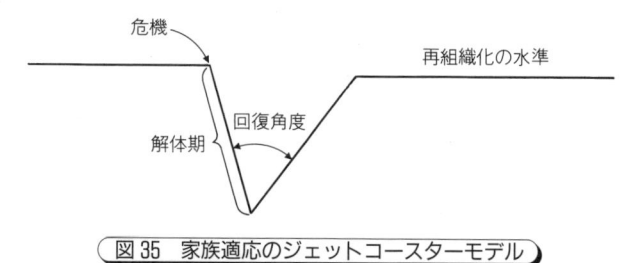

出所：石原邦雄「家族研究とストレスの見方」石原邦雄編『家族生活とストレス』垣内出版，1985年，24頁。

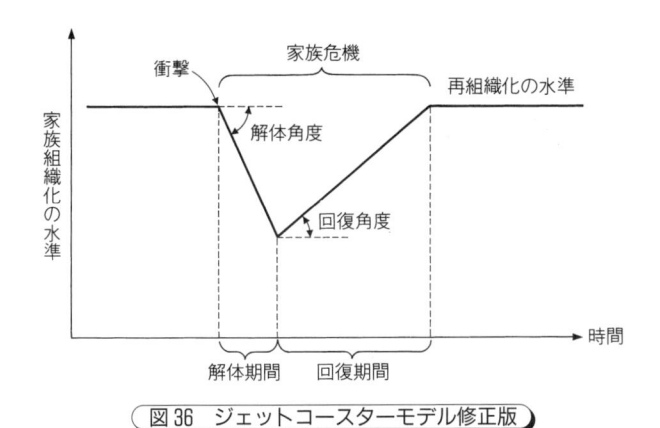

図36　ジェットコースターモデル修正版

出所：石原邦雄「家族研究とストレスの見方」石原邦雄編『家族生活とストレス』
　　　垣内出版，1985年，25頁。

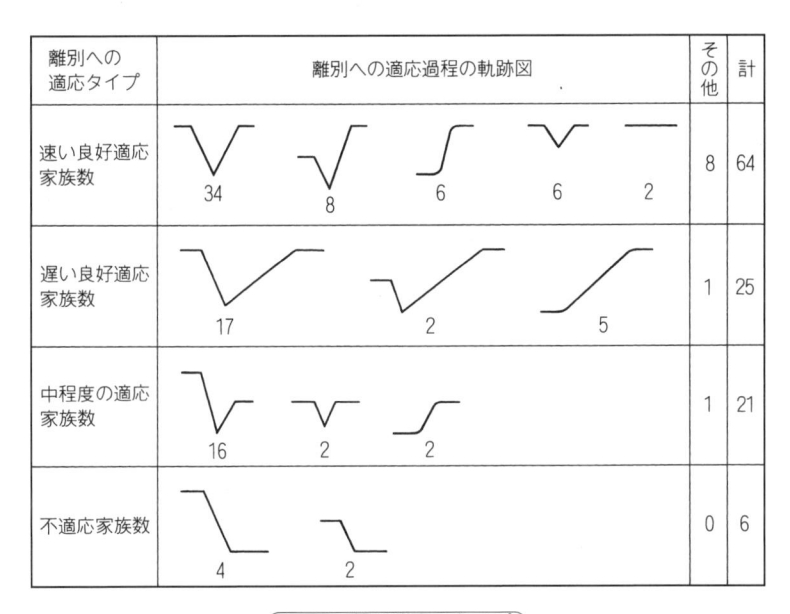

図37　離別適応のタイプ

離別への適応タイプ	離別への適応過程の軌跡図					その他	計
速い良好適応家族数	34	8	6	6	2	8	64
遅い良好適応家族数	17	2	5			1	25
中程度の適応家族数	16	2	2			1	21
不適応家族数	4	2				0	6

資料：Hill, R. (1949). *Families Under Stress.* Harper & Brothers. p. 99. より筆者が作成。

して，石原は修正版（図36）を示しています。

2　さまざまなタイプがある適応パターン

　戦争による別離や別居に対しての適応を，このモデルを用いて調べたのがヒルです。研究の結果によれば，さまざまな適応過程のパターンがあることが報告されています。ちなみに適応軌跡は，危機（この場合は夫（父）が出兵し離別状態になるということ）以前の家族の状態，危機に対する事前の反応，離別直後の反応，長期的な反応および適応過程，最終的な夫（父）不在への適応の5つの期間を描いたものです。研究の対象となったアイオワ州の116家族の適応軌跡をまとめたのが図37です。

（黒川衣代）

▷**石原の修正版**
石原邦雄による修正版では，衝撃による家族組織化水準の下がり具合を「解体角度」とし，やがて水準が上がりはじめる回復具合を「回復角度」とした。さらに，それぞれの期間を「解体期間」「回復期間」と表した。

XVI　家族問題を理解するモデル

3　二重 ABC-X モデル

1　二重 ABC-X モデルの成立

ABC-X モデルの不備
　ヒル（Hill, R.）が提唱した ABC-X モデルは，家族危機の発生を説明する要因を関連づけた概念モデルとして，その後の家族社会学者に多くの指針を与えました。また，このモデルを理論的枠組みとして用いた**実証的研究**も，数多く行われました。しかし同時に，ABC-X モデルの問題点も家族研究者により指摘されています。

　それは，A 要因（ストレス源となるでき事）についてです。というのは，ABC-X モデルでは A 要因として，ただ一つだけのあるでき事をストレス源ととらえているからです。しかし現実の生活では，同時進行的にいくつものストレス源となるでき事が起きています。しかも，A 要因のストレス源となるでき事と X 要因の危機とは区別がつきにくいという側面もあります。

　例えば，「薬物の使用」を例にとると，それ自体が，危機に陥るきっかけとしてのストレスフルなでき事です。しかし，うまくいかなった危機対処の結果のこともあり，それが新たなストレス源となるでき事となり得ます。はたして，A 要因として考えられる「でき事」なのか，それとも「危機」ととらえられる X 要因なのか，原因か反応か，どちらなのでしょうか。危機を生じるでき事が，危機を生じる他のでき事の結果であるとき，あるいは元々のストレス源となるでき事に対処しようとした結果であるとき，そのでき事は A 要因なのか X 要因なのか，ABC-X モデルでは説明しきれないのです。

縦断的観察からの追加的要因
　マッカバンらは当初，ABC-X モデルを理論的枠組みに用いて，ベトナム戦争時下，夫あるいは父が捕らえられたり行方が分からなくなったりして，危機に直面している216家族を対象に研究していました。ところが，**縦断的観察**を継続するなかで，家族適応過程に影響を及ぼしている新たな要因に突き当たります。それは，対象家族が追加的なストレス源や不安が積み重なる中，家族内部やコミュニティの新規資源を獲得，あるいは活用しようと努力したり，苦境に対して家族の意味づけを変更したり，さらに家族構造の変化が成し遂げられるよう家族は対処戦略を試みたりして，良好な適応を達成するために努力をしていたからです。

▶実証的研究
単に思考によって論証するのでなく，経験的事実の観察や調査，あるいは実験の科学的方法により証明する研究。

▶縦断的観察
時間的変化をとらえるために，複数時点でくり返して行う観察。

XVI-3 二重ABC-Xモデル

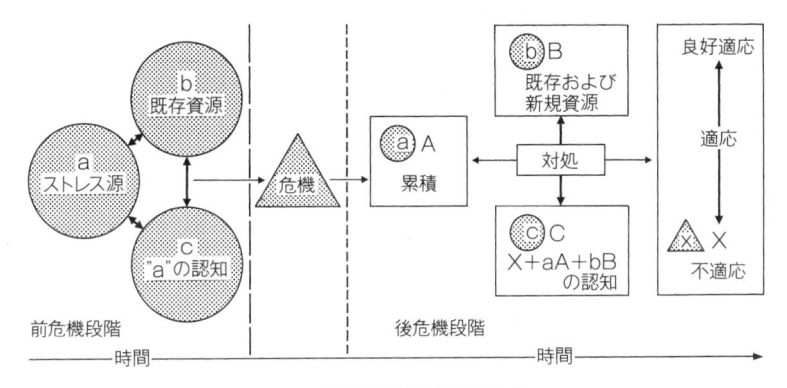

図38 二重ABC-Xモデル

出所：石原邦雄「家族研究とストレスの見方」石原邦雄編『家族生活とストレス』垣内出版，1985年，31頁。

　そこで，マッカバン（McCubbin, H.）とパターソン（Patterson, J.）が，ABC-Xモデルを基礎として，時間の経過の中に，上記の新たな要因を組み入れて発展させ，提唱したのが二重ABC-Xモデルです。この理論的概念モデルは図38のように表されます。

◯ 2段階仕立ての二重ABC-Xモデル

　このモデルでは，ストレス源となるでき事の発生から**結果変数**の「適応」までの全過程を，「危機」を境に前危機と後危機に分けます。すなわち，家族危機の発生までを前危機段階，危機発生以後の再組織化過程を適応過程ととらえて，後危機段階としています。前危機段階は，ヒルのABC-Xモデルそのものですが，つけ加えられた後危機段階が，①家族適応を方向付ける追加的なストレス源や心配，②危機的状況が続くなかで，家族が獲得し利用する重要な心理的，家族内のあるいは社会的資源，③困難な状況を納得しようとして変化させていく家族の状況に対する意味づけ，④家族が用いる対処戦略，⑤これらの家族努力の結果は幅があることを説明しています。後危機段階もABC-X要因への関連がみられることから，二重ABC-Xモデルと名付けられています。

2　後危機段階の各要因

◯ aA要因（累積）

　日常生活において，家族危機の発生と解決は随時行われているため，家族はある時点においてひとつだけのストレス源を扱っているということは珍しく，むしろいくつかのストレス源や不安に直面しています。いわば，そういった幾つものストレス源と不安の重なりが「累積（pile-up）」で，二重ABC-XモデルではaA要因と表されています。危機状態の家族における「累積（pile-up）」には，危機発生のきっかけとなった当初のストレス源や困難，家族のライフサイクル上の通例的な移行，以前からの不安や心配事，対処努力の結果，家族内や社会の不透明性や不確実性などが考えられます。

▶結果変数
最終的に結果として説明される変数。変数は異なる値をとったり，あるいは有することができる概念で，この場合「適応」が概念である。

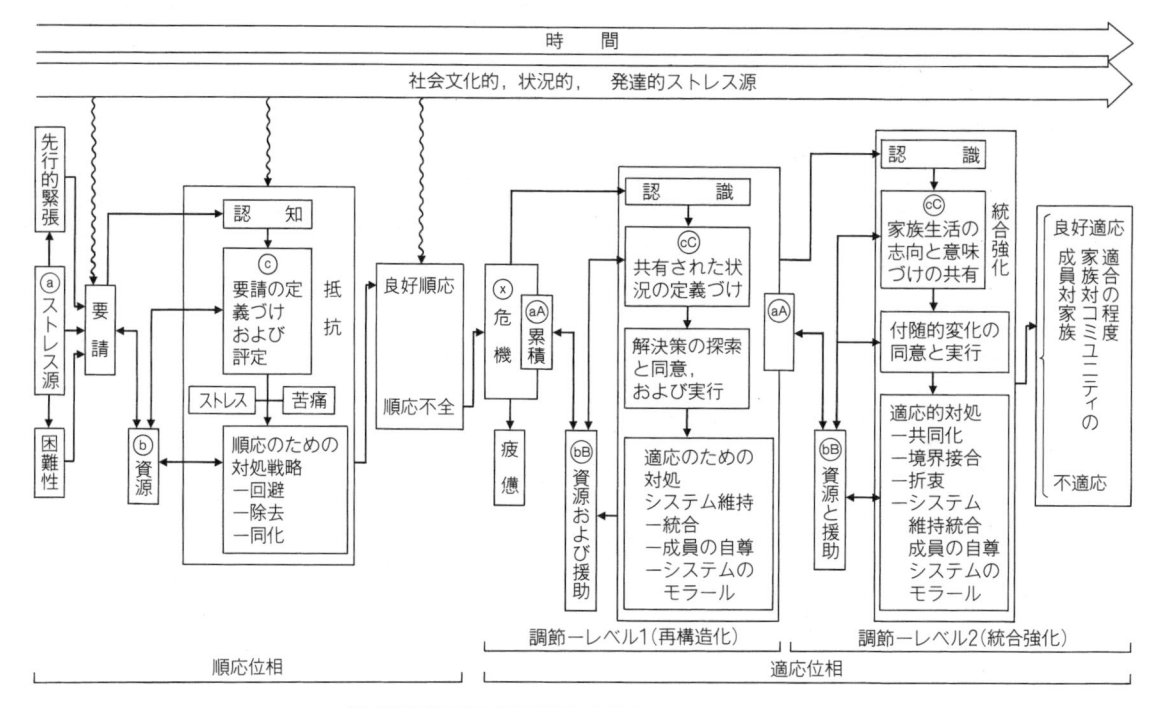

図39 FAAR-家族の順応および適応過程モデル

出所：藤崎宏子「対処概念にかんする理論上，実証上の諸問題」石原邦雄編『家族生活とストレス』垣内出版，1985年，370頁。

▷石原邦雄「家族研究とストレスの見方」石原邦雄編『家族生活とストレス』垣内出版，1985年，53～55頁。

「累積」を量的に測るために，マッカバンらによって開発されたのが，FILE（Family Inventory of Life Events and Changes）というチェックリストです。FILE は71項目から成っており，内容は多岐にわたっています。親子や夫婦といった家族員間の関係性の緊張を聞く項目をはじめ，妊娠・出産に伴う緊張，家族の経済・事業に関する心配や問題，職業および家庭生活の移行，病気や家族の世話，家族員や親しい人の喪失，家族員の違法行為などについて聞く項目が含まれます。

○ bB 要因（既存・新規資源）

家族が危機に適応していくための資源は，大きく2つに分類されます。一つは既存の資源で，もう一つは新規の資源です。これらを合わせて bB 要因と呼び，ともに個人，家族，コミュニティーのレベルで考えられます。

既存資源は，最初のストレス源の影響を抑える働きをすると考えられ，個人の諸能力，家族の団結性，価値観の共有，友情，宗教活動への参加などがあります。新規資源は，危機発生後の状況から生じた，あるいは累積の結果として生じたさらなる要求に対応するために強化されたり，新たに獲得された資源のことを言います。たとえば，新たに教育を受けたり資格を取ったり，家族内での役割や責任を再分配したり，コミュニティーにあるカウンセリンググループに参加して援助を得たりすることなどです。

○ cC 要因（X+aA+bB の認知）

二重 ABC-X モデルで cC 要因は，危機発生のきっかけとなったと考えられ

るストレス源はもちろんのこと，その後に発生したストレス源，既存・新規資源，家族がバランス状態を取り戻すためには何がなされなければならないかの見当，これらをひっくるめた危機状況に対する家族の包括的な意味づけ，認知のことをいいます。一般的に，困難な状況を「挑戦」あるいは「成長する機会」と再定義したり，「これは神の意志だ」という意味づけは，家族適応を促進するのに重要な有益な役割を果たしていると考えられています。

◯対　処

家族の危機対処においては資源，認知，家族の行動を同時に見た方が，家族の危機適応がより理解できることが観察から示唆され，このモデルで提唱された概念です。したがって対処は，認識と行動の両方を構成要素として有する概念で，家族が家族機能のバランスを達成しようとするときの資源的，認知的，行動的反応の相互作用と規定されます。マッカバンらは，F-COPES（Family Crisis Oriented Personal Scales）という対処の評価尺度を作成しています（表24）。

◯xX 要因（適応）

危機適応の結果を説明する変数として，二重ABC-Xモデルでは「適応」という概念が用いられています。適応は，連続的な幅のある概念ととらえられ，「危機の削減」だけが危機後の家族適応の指標ではないであろうとする考えから，良好適応から不適応までの幅を伴って表されています。適応は，家族成員個人と家族，家族とコミュニティーそれぞれのレベルにおいて，同時に，家族機能のバランスをとろうとする家族の諸努力の結果を説明しています。

3　二重ABC-Xモデルからの展開

マッカバンらは二重ABC-Xモデルを発展させ，家族順応・適応反応過程モデル（FAAR: Family Adjustment and Adaptation Response）を提示しています（図39）。前危機段階を順応位相，後危機段階を適応位相に対応させ，さらに適応位相を2分して，家族での役割や目標の修正等の家族の構造的変更により機能を安定させる調節—レベル1（再構造化）と，それに伴う新たな変化に対処，適応していく調節—レベル2（統合強化）から構成されます。

（黒川衣代）

表24　家族の対処調査項目（F-COPES）

家族に何か問題や困難が起きた時あなたの家庭では次のような対しかたをしますか。
（5段階評定）

1. 親せきの人にその問題の苦労を分かち合ってもらう。
2. 友人から励ましてもらったり手助けしてもらう。
3. 主要な問題は自分達で解決できる力があると自覚する。
4. 同じような問題を経験した人から情報や助言をもらう。
5. 親せきの人に助言を求める。
6. 地域の各種の機関や制度の援助を求める。
7. 家族内部で解決できる強さがあると自覚する。
8. 近所の人から贈り物や好意を受ける。
9. かかりつけの医師に情報や助言を求める。
10. 近所の人に好意や支援を求める。
11. 問題に正面から立ちむかって一挙に解決してしまおうとする。
12. （とりたてたことはせず）テレビを見ている。
13. 自分たちは強いのだということを示す。
14. 教会の礼拝に行く。
15. 困ったでき事も人生の一つの現実として受け入れる。
16. 親しい友人が一緒に心配してくれる。
17. 家族の問題をうまく解決できるかどうかは運によると自覚する。
18. うまくもちこたえて緊張をほぐすように友人と訓練する。
19. 困難は予期しない時に起きるものだと受け入れる。
20. 親せきの人と集まる機会をつくる。
21. 困難解決のために専門家に相談助言や助力を求める。
22. 自分たちの問題は自分たちで処理できると確信する。
23. 教会の活動に参加する。
24. しょげてしまわないように，その問題をもっと積極的なよいものとして見なおす。
25. 親せきの人に，われわれの問題についてどう感じるかたずねる。
26. どれほど準備してあっても，問題にあたれば処理に苦労するものだと感じている。
27. 宗教者に助言を求める。
28. 時の過ぎるのを待てば，問題も過ぎ去ってしまうと信じる。
29. 近所の人と問題をわかちあう。
30. 神を信じる。

（注）　5段階評定は，1. よくあてはまる，2. まあまああてはまる，3. どちらともいえない，4. あまりあてはまらない，5. ぜんぜんあてはまらない，を意味します。

出所：石原邦雄「家族研究とストレスの見方」石原邦雄編『家族生活とストレス』垣内出版，1985年，56頁。

XVI 家族問題を理解するモデル

4 オルソンの円環モデル

1 オルソンの円環モデル（Circumplex Model）

家族や夫婦関係が集団（**システム**）として示す特性をどのようにとらえるかは，家族を理解する上で非常に重要です。アメリカの家族臨床家であるオルソン（Olson, D. H.）と彼の同僚たちが，家族に関する理論と実証的研究と実践のギャップを埋めようとして開発し，1979年に提示されたのが円環モデル（図40）です。

●機能性の決め手となる凝集性と適応性

彼らは，家族システムについての，それまでの理論的モデルを広範囲にわたって再検討し，多くの家族システムモデルに共通して見られる家族機能を決定する重要な概念を見つけだします。それが凝集性（cohesion）と適応性

> **システム**
> システムとは，相互に依存する諸要素の全体という意味。家族システムの構成要素は，夫（父親），妻（母親），息子（兄・弟），娘（姉・妹）などで，これら家族成員の相互作用により家族を一つのシステムとして成立させている。

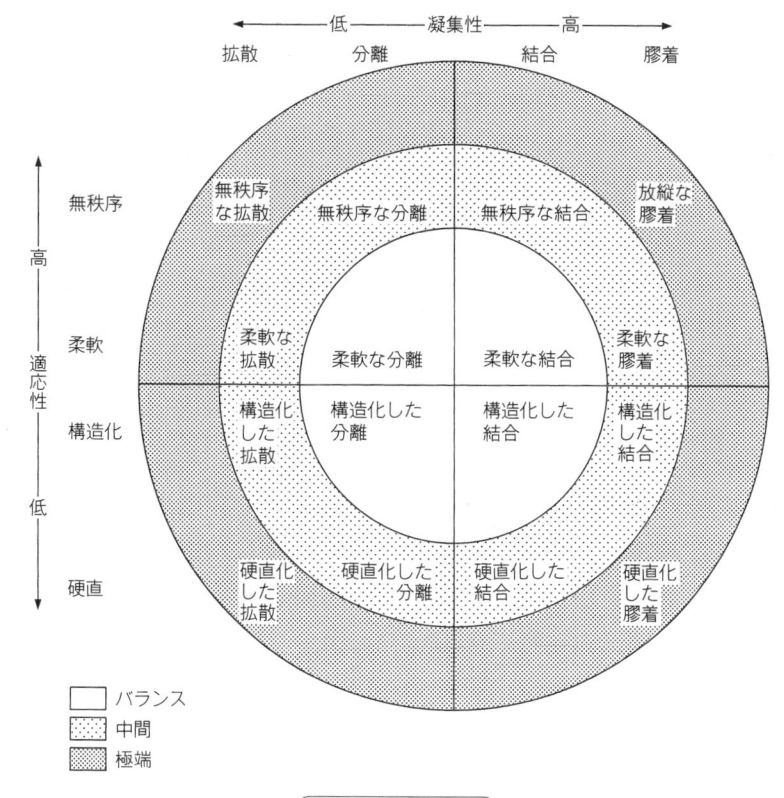

図40 円環モデル

出所：Olson, D. H. et al. (1982). Family Inventories. *Family Social Science*. University of Minnesota. p. 7.

(adaptability) です。

　このモデルで，凝集性は「家族成員がお互いに対して持つ情緒的絆」と定義され，適応性は「状況や家族発達に伴うストレスに対応して，家族内（夫婦間）の勢力構造，役割関係，役割に関する取り決めを変えていく，システムとしての家族（夫婦）の能力」と定義されています。

　図40に示されるように，この2つの概念を縦軸と横軸にとり，三重の同心円の形で示されるのが，オルソンの円環モデルの特徴です。

　縦軸の適応性は，一直線上にある量ととらえられ，その程度の低い方から高い方へ順に，硬直→構造化→柔軟→無秩序と分けられます。

　同じように，横軸の凝集性はその程度の低い方から高い方へ順に，拡散→分離→結合→膠着と分けられて並びます。その凝集性4タイプと適応性4タイプの組み合わせにより，家族（夫婦）関係の機能状態について16のタイプが識別できることになります。これら16タイプはそれぞれの機能状態により，図に示すように三重の円の一番中のゾーンに4タイプ，次の円のゾーンに8タイプ，一番外の円のゾーンに4タイプと分かれます。各ゾーンは内側から順に，バランス（Balanced），中間（Inbetween），極端（Extreme）と命名されています。

◯凝集性と適応性に関する仮定

　円環モデルにおいては，凝集性，適応性の双方とも，程度が高いほど良い状態であるという1次直線的な関係（linear relationship）のとらえ方をせず，極端な両端は不適切で，中央部がバランスの取れたよい機能の状態と考えています。

　つまり，凝集性，適応性それぞれと家族の機能性は2次曲線的な関係（Curvilinear relationship）であるという仮説です。

　したがって，図40でいえば真ん中の白い部分の4タイプ（柔軟な分離，柔軟な結合，構造化した分離，構造化した結合）に当てはまる家族が機能状態のよい家族ということになります。ですから，円の内側からの順，すなわちバランス，中間，極端の順に，家族システムの機能性が高いと判定されます。

◯なぜバランスが大切か

　なぜバランスが大切なのかについて，オルソンはシステムのバランス論的な見方から，両極端ではない状態が機能性が高い状態ととらえています。家族研究者で円環モデルに関する論文も著している清水新二は，次のように説明しています。

　　ストレッサーやその家族のおかれる状況に応じて，家族システムのありように調整を加えて柔軟に対応できれば対処はうまくいくが，高すぎる可変性は無原則，無定見に右往左往してしまいやすい。反対に，低すぎる可変性も硬直化したシステムを意味し，ストレッサーや状況に対する対応性に欠ける。また，家族成員がバラバラか一致団結しているのか，あるいは強い呪縛下にあるのか

をみる凝集性次元でも，得点が高すぎることもなく，低すぎることもない中庸をよしとする。凝集性が高すぎれば過剰な同一化を生み家族成員個人個人の自立と成長が妨げられやすく，低すぎるときには家族への愛着と関わりが不足する。

▷清水新二『現代家族問題シリーズ3　アルコール依存症と家族』培風館，1992年，94頁。

2　凝集性と適応性はどう測定するか

円環モデルは，家族（夫婦）の機能状態を円環ゾーンに当てはめて判定しますが，そのためには，システムとしての家族（夫婦）が，16タイプのうちのどれか，判明しなければなりません。そしてそのためには，凝集性と適応性が，一直線上のどこに位置するのか決定される必要があります。

表25　FACES Ⅲ質問票

現在あなたの家庭生活一般についてうかがいます。それぞれの質問について，右側の回答欄から一番ちかいと感じられる回答の番号に○をしてください。					
1．うちの家族は，お互いに助力を求めあう。	1	2	3	4	5
2．なにかの問題を処理するにあたって，うちでは子どもの意見をとりいれることがある。	1	2	3	4	5
3．うちでは，家族どうしそれぞれがもっている知人・友人を好意的にみとめあっている。	1	2	3	4	5
4．うちでは懲罰やしつけにあたっては，子どもに弁解の機会をあたえる。	1	2	3	4	5
5．もの事をうちの家族だけでやるほうがすきです。	1	2	3	4	5
6．うちの家族では，時々に応じてリーダーが変わる。	1	2	3	4	5
7．うちでは外の人に対してよりも，家族の者どうしで親しみを感じあっている。	1	2	3	4	5
8．うちでは家族の日課（食事，子どもの世話，余暇など）のやりかたや手順を変えることがある。	1	2	3	4	5
9．私の家族では自由時間を一緒に過ごすことが多く楽しい。	1	2	3	4	5
10．しつけや罰については親と子で一緒に話し合う。	1	2	3	4	5
11．うちの家族はとても仲むつまじいと感じている。	1	2	3	4	5
12．うちでは子ども（たち）がもの事を取り決めることがある。	1	2	3	4	5
13．家族でなにかをするときは，うちではいつも全員そろう。	1	2	3	4	5
14．うちでは家族の規則が変わります。	1	2	3	4	5
15．家族全員でまとまってなにかをやるかといえば，うちではそのとおりである。	1	2	3	4	5
16．うちでは経済や家事育児などの家庭責任を引き受ける者が，その時によってかわることがある。	1	2	3	4	5
17．家族の誰かがなにかを決める際，うちではほかの家族員と相談する。	1	2	3	4	5
18．うちでは誰がリーダーなのかわかりにくい。	1	2	3	4	5
19．家族が一緒に集まることは，うちではとても大切にされる。	1	2	3	4	5
20．うちでは誰がどの家事をやるのかはっきりしない。	1	2	3	4	5

（注）選択肢はそれぞれ，1．いつもそうである，2．しばしばそうである，3．ときどきそうである，4．まれにしかない，5．そんなことはない，を意味する。

出所：清水新二『現代家族問題シリーズ3　アルコール依存症と家族』培風館，1992年，96頁。

そこで，オルソンらは，このモデルにそって臨床的な家族診断を行うと同時に，モデルに基づいて機能性の観点から家族システム特性を評価するための尺度，FACES（Family Adaptation and Cohesion Evaluation Scale）を開発しています。FACESは改訂が重ねられ，現在はFACES Ⅲを利用することができます。表25は，その日本語版です。

FACES Ⅲの質問項目のうち，奇数番号は凝集性を，偶数番号は適応性を測定する項目です。FACES Ⅲは加算尺度ですから，奇数番号の得点合計を凝集性得点として算出し，定められた分岐点に従って拡散・分離・結合・膠着のどのカテゴリーに当てはまるか調べます。同様に，偶数番号の得点合計を適応性得点として算出し，分岐点により硬直・構造化・柔軟・無秩序のどのカテゴリーに当てはまるか確かめます。当てはまる凝集性と適応性のカテゴリーが家族（夫婦）のタイプとなります。

❸ 議論が続くモデルの妥当性

オルソンの円環モデルの妥当性を検証するさまざまな研究が行われています。その多くはFACES Ⅲを使っていますが，その結果，凝集性，適応性と家族機能性は，2次曲線的な関係ではなく，むしろ1次直線的な関係に近いという報告があります。

このことに関して，モデルの開発者であるオルソン自身は，FACES Ⅲの1次直線的な関係を認めていますが，円環モデルは理論的に有効で，CRS（Clinical Rating Scale）という凝集性と適応性とコミュニケーションを測定する尺度を使えば**操作化**できると主張しています。

CRSとFACES Ⅲとの違いは，FACES Ⅲが自記式であるのに対して，CRSは観察者が客観的評価をする点です。

日本では，立木茂雄が円環モデルの妥当性を理論と実証の両面から検討しています。あわせて，円環モデルに基づいて家族システム測定尺度，FACESKG（Family Adaptability and Cohesion Evaluation Sacle at Kwansei Gakuin）を開発しています。

日本の社会や文化に適合させるため，オリジナルに項目を作成しているのが特徴です。この尺度を使って中学・高校生の無気力傾向や自我同一性形成の障害，中学生の登校ストレス，幼児とその親の体験した震災ストレス，夫の問題に対する妻の共依存傾向などの調査が行われました。

凝集性・適応性の両次元について，同時に2次曲線的な関係を実証するのは容易ではありませんでしたが，立木らのグループは1999年，FACESKGの最新版（第4版）を使った阪神淡路大震災の被災者に対する調査で，世帯主の家族関係の認知と現在のストレス度および適応度との間で，2次曲線的な関係を実証しました。

（黒川衣代）

▶操作化
直接測定できない，あるいはあいまいな抽象的概念を指標化して測定可能にすることをいう。

▶立木茂雄のグループが開発した尺度は http://tatsuki-lab.doshisha.ac.jp/~statsuki/FACESKG/FACESindex.html で見ることができる。

参考文献

Olson, D. H. (1991). Commentary: Three-dimensional (3-D) Circumplex Model and revised scoring of FACES-Ⅲ. *Family Process*, 30, 74-79.

Olson, D. H. (1994). Commentary: Curvilinearity survives: The world is not flat. *Family Process*, 33, 471-478.

5 家族関係モデル

1 二者関係モデル

家族関係を情緒関係として認識すると，それは，愛着関係，反発関係，無関心という3つの基本型を想定することができます。愛着関係とは，相互に好ましい関係が維持されている場合です。反発関係とは，相互に反目したりして好ましい感情を抱けない場合です。無関心とは，他者に対して肯定的な感情も否定的な感情もなく感情そのものが躍動しない場合です。他者に対する無関心は，問題を修復したり解決したりしようとする家族臨床の場面では，もっとも困難であることが指摘されています。他者に対するたとえ否定的な感情であっても，それは他者への関心がまだ存在する訳ですから，修復の可能性は残されているという判断です。

2 三者関係モデル

このように夫婦関係のようなダイアドな二者関係における情緒関係は，比較的単純です。しかし，家族成員を一名増やした三者関係をモデル化すると，その関係はより複雑化します。先の統合型，解体型に加えて，ブリッジ型，スケープゴート型が新たに加わり，4つの類型によって構成されます。

○統合型
第一類型は，いわゆる統合型です。三者がそれぞれ3つの愛着関係によって結びついているもので，家族としてのまとまりもよく，もっとも安定した家族を表現しています。

○ブリッジ型
第二類型は，ブリッジ型とよばれます。これは，三者関係のうち2つの関係が愛着関係で，他の1つが反発関係あるいは無関心の場合です。この類型では，2つの愛着関係をもつ家族成員を中心として三者関係が維持される構造になります。たとえば，夫―妻―姑の三者関係を例に取ると，夫と妻，および夫と姑の2つの関係が愛着関係にあり，他の1つの妻と姑の関係が反発関係にある場合，妻および姑に対して愛着関係にある夫は，この三者関係を維持するための橋渡し（ブリッジ：bridge）の役割を担わされることになります。夫はその役割上，姑の不満を口にする妻の言い分と，妻の不満を口にする姑の言い分を，聞かされることになります。この三者関係を維持するためには強靱な精神力が

必要になります。もしどちらかに偏るような役割の演じ方をすれば，他方の不満が増幅され家族関係が不安定化します。このブリッジ型では，夫の役割の取り方によっては解体型への転化は避けられないと思います。

●スケープゴート型

第三類型は，スケープゴート型と呼ばれます。これは，三者関係のうち愛着関係が1つで，他の2つの関係が①両方とも反発関係あるいは無関心であるか，②あるいは一方が反発関係で他方が無関心である，場合です。この類型では，愛着関係を全くもたない成員が1人存在します。したがって，この愛着関係を全くもたない1人の成員の存在によって，愛着関係で結ばれる2人の関係が維持・強化されることになります。すなわち，愛着関係をもたない成員は，他の2人のためのスケープゴート（scapegoat：贖罪のやぎ，他人のために責めをおうもの，身代わり）の役割を演じることになります。たとえば，夫―妻―姑の三者関係を例に取ると，夫と妻が愛着関係にあり，夫と姑および妻と姑の間が無関心という関係にある場合，姑が存在することによって，夫と妻の関係が維持・強化されます。つまり，姑は，夫と妻のためのスケープゴートの役割を演じていることになります。

●解体型

第四類型は，いわゆる解体型です。これは，三者関係のうち愛着関係が1つも存在しないもので，①3つの関係がすべて反発関係あるいは無関心であるもの，②あるいは2つが反発関係で残りが無関心であるもの，③逆に無関心が2つで反発関係が1つのもの，から構成されます。この類型に該当する家族の場合，その情緒関係を潜在化させることによってはじめて，家族としての存続が可能になっています。米国の精神医学者ウィン（Wynne, L. C.）は，精神分裂病を生み出す家族の人間関係の特徴を「偽相互性」（pseudo-mutuality）という概念によって表現しましたが，まさしくこの第四類型は，三者関係のうち愛着関係が一つも存在しないにもかかわらず，その情緒関係を潜在化させることによって，はじめて家族としての存続が可能になっています。すなわち，「偽相互性」にある家族成員は，家族関係に相互性がないにもかかわらず，相互性があると思い込むことによって，辛うじて家族関係が維持されています。もし愛着関係が全く存在しない情緒関係が顕在化されるようなことにでもなれば，家族崩壊の危機が具体化することになりますから，それを回避するために情緒関係を潜在化させることになります。

このように家族成員を1名増やすごとに家族関係はより複雑化していきます。複雑化した家族関係はモデルとして論じるには困難さを伴うので，ここでは，三者関係の情緒関係にとどめることにします。

家族の情緒関係の安定度は，家族の健康度に影響を及ぼすことになります。

〔畠中宗一〕

XVII 家族問題を理解するアプローチ

1 家族療法

1 家族療法のはじまり

家族療法は，フロイトの精神分析に基づく個人療法が主流を占めていた1950年代後半に，**一般システム理論・サイバネティックス・システム理論**に基づき，人間の行動や関係に焦点を当てる治療法として始まりました。

家族療法は，他の多くの心理療法と異なり，特定の個人によって創始されたものではありません。1950年代後半に複数の心理療法家によって同時多発的に行われ始めたのです。サティア（Satir, V.）の夫婦同席面接から始まった合同家族療法の試みや，ベイトソンのグループの「二重拘束理論」，ボウエン（Bowen, M.）の多世代関係への関心，アッカーマン（Ackerman, N.）の型破りな治療実践，ウィタカー（Whitaker, C.）の体験的家族療法など，いずれも治療的実践現場における必要性から生まれました。

1970年代には，主要な理論・技法の多くが輩出され，さらに分化が起こっていきました。1980年代以降は，人間の行動を規定するシステム思考に関心が移り，個人内と個人間における相互関係の双方向に向かうアプローチがつくられました。このころにでてきたナラティブ・セラピーや問題解決志向アプローチなどは，家族療法と個人療法の明確な区別はなく，どのようなケースにも適用されています。

現在，家族療法はさまざまな理論や技法に基づくアプローチがなされていますが，学派として統一はされていません。面接の形式も家族全員の合同面接形式のものや，家族のメンバー一人との個人面接のみですすめるものもあります。そういった意味で，家族療法は，家族心理療法（family psychotherapy），家族集団療法（family group-therapy），家族カウンセリング（family counseling），ファミリー・ケースワーク（family case-work）など家族に対する治療の総称である，と広義にとらえることもできます。しかし，一般的には，家族システムを治療の対象とし，「システム理論」に基づいて行う心理治療を指して家族療法とよんでいます。そして，ここでもその狭義の意味での家族療法について述べていくことにします。

2 家族療法の理論モデルとそのアプローチ

家族療法は，家族システム理論を基礎理論とし，その共通項の上にいくつか

▷一般システム理論，サイバネティックス・システム理論

システム理論は，1945年にベルタランフィーによって提唱された「一般システム理論」に始まり，1948年にウィナー（Wiener, N.）が名付けた「サイバネティックス・システム理論」，1973年にマトゥラーナ（Maturana, H. R.）によって提唱された「オートポイエーティック・システム理論」へと展開していく。したがって，家族システム理論もこの展開の中で，影響をうけて発展してきた。

多世代理論	家族システムの発達理論	構造理論	コミュニケーション理論
基礎理論	家族システム理論		

図41　家族療法の理論

の理論が構築されています。中でも代表的な理論としては，多世代理論と家族システムの発達論，構造理論，コミュニケーション理論があげられます。ここでは，この4つの理論の大きな流れ，とその理論に基づくアプローチの視点についてみていくことにします（図41）。

◯多世代理論──多世代派のアプローチ

多世代理論は，家族療法の中でもっとも世代間の影響関係や家族の歴史を強調しています。個人・夫婦・家族における問題や症状を，数世代にわたる拡大システムの世代間関係，発達，歴史，時間の流れといった枠組みの中で理解します。この理論に依拠した多世代派の家族療法家には，ボウエン（Bowen, M.），ナージ（Boszormenry-Nazy, I.），フラモ（Framo, J.）ウィタカー（Whitaker, C.）などがいます。特にボウエンは多世代理論の前提となる多世代的関係に関心を示した第一人者であるといえます。ボウエンは，自然界のシステムには，個別性と集団的な一体性という拮抗する性質がバランスをとっていることに着目し，これを家族システムに応用して体系化を試みました。このバランスの原理によると，個人が家族集団から分化しているのか，融合しているのかが問題の焦点となります。そして，個別化が不十分で家族に融合してしまっている個人は，不安や問題を抱えることになります。家族から分化するためには，個人の理性機能と情緒的機能が十分に達成されていることが必要条件となります。さらに，ボウエンは，情動と理性の分化（自己分化）の欠如は，親世代から子世代へと投影によって伝達されるという世代的関係も指摘しました。つまり，親世代の夫婦間の不安や問題が次世代に伝達し，家族内に問題が生じるのだと考えます。したがって，多世代派の家族療法では，子どもの問題で相談に来ている場合でも，まずは親自身が自己分化することを援助することから始めます。このような親世代と子の三角関係に注目する多世代理論に基づく家族療法では，**ジェノグラム**（世代関係図）がよく活用されます。ジェノグラムとは，三世代あるいは四世代にわたる家族関係システムの構造図です。図に記録されることは，家族の生物学的・法的つながり（婚姻関係，親子関係など），家族の情報（年齢，性別），家族関係（密着した関係，葛藤関係，親密，疎遠など）であり，おおよその表記法（McGoldrick & Gerson, 1985）は統一されています。

◯家族システムの発達論

家族システムの発達論では，家族は「一つのまとまった集団」として発達するという視点に立ち，家族というシステム全体をまるで生命をもった生き物か

▷ジェノグラム
ジェノグラムの表記法について，具体的に見てみよう。

男性:□　女性:◯　IP:◎または▣

妊娠:△　死産または死亡:◯または□

流産:●　人工中絶:✕　同棲:------

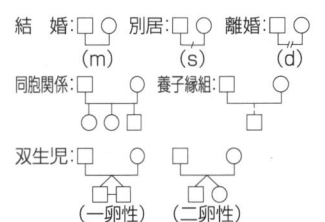

結婚:□◯　別居:□◯　離婚:□◯
　　　(m)　　　(s)　　　(d)

同胞関係:　　　養子縁組:

双生児:

（一卵性）　（二卵性）

▶第一次変化・第二次変化
家族システムにおける第一次変化とは，家族が何か問題を抱えた場合，問題が生じる前の状態へ戻そうとする動きのことである。第二次変化とは，それまでの家族システムを新しいシステムの状態に作り変えようとする動きのことである。

人間のようにとらえるのです。家族の発達は，個人の発達だけでなく，家族のまわりにある社会環境の影響とも密接に関連しており，個人のライフサイクルにおける発達課題と同様に家族のライフサイクルに関しても発達課題が考えられます。安定した家庭生活のためには，個々人の発達課題を調整して，全体としてのバランスを取ることが求められますが，性や年齢の異なるメンバーからなる家族では，個々人の発達課題が異なるだけでなく，時には相互に矛盾・葛藤することもありえます。特に，発達段階の移行期は，システムが**第二次変化**を必要とするときであり，家族の役割構造や勢力構造などの生活パターンを新たな状況に適応させなければなりません。ここでいう第二次変化とは，安定やバランスを維持するような第一次変化の範囲を超えて，新たなシステムの状態をつくりなおす変化であり，システム論における基本的な概念の一つです。この危機的移行期は，どの家族も経験することであり，個人にとっても家族にとっても大きな変化が求められるため，家族の問題を生じ，適応の危機を迎える可能性があります。つまり，問題を抱える家族というのは，ある時点での発達課題をクリアすることができないで立ち止まっているか，前の発達課題が達成されないまま次の段階に突入してしまった結果だと考えます。したがって家族システムの発達論の立場から家族を援助する場合には，その対象となっている家族がどの発達段階にあるのか，またどの発達課題に取り組もうとしているのかを見極め，発達課題が達成できるように調整する必要があります。

◯構造理論——構造学派のアプローチ

構造理論を最初に構築したのは，ミニューチン（Minuchin, S.）です。ミニューチンは実践経験から，家族を人と人が関わりあうことによってできるパターンや関係の構造としてとらえ，具体的な家族システムの概念を提示しました。家族のメンバー間の提携を「連合」（第三者に対抗するために二者が協力する関係）や「同盟」（二者が共通の関心を持ち提携するが，その関心は第三者とも共有されうる関係）とよび，こういった関係のパターンが適切であるか否かで，家族全体が機能不全に陥ったり，問題が起こったりすると考えます。

ミニューチンは，特に夫婦連合と世代境界が，健全な家族の鍵だと考えていました。具体的には，親は子どもとの世代的な差異を十分自覚する必要があり，親と子が友人のような関係を結ぶことは決してしないこと，両親は連合関係を築いて子育てにあたること，きょうだい間にもはっきりした階層関係があり同胞階層の逆転はしないこと（たとえば，兄弟なら，弟は兄を敬い，立てなければならない）など，確固たる理念的な家族像が存在するのです。したがって，この理論では，セラピストが目指す家族システムの構造特性がはっきりしており，この家族像が治療目標のイメージを大筋で決めているといえます。構造理論に依拠した家族療法においては，問題を抱えた家族のサブシステムにおける連携の仕方を観察し，力のヒエラルキーや問題の解決の仕方や，そういったひとつ

ひとつがメンバーの適応にも影響が及んでいることを認識しなければなりません。そして，セラピストが問題を抱えた家族システムに溶け込み（ジョイニング），家族システムのバランスや連携を解体することからはじまるのです。最終的には家族システム内に「明確な境界」を作り，家族とともに望ましい家族像へと家族システムをつくりかえることを援助の目標とします。

●コミュニケーション理論──コミュニケーション学派のアプローチ

コミュニケーション理論は，MRI（Mental Research Institute）の提唱したコミュニケーション・アプローチです。現在では，ミラノ派やミルウォーキー派など多くの家族療法の考え方からの影響を受け，一つのアプローチとみなす事はできません。「どんな人もコミュニケーションをしないということは不可能である」が，この理論の大前提となっています。なお，この理論では，コミュニケーションを以下のようにとらえています。

> 「人間の行動はすべてコミュニケーションであり，コミュニケートしないこともコミュニケーションである。コミュニケーションは，コンテンツ（内容，言葉，情報，話題，テーマなど）とコンテクスト（脈絡，状況，プロセス，非言語メッセージなど）の二つの次元によって成り立っている。人間関係は対称性（平等の交流，似たもの同士など）か相補性（相反する特徴をもつもの，上下関係など）のどちらかで築かれている。個人はそれぞれ異なった方法で現実を認識しているため，人々の間のコミュニケーションもそれを認識する人によって意味付けが変わってくる。家族内の問題や葛藤はコミュニケーションの繰り返されるパターンの中で維持される。」

家族は，家族のメンバーがそれまでに作り上げてきた家族独特の雰囲気や関わり方，コミュニケーションのパターンなどを持っていますが，個々のメンバーによってコミュニケーションに対する認識は異なります。したがって，問題を抱える家族は，コミュニケーションに対するメンバーの認識の違いが葛藤を起こし，葛藤を起こすコミュニケーション・パターンを繰り返すことによって，問題を維持する連鎖を起こしています。つまり，問題を抱えた家族は，相互関係の機能不全からコミュニケーションが上手く成り立っていないため，どんなコンテンツ（内容）のコミュニケーションにおいても葛藤を生み出すコミュニケーション・パターンとなります。したがって，いつも葛藤状態が絶えないのです。しかし本人たちは，コミュニケーションのコンテンツにとらわれ，なかなかこの連鎖の悪循環を止めることができません。このように悪循環のコミュニケーション・パターンを断つための変化を生み出すために，問題を抱えた家族に対して，外的な刺激として有効な介入をし，家族内のコミュニケーションの質的改善をすることが，コミュニケーション派のセラピストの役割だといえます。

（木村直子）

参考文献

平木典子『家族との心理臨床──初心者のために』垣内出版，2001年。
亀口憲治『家族臨床心理学──子どもの問題を家族で解決する』東京大学出版会，2000年。
岡堂哲夫『家族カウンセリング』金子書房，2000年。

XII 家族問題を理解するアプローチ

2 エコロジカル・アプローチ

▶ジャーメイン（Germain, Carel; 1916-1995）
アメリカの社会福祉学者。ソーシャルワークにおいて生態学理論をもとにエコロジカル・アプローチを発展させた。主著はジャーメイン&ギッターマンの共著である（1980）*The Life Model of Social Work Practice.*

▶エコロジカル・アプローチ
エコロジカル・アプローチを実践現場で用いるために1975年にA.ハルトマンの考案したマッピングの技法に**エコマップ**がある。このエコマップはエコロジカル・パースペクティブとシステム思考とを取り込んで考案された方法で、「社会関係地図」、または「家族関係地図」とよばれている。エコマップでは、クライエントとその家族関係、およびさまざまな社会資源との関係を線や記号によって図式化して表している。これによりワーカーはクライエントや問題自体になんらかの影響を及ぼしている環境を一目で把握することが可能になる。実際の援助の場面においては特に面接のときの資料として用いられるほか、スーパービジョンや事例研究にも幅広く用いることができる（本書191頁の図47を参照）。

1 個人をとりまく環境への着目

　家族を基礎につくられたモデルであるエコロジカル・アプローチは19世紀後半、都市化や工業化に伴って、人間と環境の相互作用に対する関心の高まりとともにはじまりました。エコロジカル・アプローチの初期の理論的発展に貢献したのはマサチューセッツ工科大学のエレン・スワロウ・リチャーズです。リチャーズは自然環境の研究を行ううちに、人間の行為と健康は環境の質と深く関わり合っていることに気付き、家族と家庭に目を向けた環境科学的アプローチを提唱しました。リチャーズはエコロジカル・アプローチの基本概念として「環境へのスチュワードシップ」を掲げています。

　「環境へのスチュワードシップ」は、それぞれの与えられた環境のなかで、人間と環境とがいかに適応しあうかを課題としています。図42はエコロジカル・アプローチの概念枠組みの図です。ミクロ・システム（個人）の外側にメゾ・システム（中間システムとしての家族）があり、さらにエクゾ・システム（外側に外部システムとしての地域社会、学校、職場、ソーシャルネットワークなど）があり、それらをマクロ・システム（社会、文化、規範などの広義の社会体制）が包んでいることを表しています。これらは個人を取り巻く環境として、それぞれに交互作用しあいながら、個人に影響を及ぼしています。

2 環境との調和

　リチャーズによって発案されたエコロジカル・アプローチは1980年に**ジャーメイン**が著した"*The Life model and Social work practice*"によって発展をみることになります。それまでソーシャルワークでは、問題を個人の病理に求める医学モデル、問題を貧困などの環境に求める社会学モデルが主流でした。「個人か、環境か」という二者択一の議論を振り子のように繰り返していました。しかしこの一方が他方に影響を与える直接因果的な相互作用論ではどちらもますます複雑化する問題の解決には間に合いませんでした。その後、ジャーメインが導入したエコロジカル・アプローチでは、人の適応能力を高め、環境を整備し、双方の適合関係の調整を図る「人と環境との調和」に着目するようになりました。さきの医学モデル、社会学モデルのように直線的な因果律をもって問題の原因を追求するのではなく、エコロジカル・アプローチではむしろ個人と

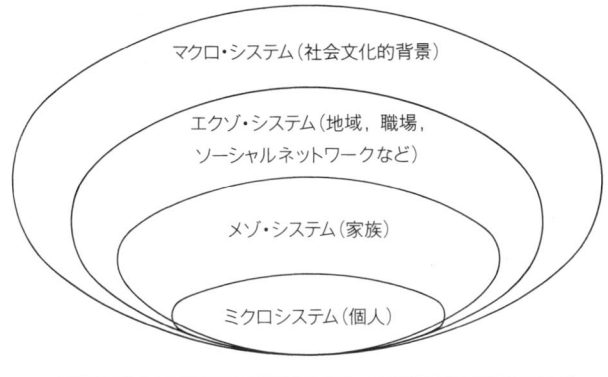

図42 エコロジカル・アプローチの個人と環境の考え方

(マクロ・システム(社会文化的背景) / エクゾ・システム(地域, 職場, ソーシャルネットワークなど) / メゾ・システム(家族) / ミクロシステム(個人))

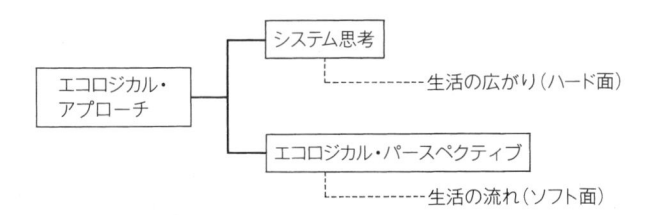

図43 エコロジカル・アプローチの概念枠組み

エコロジカル・アプローチ ─ システム思考 ……… 生活の広がり(ハード面)
　　　　　　　　　　　　└ エコロジカル・パースペクティブ ……… 生活の流れ(ソフト面)

資料：図42, 43とも太田義弘『ソーシャルワーク実践とエコシステム』誠信書房, 1992年の太田の理論をもとに栗山が作成。

社会の関係に着目し，それらが相互に影響を及ぼしあっているととらえます。つまり，個人と社会の関係はどちらか一方通行の相互作用なのではなく，お互いが影響しあう交互作用（transaction）としてとらえます。**エコロジカル・アプローチ**は生活の広がり（横軸）をシステム思考で，生活の流れ（縦軸）をエコロジカル・パースペクティブでとらえることによって，個人の生活をトータルにとらえようとする考え方です（図43）。システム思考は生活を構成要素に分析して考える点で組織工学的な考え方といえます。エコロジカル・パースペクティブは太田によると，「人間の生活という生き様が人と環境との相互変容関係より生成，循環されることから，人の適応能力を高め，環境を整備することによって，再び両者の適合関係を改善するよう働きかける発想であり，それによって生活が変容していく過程」としてとらえることができます。

　それぞれ家族によって，ニーズは異なっていますが，エコロジカル・アプローチは核家族，拡大家族，一人親家庭，DINKS（子なし共稼ぎ夫婦），非婚カップル，同性カップルなどさまざまな家族形態に適応することができます。その意味でこれからの家族形態が多様化する時代に適したアプローチといえます。社会福祉援助技術としては，従来のアセスメント―計画―介入―評価という一連の援助の過程に応用されているにすぎず，かならずしも新しい技術というわけではありません。その意味で，その技術面での内容の整備と充実を図っていくことが残された課題であるといえます。

（栗山直子）

▶太田義弘『ソーシャルワーク実践とエコシステム』誠信書房，1992年，97頁。

XVII 家族問題を理解するアプローチ

3 臨床社会学的アプローチ

▷畠中宗一編「臨床社会学の展開」『現代のエスプリ』393号，至文堂，2000年。

1 「生物-心理-社会」アプローチ

臨床社会学は，社会学の分野に基礎を置きます。社会学は，個人の社会的行動，社会集団，組織，文化，ソサイアティの研究，制度が個人や集団行動に与える影響などに関する体系的研究です。言い換えると，科学的社会学（scientific sociology）は，人間行動の研究です。一方，臨床研究（clinical work）は，問題と規定された個人や集団の行動に着眼します。行動に関する基本的パースペクティブは，主要なアクション・システムに貢献すると認識されており，「生物-心理-社会」（bio-psycho-social）とよばれます。（図44・図45を参照）

「生物-心理-社会」アプローチは，以下の命題のセットを含みます。すなわち，第一の命題として，「行動は自発的なものです」。第二の命題として，「行動は学習されます」。第三の命題として，「学習された行動は，行為者の自己に関する定義および状況に従って選択されます」。行動は「単に起こっている」のではありません。それは文脈のなかで起こっています。行動は，文脈及び文脈における自己の理解を基礎に行為者によって選択されています。これらの理解は，部分的には他者との相互作用の交渉から派生します。状況が交渉に抑制的に働く場合もあります。行動の選択は，状況および行為者の選好結果に影響されます。第四の命題として，「行為者の社会集団成員は，制約的に機能したり重要な形成者として機能します」。

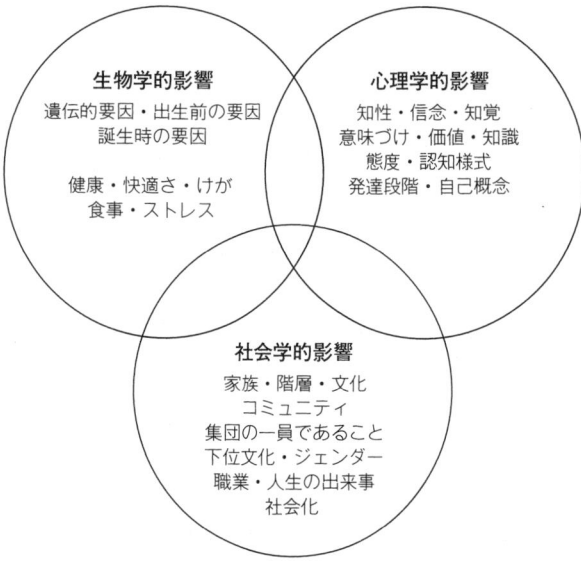

生物学的影響
遺伝的要因・出生前の要因
誕生時の要因
健康・快適さ・けが
食事・ストレス

心理学的影響
知性・信念・知覚
意味づけ・価値・知識
態度・認知様式
発達段階・自己概念

社会学的影響
家族・階層・文化
コミュニティ
集団の一員であること
下位文化・ジェンダー
職業・人生の出来事
社会化

図44　三水準における行動への影響

＊生物学的水準，心理学的水準，社会的水準における行動次元における影響を例示したものである。図45とセットにして三水準および三水準間の影響を理解するための図である。

出所：Bruhn, J. G. & Rebach, H. M. (1996). Clinical Sociology: *An Agenda for Action*. Plenum Press. p. 9.

XII-3 臨床社会学的アプローチ

② ミクロ，メゾ，マクロ水準の相互作用

臨床研究は，ミクロ，メゾ，マクロ水準の連続性のなかで行われますが（図42参照），ある水準のでき事は他の水準のでき事に対してインプリケーションを持ちます。すなわち，ミクロ水準の問題が，マクロ水準にも現れます。同様にメゾ水準の構造や過程が，マクロ水準やミクロ水準で媒介されます。クライエント・システムは，マクロ水準の広範な社会変動によって，多様な文化や下位文化の成員によって，ペア・ネットワークや第一次集団の成員によって，個人に関する固有の社会化や定義によって，影響を受けることになります。

社会学理論の応用と同様に，社会学の科学法は，臨床研究と関連を持ちます。臨床研究と科学的研究の違いは，「**個性記述的**」（idiographic）な説明モデルと「**法則定立的**」（nomothetic）な説明モデルの違いです。社会科学を含む科学は，「法則定立的」モデルを使用します。「個性記述的」モデルは，ユニークなケースを強調します。

単一のケース研究は，母集団の経験的一般化を展開するという意味で，科学的な考察の対象とはなりませんが，科学的研究法は，単一のケース研究にも有用です。すなわち，綿密なデータの収集，理論の展開，仮説の公準化や検証にとって有用です。

③ クライエントとクライエント・システム

他の臨床学と同様，臨床社会学は，構造化された公準を持ちます。クライエントのアイデンティティの定義は，変化します。したがって，「クライエント」と「クライエント・システム」という用語を区別することが役立ちます。

▷**個性記述的**
ヴィンデルバンドが，『歴史と自然科学』（1894）で使用した概念。自然科学が普遍的な法則を発見していくことを主目標とするのに対して，歴史学が個性的，一般的なものを記述することに使用された。

▷**法則定立的**
ヴィンデルバンドが，『歴史と自然科学』（1894）で使用した概念。自然科学が普遍的な法則を発見していくことを主目標とすることをさす。

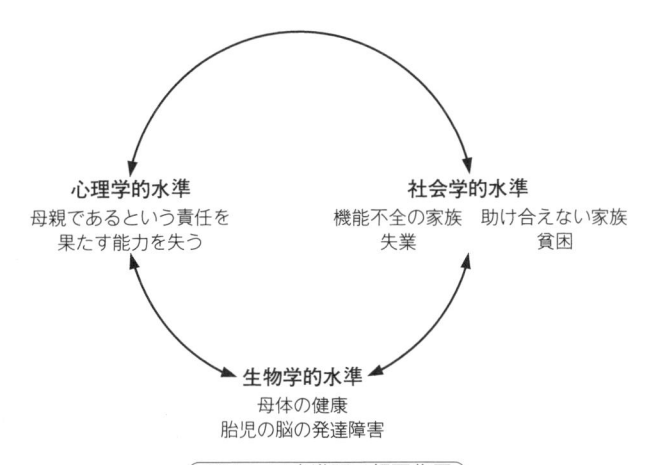

心理学的水準
母親であるという責任を
果たす能力を失う

社会学的水準
機能不全の家族　助け合えない家族
失業　　　　　貧困

生物学的水準
母体の健康
胎児の脳の発達障害

図45 三水準間の相互作用

＊生物学的水準，心理学的水準，社会的水準は，各水準間で相互に影響し合う。これは臨床社会学でいうミクロ，メゾ，マクロ水準間の相互作用とも関連する。したがって，三水準間の相互作用という認識が重要である。
出所：Bruhn, J. G. & Rebach, H. M. (1996). Clinical Sociology: *An Agenda for Action*. Plenum Press. p. 10.

臨床社会学の実際の「仕事」である介入は，ダイナミックな社会的過程です。臨床社会学者は，クライエントに便益となる行動変容をもたらす目標を設定し，クライエント・システムの成員との関係性に働きかけ相互作用や交渉を行います。

実際の介入計画は，クライエント―臨床家関係の文脈の範囲で交渉が行われます。介入の相対的効果は，確立された関係性の質に依存します。

臨床家の視点から，クライエントは，提供する情報に対してオープンで協力的であること，変化への心の準備ができていること，ワーキング・パートナーになること，が求められます。

▶地位不平等モデル

これまでのセラピストとクライエントの関係は，セラピストが一段高いところからクライエントにメッセージを与えるという関係が一般的であった。この関係を地位不平等モデルという。さまざまな治療関係の現場で，地位平等モデルが指向されてきている。

高い位置にある専門家が低い位置にあるクライエントを指導するといった**地位不平等モデル**では，失敗します。効果的であるためには，働きかける関係は，民主的で，クライエントの自立，問題解決能力が意志決定において尊重されねばなりません。

臨床社会学者として，クライエント―臨床家関係に科学的社会学の知識と技術が導入されます。社会学理論，方法，研究成果は，出発点になります。科学的な働きかけと臨床的な働きかけは，弁証法的な関係です。

◯事前評価（assessment）

事前評価の段階は，問題状況および問題の操作的定義を理解するためのケース研究を意味します。

この段階で明確にしなければならないことは，以下のことがらです。すなわち，何が問題になっているか。これは臨床社会学者にとって適切なケースであるか。クライエントは誰か。クライエントはなぜ支援を求めているのか，そして（支援は）なぜいまなのか。この時期にいったい何が起こって敏速な支援を求めているのか。「問題になっている」という用語は，クライエントによる問題の陳述であり，クライエント自身のことばで規定されたということを意味します。したがって，クライエントの陳述に注意を払うことが重要です。しかも「何が誤りである」かのクライエントの規定および理解としてそれを受け入れます。これは，状況に関するクライエントの定義を示します。これが，クライエントが生きてきた主観的現実です。同時にそれは，問題に関するクライエントの理解から派生する問題状況とのクライエントの相互作用の出発点でもあります。その後，クライエントが行動変容を達成するために自己の問題を再定義することを支援するでしょう。

臨床家がクライエントを受け入れ，理解していると，クライエントが信じることが重要です。働きかけに対するクライエントの動機づけは，臨床家が正しく理解し，問題に圧迫されているクライエントを支援してくれるとクライエントが思うかどうかにかかっています。最終的には，「何が誤りである」かに関する合意の程度を決定するためには，クライエントの問題の規定とクライエン

ト・システムの他の成員の規定を比較することが役立つでしょう。クライエントの規定およびクライエント・システムのそれといった比較の視点の欠落は，問題の継続をもたらすでしょう。

事前評価の初期段階で強調されなければならない第二の問題は，ケースとして取り上げるかどうかです。すなわち，このケースは，臨床社会学者の経験の範囲であるか。臨床家は，このクライエントに効果的に働きかけることができるか。臨床家がこの事例を取り扱いたくない理由が存在するかどうかです。

初期段階の遂行後，臨床家はケース理解の展開を図るために詳細なデータを収集しなければなりません。事前評価とは，ケース研究です。

事前評価の目標は，フォーミュレーション，ケースの理論，そして変化されるべきことの操作的定義を構成することです。フォーミュレーションが準備されると，それはさらなるレヴュー，議論，批判，修正を経てクライエントに提示されるべきです。フォーミュレーションおよび目標の実質的な同意に至ったとき，臨床家とクライエントは介入過程の次の段階に入るでしょう。

◯介入プログラムの策定（program planning）

第二段階は，目標を達成するために取られる多様なステップを計画することです。これは，一つの交渉過程です。

計画は，誰が何をいつ行うかを含め公平にかつ詳細に企画されるべきです。クライエントと臨床家は，実質あるいは暗黙に行われるべき働きかけに対する契約を交渉します。介入プログラムの策定は，目標の陳述を含むべきです。目標は，観察可能，測定可能な用語で記述されるべきです。よく規定された目標は，たとえば，「非行を1年後，x％減少させる」などです。

一般的に，目標には，2つのタイプが認識されています。すなわち，過程目標と結果目標です。過程目標とは，たとえば，「ハウジング・プロジェクトで生活する中学年の生徒50人を対象に，10月1日から学年末まで，放課後2時間のリクリエーション活動を提供する」。

結果目標とは，たとえば，「プロジェクト・ユースの非行をプログラム終了後1年以内に25％減少させる」などです。

◯介入プログラムの実行（program implementation）

第三段階では，計画にしたがって介入プログラムが実行されます。

◯介入プログラムの事後評価（program evaluation）

第四段階は，介入プログラムの事後評価です。事後評価では，計画が予定どおりに遂行されているかどうかを過程目標と結果目標の両方について，陳述された目標の遂行が測定されます。

介入過程の全ての段階と同様，事後評価は臨床家とクライエントの共同で行われます。クライエントは，彼らのニーズが充足されているかどうかを決定するための最善の位置にいます。

（畠中宗一）

参考文献

Bruhn, J.G. & Rebach, H.M.（1996）. *Clinical Sociology: An Agenda for Action*. Plenum Press.

XVII 家族問題を理解するアプローチ

4 生物-心理-社会アプローチ

1 生物学的影響

　臨床社会学で採用される行動に関する基本的パースペクティブは，主要な行為システムの貢献を認識の前提とした，生物-心理-社会（bio-psycho-social）アプローチとよばれます。図45（181頁）は，生物-心理-社会の3つの領域で行動に影響を与えるリストを提示したものです。図に表示されたリストは，包括的なものではありませんが，3つの領域で行動に影響を与える諸要因を示唆しています。たとえば，発生学的遺伝のもとでは，人種，サイズ，容貌といったものに明白な差異が存在します。さらに，発達の早さにも発生学的影響を付加しなければならないでしょう。たとえば，ある子どもたちは「早熟」で，他の子どもたちは「奥手」であるとか。加えてある発生学的要因をもつ障害，たとえば多動や硬化症といったことが付加されなければならないでしょう。一般に，生物学的要因は，決定的な意味ではなくても，可能性や制約条件を確認するためのパラメータです。

　発生学的要因に加えて，妊娠中のイベントも，個人の発達に重要な影響をもち得ます。妊娠中の女性による薬物やアルコールの実際の使用は，脳の発達に致命的な影響をもたらし，その後赤ん坊に重度の障害をもたらします。さらに証拠は少ないが，妊娠中の発達に影響を与えるものとして，妊娠中のケア，栄養，健康，母親のストレス，といった問題もあります。ダイエット，健康，フィットネスは，行動に影響を与えるであろう付加的な生物学的要因です。これらの要因によって，社会構造的文脈は，個人の生物学的発達に翻訳されます。すなわち，貧困な女性は，より豊かな女性に比べて，妊娠中のケアに鈍感で，栄養情報に欠け，妊娠中のストレス源を経験します。またダイエットの選択や情報，動機づけ，諸資源といった健康なライフスタイルに影響を与える諸要因は，社会システム内に個々に分布しています。図45は，生物学的，心理学的，社会学的要因がいかに特定のケースにおいて相互作用しているかを例示しています。

2 心理学的影響

　心理学的影響に関して，われわれは，精神や自己が，他者とりわけ重要な他者との相互作用において一次的な社会化の過程で獲得される社会的所産であるというミードの考え方を受け入れています。グラス（Glass, J. E. 1992）は，ア

ルコール依存症家族で育った個人への臨床的治療にこのパースペクティブを応用した報告を行っています。彼は，現在の問題行動が，個人の一次的な社会化から派生する内面化されたやっかいな認知，情緒，行動の結果であると記述しています。そのような社会化の結果として，人々は日常生活において維持されたりくりかえされたりする不適応的戦略を展開します。グラスは，クーリー (Cooly, C. H. 1924)，ミード (Mead, G. H. 1934)，シブタニ (Shibutani, T. 1961)，トマス (Thomas)［ボルカート (Volkart, E. H. 1951) を参照］，バーガーとラックマン (Berger, P. L. & Luckmann, T. 1966) といったシンボリック相互作用論者の研究から理論的パースペクティブや介入戦略を引き継いでいます。

③ 社会学的影響

また生物学的要因がパラメータであるが，その可能性は社会的環境によって喚起されます。たとえば，アルコホリズムの発生学的要因に関する十分な証拠が存在します。すなわち，ある個人は，アルコールに発生学的耐性がない。しかし，もしそんな個人がアルコールを飲むことがなければ，アルコホリックになることはない。家族規範，宗教的禁止，仲間集団の行動が，ある個人がアルコールを飲むかどうかの決定に重要な要因となります。同様に，子どもの成長や発達の早さは，大人と仲間両方にとって社会的意味をもちます。たとえば，「早熟」の期待が高いと，教師や他者によって責任のある役割を与えられ，そのことは，順繰りに仲間集団の位置に影響を与え，自己に関する定義および子ども自身の能力への期待に影響を与えます。

個人の生物学的に規定された特性はまた，社会的意味をもちます。人種，性，サイズ，容貌は，自己についての個人の思考と同様かれらの行為を形作る多様な社会的反応の結果でもあります。人種的・民族的差異は些細であっても，社会内における民族的階層による規範は，成員のライフチャンスに対して広範なインプリケーションをもちます。多動児とか学習障害児といったことについて留意しないことは，彼または彼女に対して支援的でない方法で振る舞うことになるでしょう。したがって，そのような子どもたちへの大人のケアテイカー（両親，祖父母，教師など）の対応は，彼らの障害を克服する過程にとって重要であります。

④ 生物-心理-社会アプローチの4つの命題

生物-心理-社会アプローチは，以下の4つの命題から構成されています。すなわち，①行動は自発的なものです。②行動は学習されるものです。③学習された行動は，自己に関する行為者の定義および状況によって選択されます。④行為者の社会集団成員は，以上の全てに関して制約的に機能したり重要な形成者として機能します。

（畠中宗一）

▷ Newman, B. M. & Newman, P. R. (1984). *Development through life : A pshychological Approach*. Homewood, IL : Dolsey.

参考文献

Berger, P. L., & Luckmann, T. (1966). *The social construction of reality, a treatise in the sociology knowledge*. Garden City, NY : Doubleday.

Cooly, C. H. (1924). *Social organization*. NY : Scribener.

Glass, J. E. (1992). An alternative understanding of the cognitive, emotional, and behavioral characteristic of industrial raised in allcholic homes : A clinical Theory of the industrial. *Clinical Sociology Review*, 10, 107-117.

Mead, G. H. (1934). *Mind, self and Socciety*. Chicago : University of Chicago Press.

Shibutani, T. (1961). *Social and personality*. Englwood Cliffs. NJ : Prentice-Hall.

Volkart, E. H. (1951). *Social behavior and personality*. NY : Social Science Reseach Council.

これらのうち，邦訳のあるものは，以下の2点である。

バーガー／ラックマン　山口節郎訳『日常世界の構成』新曜社，1977年。

クーリー　大橋幸・菊地美代志訳『社会組織論』青木書店，1974年。

ミード　稲葉三千男・滝沢正樹・中野収訳『精神・自我・社会』青木書店，1973年。

XII 家族問題を理解するアプローチ

5 社会学的カウンセリング

1 カウンセリング過程への社会学的認識の動員

「社会学的カウンセリング」(Sociological Counseling) という用語法は，個人および家族への臨床社会学の応用例です。それは，カウンセリング過程に社会学の概念を応用します。カウンセリング過程は，以下の3つの段階から構成されます。

第1段階：インテークと導入 (Intake and Introduction)
第2段階：事前評価と事後評価 (Assessment and Evaluation)
第3段階：介入とフォローアップ (Intervention and Follow-up)

社会学的カウンセリングは，プログラムに基づくアプローチ（たとえば，行動療法）より，主題アプローチを指向します。前者は，特定の仮説，理論，そして証拠を基礎としています。後者は，クライエントの経験の複雑さを十分柔軟に調整する自由度をもちます。加えて，後者の利点は，クライエントとカウンセラーの関係を広げるところにあります。したがって，それは，カウンセラーに対するクライエントの過大評価を避け，クライエントに直接的もしくは間接的に答えを与えるというよりも，クライエントがより能率的で効果的に生活が送れるように臨床医とともに努力するアプローチです。

「社会学的カウンセリング」でいう社会学の概念の一例は，われわれが，主体的存在（自由な存在）であると同時に，環境の犠牲者（束縛されている存在）であるという認識です。人々は，困難に陥ると，この認識を失ってしまいます。その結果，これらの社会的事実の一方を過度に強調することになります。（2つの事例を参照）臨床社会学者は，社会学的カウンセリングの実践の中で，このことをクライエントに伝えるだけでなく，クライエントが自分がどうすることもできない経験の状況や主体性をどの程度，どのように持ち合わせているかを判断できるように支援します。

●第1段階：インテークと導入

インテークと導入の第1段階では，以下の3点がポイントになります。
①クライエントとの意味のある社会関係（信頼関係）を発展させること
②クライエントがカウンセリングにやって来るに至った特定の問題の明確な理解を得ること
③適切な治療目標を取り決めること

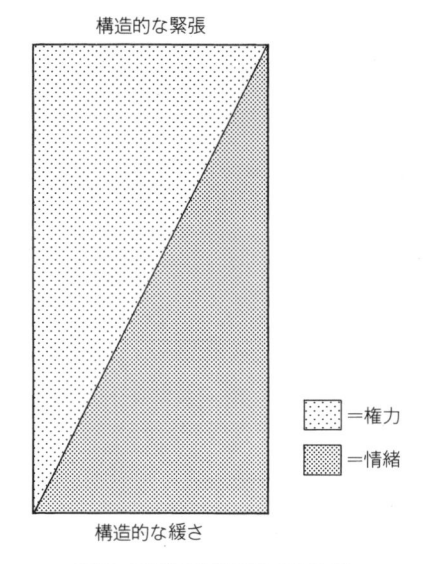

図46 権力と情緒の連続性

＊治療場面におけるセラピストとクライエントが権力的関係であれば，構造的に緊張した関係が構成され，情緒的関係であれば，緩やかな関係が構成される。緊張と弛緩の中間領域では，セラピストはクライエントの自己概念を情緒面で支えると同時に，双方が要求する具体的な変化を学習する状況が構成される。

出所：Roberts, L. W. (1991). Clinical Sociology with Individuals and Families. In Rebach, H. M. & Bruhn, J. G. (ed.) *Handbook of Clinical Sociology*. Plenum Press. p. 156.

●第2段階：事前評価と事後評価

事前評価と事後評価の第2段階では，自己開示された発言の信頼性をどのように確保するかという問題が指摘されます。そこでは，クライエントが何を語っても，カウンセリング段階で観察された実際の構造との比較によって，主張の正確さについての事前評価は可能であるといいます。このための具体的方法として，夫婦を結婚生活というひとつのまとまりとして考えるのではなく，夫と妻によって展開される生活という視点でとらえる方がよいのではとか，行動を記す日記をクライエントにつけてもらうことで，自分を正当化する合理化とカウンセリングによって得られた選択的な知覚とのバランスが確保されていくこと，などが指摘されています。

●第3段階：介入とフォローアップ

介入とフォローアップの第3段階では，クライエントが自ら変化しなければならないと気づくことが重視されます。クライエントのこの気づきには，自己概念の変化を伴います。すなわち，言葉だけでなく，行動が変わらなければなりません。自己概念の変化に成功した介入には，権力（power）と情緒（affect）の適度な混合が見られます。（図46を参照）

たとえば，治療場面におけるセラピストとクライエントが権力的関係であれば，構造的に緊張した関係が構成され，情緒的関係であれば，緩やかな関係が構成されます。

構造的に緊張した関係においては，押し付けが，緩やかな関係では，規範的な提案が，それぞれ行われます。構造的に緊張した関係における押し付けは，クライエントの抵抗に遭い，自己概念の変化は難しい。変化があったとしても，一時的な不本意な同意あるいは従順です。しかも，報酬や罰の回避といった手段的動機に支配されやすい。加えて，さらに強い圧力が存在する場合，最小限の資源を投資し，逃避や抵抗によって，残りのエネルギーを自己保存へと配分します。

緩やかな関係では，情緒の度合いが高く，セラピストの要求の度合いが低い。緊張と弛緩の中間領域では，セラピストはクライエントの自己概念を情緒面で支えると同時に，双方が要求する具体的な変化を学習する状況が構成されます。

このモデルによる介入の教訓は，セラピストは，クライエントから多くを求め過ぎても（構造的な緊張），少なすぎても（構造的な緩さ）いけないということです。

外部への適応と課題の遂行に関わる「手段的役割」(instrumental role) と，集団の維持と成員の統合に関わる「表出的役割」(expressive role) という概念の混同によって，多くの人々が，間違った情報や無知に基づいて性格形成や社会的世界への働きかけに関する「常識的な」考えを形成していることが臨床的な経験によって確認されます。

社会関係は，人間の努力の産物であるという認識を共有していないカップルには，カップル・タイムを制度化すること。儀式やセレモニーに参加することの制度化（個人的な行為を社会的結び付きに変える一つの方法）。

一般に，トラブルのある人は，儀式に結び付く経験がほとんどありません。（記念日を祝うことに無関心，一緒に食事をとらない）儀式は，社会的結びつきとわれわれの生活への関連をつくるのに役立ちます。「毎週木曜日には一緒に食事に出掛ける」という簡単な儀式の制度化が，時間と社会的結び付きの再建の重要な一歩となります。

主題アプローチの利点のひとつは，臨床的介入に対する柔軟性にあります。一方，プログラム・オリエンテーションは，査定と介入が自信をもって進められます。そこでは，臨床医の理論的アプローチは，適切であるとみなされ，問題はクライエントの要求に合うように組織を変えるか，プログラムの要求にクライエントを従わせるように試みるかのどちらかです。そこでは，臨床的アプローチの検証というよりも，臨床医の要求を充たすためにクライエントの能力を検証する場になります。構造的特性の強調は，目的に対して個人の関心をコーディネートするための手段であるという視点が促されます。

事例1：
　　不倫を働いている夫と35歳の妻。夫はこれまでに何回も不倫を働くが，妻と別居せず，性関係を自粛することもなかった。妻は，「自分が一生懸命尽くすならば，夫を変えることができる」と信じ続けていました。彼女の努力は何度となく失敗に終わり，彼女は次第に落胆し，自尊心を低下させていきました。彼女が努力するほど，状況は悪化しましたが，彼女は相変わらず，努力が足りないと認識していました。彼女の場合自分にできることを過大評価し，努力を超えた環境の束縛を過小評価したことによって，彼女の苦悩は増幅されていきました。

▷ Roberts, L. W. (1991). Clinical Sociology with Individuals and Families. In Rebach, H. M. & Bruhn, J. G. (ed.) *Handbook of Clinical Sociology*. Plenum Press. p. 147.

事例2：
　　十代の子どもをもつ家族の相談。両親と十代の子どもたちは，互いに異なる居場所をもっていました。2回目の面接後，両親と子どもたちは，互いに責め合い，家族の状況について容赦のない不平を述べました。しかし，だれも家族の状況に責任をもとうとはしませんでした。このことを言及すると，子どもたちは，「こんなことになったのは親たちのせいだ」と言い，親の側も「この状況を変えることは不可能だ」といいました。すなわち，環境による束縛を過大評価し，個人の自主性が過小評価されています。

▷ *ibid*., pp. 147-148.

2　社会学的カウンセリングの特徴

　約言すれば，社会学的カウンセリングは，カウンセリング過程に社会学的概念および認識を導入するところにその特徴を持ちます。

　別の表現をすれば，臨床社会学におけるミクロ水準の具体的展開例として理解することができます。

　臨床社会学の特徴の一つは，ミクロ，メゾ，マクロ水準間の相互作用を前提とするところにあります。すなわち，ミクロ水準の個人や家族の問題は，経済変動や社会変動といったマクロ水準の影響や，学校や地域社会の変動といったメゾ水準の影響の関数でもあるという認識がそれです。

　したがって，臨床社会学におけるミクロ水準の展開例を社会学的カウンセリングに限定する必要はないと思います。臨床社会学のもう一つの特徴が，事前評価，介入計画の作成，介入計画の実行，事後評価といった介入プロセスを作動させることにあります。介入プロセスそれ自体は，臨床心理学，社会福祉学，看護学，保健学などにも存在しますが，事前評価において社会学的認識を動員するところにその特徴を持ちます。

　加えて，その社会学的認識には，先述したミクロ，メゾ，マクロ水準間の相互作用を前提とすることも含まれます。社会学的カウンセリングでは，介入プロセスへの親和性は見られても，メゾ，マクロ水準からの影響という視点が必ずしも明確に自覚されていないように思えます。

（畠中宗一）

XVII 家族問題を理解するアプローチ

6 ファミリー・ソーシャルワーク

1 全体としての家族（family as a whole）への援助という視点

　社会福祉における「家族福祉」とは「家族成員としての個人を家族集団に適応させたり，家族生活そのものの維持，安定，向上を図ることを目的とする社会福祉の一分野」とされ，いわゆる子ども，高齢者，心身障害者などの個人対象によって分類されるのではなく，「全体としての家族（family as a whole）」に焦点を当てて支援していくという視点をもちます。「全体としての家族」への援助という視点はそもそも「急激な社会変動にともなう家族構造の変化に対応して，家族の近代化を円滑かつ効果的に進行させ，近代家族が家族としての固有の社会的機能を果たしていくための社会的施策として，いわゆる家族政策に属する諸政策のほかに，個々の家族員が家族員として期待せられる役割を実行するように，個別的に援助する家族福祉事業を実施してゆかねばならない」とする，家族成員としての役割実行を通しての「全体としての家族」の援助という家族福祉論の考え方に緒を認めることができます。

▶岡村重夫・黒川昭人『家族福祉論』ミネルヴァ書房，1971年。

　ここで援助の対象となるのは問題を抱えた家族ということになりますが，家族問題とは基本的にその原因が社会の側にあろうと個人の側にあろうと，結果としてなんらかの社会的解決あるいは制御を必要とする家族もしくは家庭をめぐる社会問題として位置づけることができます。その中身は「家族もしくは家庭が社会の側から期待され，要請されている機能を十分に果たせない場合」や「家族もしくは家庭が個人の側から期待され，要請されているニーズを十分に充足できない場合」がありますが，具体的には解決困難な家庭生活上の課題を抱えた家族や，危機的状況にある家庭への支援の方策として，関係機関と連携しながら，専門的援助技術や社会資源を活用することによって，家族を構成する個々人の自己実現をはかり，家庭の機能を充分に果たせるように社会的に介入することをファミリー・ソーシャルワークと言います。

2 ファミリー・ソーシャルワーク――家族援助実践事例

　ソーシャルワーク実践においては，生態学的視座を組み込み，人間とその環境との間の相互作用を構成する社会関係に焦点が当てられます。人間と，環境としての家族，地域，国家社会，さらには自然といった存在は不可分の連続体であり，そもそも個人と家族も相対立するものではなく，相互の欲求を補完的

図47 エコマップの例

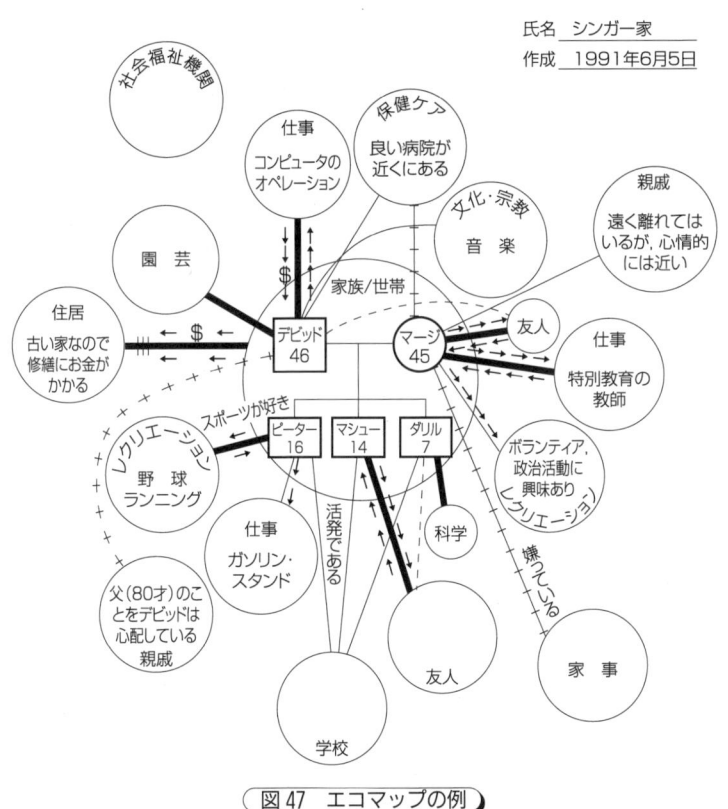

出所：Hartman, A. (1979). *Finding Families: An Ecological Approach to Family Assessment in Adoption.* pp. 41-49.（湯浅典人「エコマップの概要とその活用」鉄道弘済会『社会福祉学』33-1号，1992年，119～143頁より引用）

に満たしながら高め合うという，いわば「共生」の思想に基づくものです。そのなかでハートマンによって考案・開発されたエコマップは，生態学・システム論的視点をもった家族中心ソーシャルワーク実践に大いに活用されています（図47）。

エコマップとはソーシャルワークの実践場面で，クライエントである個人の環境全体または一部，あるいは家族全体の社会関係，生活実態を可視的に図式化するとともに，クライエントの人間関係における協力，支援，援助，反発，対立，葛藤，断絶などの社会関係全体の様相を簡潔に把握することを目的として描かれた生態地図を意味します。これによって，クライエント自身が自らのおかれた現状を客体視できるほか，ソーシャルワーカーにとってもクライエントの問題状況の把握，援助資源との関係把握，問題解決のための福祉サービス，支援活動に関連する機関との関係把握が容易になり，援助のための方策に役立つと言われています。

ファミリー・ソーシャルワーク実践は，「環境との間に相互交換的な均衡を図りながら，家族の社会的機能の強化を側面的に支援していく専門的な介入行動である」と言われていますが，家族については，「家族メンバーが生活を維持するために資源として用いる重要な社会システムのひとつと考え，それを積極的に活用していく」という理解が示されています。

（杉井潤子）

▷ Hartman, A. (1978). Diagrammatic Assessment of Family relationships. *Social Casework* vol. 59, pp. 465-476.

Hartman, A. (1979). *Finding Families: An Ecological Approach to Family Assessment in Adoption.* Sage publications.

Hartman, A. & Laird, J. (1983). *Family-Centered Social Work Practice.* NewYork. The Free Press.

▷ 宮本義信「家族実践における家族中心ソーシャルワークの有効性」『社会福祉学』38-2. 日本社会福祉学会，1997年，119～135頁.

XIII 家族福祉の課題と展望

1 貨幣的ニーズと非貨幣的ニーズ

1 貨幣的ニーズと非貨幣的ニーズ

　貨幣的ニーズおよび非貨幣的ニーズは，三浦文夫によって提唱された福祉概念です。

▶詳しくは，三浦文夫『社会福祉経営論序説——政策の形成と運営』硯文社，1980年を参照。

　前者は，金銭給付によって充足することのできるものであり，後者は，金銭給付では充足されないニーズをいいます。前者には，社会福祉を所得保障とサービス保障に区分した場合の，所得保障が相当します。いわゆる社会保険，家族手当，公的扶助がそれです。後者には，家事援助，身辺自立のための援助，精神的なサポートなど，個別的で多様な物品・施設あるいは人的サービス等が相当します。富裕化によって，社会福祉ニーズにおける非貨幣的ニーズの占める割合が拡大する傾向にあります。

　しかし，貨幣的ニーズの増減は，経済変動に左右されるところが大きいように思います。したがって，長期に及ぶ経済の低迷は，リストラによる失業やホームレスの増加をもたらし，結果として貨幣的ニーズを増加させる可能性が大きいように思います。しかも，米国を中心とした経済のグローバリゼーションは，米国経済の低迷によって，世界経済全体に負の影響をもたらすという構図ができあがっています。このような世界規模の経済システムの確立が，一国の経済を左右するほど，地球社会は相互依存関係を深めているともいえましょう。

　したがって，貨幣的ニーズと非貨幣的ニーズのシェア関係は，経済変動のなかで絶えず変動を余儀なくされることを自覚しておかなければなりません。

　ところで，貨幣的ニーズおよび非貨幣的ニーズという区分は，政策としての家族福祉の方法にほぼ対応します。家族福祉の基礎的部分は，貨幣的ニーズによって対応されてきましたが，富裕化そして私事化のなかで，非貨幣的ニーズの占める割合が拡大していきました。非貨幣的ニーズが，個別的で多様な物品・施設あるいは人的サービス等と規定されていることからみても，私事化の影響は見逃せないと思います。

　一方，臨床・実践としての家族福祉の場合，貨幣的ニーズとは対応しないものの，非貨幣的ニーズとは一部対応しています。すなわち，専門家，準専門家，非専門家を問わず，人的サービスによるクライエントの介入あるいは支援は，非貨幣的ニーズへの対応として理解することはそれほど無理があるとは思われません。

❷ 非貨幣的ニーズのシェアの拡大

　貨幣的ニーズにしろ非貨幣的ニーズにしろ，財政論的枠組みに従えば，それらが貨幣によって対処されることは間違いないことです。クライエントにとっては，現金給付の形態をとるか現物給付の形態を取るかの違いです。現金給付のマイナス面は，クライエントが目的のためにその現金を使わない可能性です。そのような可能性が高ければ，目的に対する政策効果は小さいことになります。したがって，政策目的との関連で現物給付による提供が増加するという一面も理解しておいた方がよいかもしれません。

　一方で，富裕化そして私事化によって，多様な個別ニーズへの対応が指向されたこと，他方で政策効果を高めるために現物給付の提供が増加していったというそれぞれの相互作用のなかで非貨幣的ニーズのシェアが拡大していったと理解しておいた方が現実的かもしれません。

❸ 一例としての在宅重度障害者（児）紙おむつ給付事業

　たとえば，自治体の施策のひとつに，在宅重度障害者（児）紙おむつ給付事業があります。これは，在宅の重度障害者（児）の衛生の向上と介護者の精神的経済的負担の軽減を図ることが，その目的です。

　対象者は，在宅の重度障害者（児）で恒常的に紙おむつを使用している満3歳以上の人です。具体的には，身体障害者手帳1，2級または療育手帳Aの交付を受けている人，障害児福祉手帳・特別障害者手帳・福祉手当の受給資格を認定されている人が対象となります。一カ月あたり6,000円の自治体が交付する受給券を指定の薬局薬店に提出することによって，紙おむつと引き換えることができます。

　この制度も受給券を使った現物給付です。自治体から指定を受けていない薬局薬店では，紙おむつと引き換えることができません。また紙おむつは，売り場面積を取るため，需要の少ないメーカーやサイズを常備することは難しいようです。したがって，指定を受けている薬局薬店に出掛けても求めるタイプの紙おむつを手に入れることができるかどうか定かではありません。多くの場合は，注文を依頼し，再度指定を受けている薬局薬店に出掛けることになります。

　このように紙おむつ給付事業は，自治体が紙おむつ用の受給券を発行することによって，紙おむつ以外のものに転用される可能性は低いため，政策目的との整合性は高いようです。

　しかし，この受給券を使用するためには，指定された薬局薬店でなければならず，しかも紙おむつの性格上一定の売り場面積を占めるため，使い勝手のよい商品を選択できるという状況には至っていません。このあたりが政策として事業を展開する場合の限界かもしれません。

（畠中宗一）

XIII 家族福祉の課題と展望

2 介入と支援

1 介入することによる支援

　臨床・実践としての家族福祉であれ政策としてのそれであれ，介入（intervention）と支援（support）の関係を整理しておくことは意味があるでしょう。介入は，広義には，介入プロセスをいいます。介入プロセスは，事前評価，介入計画の作成，介入計画の実行，事後評価からなります。狭義には介入プロセスの一部をいいます。したがって，介入プロセスのうち，介入計画の作成，介入計画の実行からなります。

　広義の意味における介入であれ狭義の意味における介入であれ，それには支援がふくまれることになります。すなわち，介入計画の作成，介入計画の実行は，支援の一形態です。支援は，介入計画の作成および実行によって具体化されます。事後評価によって，問題の解決あるいは解消が見られなければ，再度事前評価のやり直しが行われます。そしてやり直された事前評価に基づいて，新たな介入計画の作成及び実行が行われます。事後評価によって，事態の改善が見られれば，介入プロセスは終了です。

　臨床・実践としての家族福祉は，ほぼこのような展開が一般的です。しかし，臨床・実践としての家族福祉でも，事後評価が行われない場合も少なくありません。それは，当事者にとってもっともよい事態の改善策というより現実に可能な改善策という色彩が強い支援という意味合いになります。同様に政策としての家族福祉でも，基本的なスキームはこのように理解してもよいのですが，なかには政策による対処をもって介入プロセスは終了し，事後評価に相当する政策効果の論議は十分ではありません。

2 介入なき支援

　ところで，介入と支援をめぐっては，別の解釈も存在しています。すなわち，介入なき支援という考え方がそれです。介入なき支援という場合の「介入」は，臨床・実践の場面における，戦略的・意図的「介入」を意味します。たとえば，家族療法において，家族システムの悪循環に対して，戦略的・意図的な「介入」によって，認知水準や行動水準の変化を促す働きかけが行われるような場合が存在します。セラピストが戦略的・意図的に働きかける行為を「介入」と定義すれば，介入と支援は区別されるかもしれません。

「介入」の結果，事態が改善されるのであれば，「介入」は結果として「支援」的役割を果たしたことになるかもしれません。しかし，「介入」の結果，事態が改善されなければ，それは「支援」とは無関係です。もちろん，戦略的・意図的「介入」であっても，それがセラピストによる事前評価に基づくものであれば，「介入」それ自体は，必ずしも支援と直接結び付くものではありません。あくまでも「介入」の結果，事態が改善されるということをもって，結果としてそれが「支援」的役割を果たしたということになります。したがって，「介入」と支援は分けて考えておいた方がよいと思います。

問題は，このような介入プロセスを前提としない支援が，臨床的・実践的な場面には数多く存在します。ア・プリオリな支援とでも表現される「支援」がそれです。臨床家や実践家がクライエントに対して，よかれと思って行われる「支援」です。それが善意から出発しているため，クライエントはそれらの「支援」を拒否することができません。

もちろん多くの専門的な支援は，介入プロセスにしたがって遂行されます。しかし，臨床や実践の最前線では，必ずしも専門家による専門的な支援だけではありません。ボランティアをはじめ，多くの準専門家あるいは非専門家による支援が大きな力を発揮していることも事実です。これらの人々による支援の多くは，必ずしも介入プロセスにしたがった支援の遂行ではありません。

3 専門職による支援とそれ以外の支援

家族福祉の具体的展開にあたっては，したがって専門職による支援とそれ以外の支援を分けて理解する視点も重要です。これまでの論議では，専門職による介入が前提にされてきましたが，家族福祉の具体的展開にあたっては，専門職による介入だけでことが終始するわけではありません。ボランティアをはじめ，コミュニティに所属する多くの非専門職の人々が資源となって，クライエントを支援することが目指されなければならないと思います。

これは，コミュニティに基礎づけられた処遇であり，**ネットワーク・セラピー**はその具体的展開として理解されるでしょう。もちろん，ネットワーク・セラピーにおいても，コーディネーターとしての専門職の役割が重要であることに変わりはありません。ネットワーク・セラピーの具体的応用は，更生保護事業に見られます。非行少年や犯罪少年の社会復帰のために，保護監察官がコーディネーターとなり，保護司を中核として，クライエントの社会復帰をサポートする社会的資源は，多いに越したことはありません。クライエントを二重・三重にサポートするかたちで，クライエントを中心とするサポート・ネットワークが構築されることによって，クライエントの社会復帰はその可能性をより高めていきます。サポートする人々は，必ずしも専門家ではありません。彼らにとって，支援は介入プロセスとは無関係な「支援」です。

（畠中宗一）

▷ネットワーク・セラピー
⇒ XV-4 （144頁）参照。

XIII　家族福祉の課題と展望

3 「自立―依存」関係の再評価

1　自立と依存の折り合い

　「富裕化」は，一方で家族機能の外部化を促進させ，結果として家族機能の脆弱化をもたらしました。また他方でそれは私事化を促進させました。したがって，「富裕化」社会の家族問題は，家族機能の脆弱化および私事化の関数として顕在化しています。

　そこで，この2つの変数と「自立」の関係を改めて問い直すと，次のようになります。すなわち，「自立」のメッセージは，家族機能の脆弱化および私事化を背景に出されていることです。脆弱化した家族機能のもとで「自立」が，また私事化のもとで「自立」が，それぞれメッセージとして出されます。とりわけ，後者の文脈では，自己実現と「自立」が重なってきます。したがって，「自立」のメッセージは，脆弱化した家族機能のもとで家族成員が自己実現を目指すというイメージを構成します。

　このようなイメージは，個々の家族成員が生き生きしているというさらなるイメージを想像させます。果たして現実はそうでしょうか。「自立」が強調される家族や社会では，親密な他者による「依存」や「甘え」は，自己実現に制約を加える重荷でしかありません。たとえば，妻が風邪で寝込んだとき，夫は数日は優しい振る舞いをしますが，長引く気配を感じると，妻子を実家に送り届けるという話を聞いたことがありますが，家族生活や社会生活においては，親密な他者による「依存」や「甘え」は，日常的なことです。そのような場面において，「依存」や「甘え」を受容できないということは，信頼関係にひびが入っても仕方がありません。

2　依存や甘えの再評価

　「依存」や「甘え」は，親密な他者の愛情を確認する行為でもあります。したがって，「自立」の強調が，「依存」や「甘え」の排除であるならば，家族関係や社会関係における信頼は幻想となります。繰り返しになりますが，「依存」や「甘え」は，家族関係や社会関係における潤滑油のようなものではないでしょうか。たとえは悪いですが，車を運転する者にとって，オイル交換を怠れば，ガソリンの燃費は悪くなりますし，エンジン・トラブルのもとにもなります。同様に，家族関係や社会関係において「依存」や「甘え」を排除することは，

人間関係における親密性を否定することにもつながります。

船橋惠子は，産育という行為を「弱者につながって生きる」生き方という記述をしています。そのような行為への参加は，「人を優しくする」とも表現しています。このことは，産育という行為が，「依存」や「甘え」と付き合っていく行為でもあることから，そのような経験が人を優しくすることにもなるのだと思います。他者への「依存」や「甘え」なくしては生きていけない人々，たとえば，子ども，障害者，そして高齢者などにとって，「自立」の強調はつらいものがあるのではないでしょうか。

▷船橋惠子『赤ちゃんを産むということ』日本放送出版協会，1999年，46頁。

3 「自立」と「依存と甘え」の弁証法

人間の社会は，さまざまな社会関係によって構成されています。このことは，人が一人では生きて行けないということでもあります。もちろん，食物を摂取し，睡眠を確保することによって，生物体としての人間を維持することはできます。しかし，人は，社会関係のあり方によって，健康にも不健康にもなります。人が社会的に健康であるということは，周囲の人々との社会関係のあり方によるところが大きいのです。さまざまな社会関係のなかで，「依存」や「甘え」を受容してくれる親密な他者が存在するかどうかが，その人の健康を規定します。

このように考えると，「依存」や「甘え」を単純に否定することには慎重でありたいのです。人生に疲れ，希望を失った人がもう一度頑張ろうという気持ちになれるかどうかは，疲れ切った自己を受け入れてくれる親密な他者の存在の有無にかかっています。自己の「依存」や「甘え」を受け入れられた経験が，「自立」を促し，「弱者につながって生きる」生き方を肯定します。すなわち，他者の「依存」や「甘え」を受け入れられるようになります。

したがって，家族関係や社会関係の場においては，「依存」や「甘え」を排除した「自立」など現実的ではありません。「依存」や「甘え」を受け入れてくれる親密な他者の存在によって，人は「自立」を可能にするのです。

このことは，互いに矛盾した命題を止揚しようと試みる意味での弁証法に近いと思います。「自立」と「依存と甘え」は互いに矛盾した命題です。しかし，さまざまな場面でより「自立」的であろうとすれば，互いに矛盾した命題である「依存と甘え」を弁証法によって止揚し，さらなる「自立」を獲得することです。しかし，より高次の「自立」に至ろうとするには，「依存と甘え」の力が必要でしょう。

人は親密な他者による「依存」や「甘え」を受容することによって，他者の「自立」を促し，同時に自己の生きるエネルギーを充電されます。「依存」や「甘え」を受容する対象をもつことによって，人は生きる力を付与されます。

（畠中宗一）

参考文献

Frankl, V. E. (1972). *Der Wille zum Sinn.* Verlag Hans Huber.

畠中宗一編『自立と甘えの社会学』世界思想社，2002年。

XIII　家族福祉の課題と展望

4　ウェルビーイングの指標化

　家族福祉の目的は，家族の健幸（ウェルビーイング）を維持・促進させることにあります。

　家族の健幸とは，ヘルシー・ファミリー（healthy family）という目的概念の実現を意味します。

　ヘルシー・ファミリーとは，ノーマル・ファミリー（normal family）に対置して使用される概念で，既存社会に存在する「学歴主義」「能力主義」「競争主義」「個人主義」といった価値観に適応していく家族（これを，ノーマル・ファミリーとよぶ）ではなく，家族成員の一人ひとりが，自己の潜在能力や個性，そして感性を開花させることのできるような「生活共同体」を意味します。

　抽象的には，このように記述できますが，ヘルシー・ファミリーの具体的モデルは，現在のところ明確にされておらず，したがって指標レベルでの合意形成はできていません。

　国際的には，ウェルビーイングの指標化よりもQOL（Quality of Life）の指標化に関する議論の方に勢いがあるように思われます。

①　「ヘルシー・ファミリー」特性に関する因子分析の結果

　教育期の親子を対象にした「ヘルシー・ファミリー」特性に関する因子分析（主成分分析，バリマックス回転）の結果，以下のことが明らかにされています。すなわち，子どもの場合，「コミュニケーション因子」「体力づくり因子」「経済的安定因子」「心身の健康因子」「食欲因子」の5因子（固有値1以上，因子負荷量.04以上，累積寄与率63.1）が，父親の場合，「お互いを尊重する因子」「基本的生活習慣因子」「平等因子」の3因子（固有値1以上，因子負荷量.04以上，累積寄与率87.0）が，そして母親の場合，「お互いを尊重する因子」「経済的安定因子」「心身の健康因子」「いつも一緒因子」「団欒因子」の5因子（固有値1以上，因子負荷量.04以上，累積寄与率75.8）が，それぞれ析出されました。

　この因子分析の結果を約言すると，

①子どもと母親には，「経済的安定因子」「心身の健康因子」で共通性が見られます。

②父親と母親には，「お互いを尊重する因子」で共通性が見られます。

③子どもと父親には，共通性が見られません。

④子どもに固有な因子は，「コミュニケーション因子」「体力づくり因子」「食

▶畠中宗一「『健康な家族』とは」『生活科学最前線90のトピック』中央法規出版，1999年，85頁。

欲因子」です。
⑤父親に固有な因子は,「基本的生活習慣因子」「平等因子」です。
⑥母親に固有な因子は,「いつも一緒因子」「団欒因子」です。

　このように,教育期の親子を対象にした「ヘルシー・ファミリー」特性に関する因子分析の結果は,子ども,父親,母親のそれぞれにおいて,異なった因子構造をもっていることを示唆しています。

　これらをさらに,異なったライフステージでデータを蓄積することによって,「ヘルシー・ファミリー」特性のヴァリエーションは,さらに大きくなることが予測されます。

　これらの知見は,家族の健幸を維持・促進させていくための臨床的・実践的展開において,有効な指標を構成していくと思われます。

2　パブリック・ファミリズム構築の条件

　ところで,パブリック・ファミリズム構築の条件として,「自立―依存」関係の再構築とウェルビーイングの指標化についてふれました。

　ファミリズムを,「育児や子育てにおける労力の提供等を充足する集団の機能」として定義すると,育児・子育ての家族集団による遂行力の低下は,育児・子育ての外部化を促進してきています。すなわち,パブリック・ファミリズムを促進させます。

　しかし,パブリック・ファミリズムの促進で留意しなければならないことは,乳幼児期における安定した保育者との関係を保障するという理念を,家族政策のなかにどのように具体化させるかという点です。英国では,一方で乳幼児期における保育者との安定した関係を保障する育児・子育てを指向し,他方でこれと親の自己実現支援（就労支援を含む）を同時に充足するシステムとして,マインディング・システムを選択してきました。ここには,家族から離脱したファミリズムをパブリック・ファミリズムに転換する際の,家族政策としてのぎりぎりの譲歩が読み取れます。

　すなわち,パブリック・ファミリズム構築の条件として,「自立―依存」関係の再構築を論じたのは,依存機能を再評価することによって,そのことを政策としての家族福祉,すなわち家族政策を展開する場合の留意点として注意を促したかったことによります。またウェルビーイングの指標化を論じたのは,臨床・実践として家族福祉を展開する際,ウェルビーイングの指標化は,有効な道具になりうると考えたからです。

　これらの条件が具備されることによって,家族福祉はより具体的に展開されるでしょう。

（畠中宗一）

参考文献
　畠中宗一『子ども家族支援の社会学』世界思想社,2000年。

エピローグ

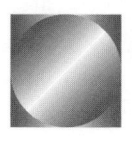

家族を支えるネットワークの構築

1 抵抗体としての家族の可能性

　さまざまな要因によって機能不全に陥った家族に対する支援や援助に対するネーミングは，多様です。家族支援，家族援助，家族福祉など。この際，多様なネーミングの異同について検討することには積極的な意味を見出せないように思います。どのようなネーミングを使用しようとほぼ同じようなイメージが構成されるように思われるからです。本著では，「家族福祉」というネーミングを採用しました。

　機能不全に陥った家族に対する支援や援助の必要性は，一方で家族の機能水準が相対的に低下しているという事実から派生します。他方でそれは家族が支援や援助によって守られるべきシステムであるという認識から生まれます。家族のあり方に関しては，今日多様化そして個人化というキーワードで語られます。このような文脈の延長線上に家族の解体をイメージした論議も見られます。

　ここでは，家族福祉の存立根拠を家族システムが守られるべき存在であること，したがって，機能水準の低下した家族に対して支援や援助が行われる，という認識に立っています。山根常男は，家族と社会の関係を論じるなかで，家族が社会に対して「過剰適応」していると指摘しました。また家族は社会に対して「適応」する存在であると同時に，「抵抗」する存在でもあると論じました。人権やプライバシーが侵されるとき，家族は「抵抗」する存在として機能することが論じられました。

　現代家族は，一方で経済システムや教育システムの影響を受ける客体として過剰適応を余儀なくされています。他方で現代家族は，社会に対する抵抗体として主体性を発揮することも期待されています。しかし，現実の家族は，富裕化に随伴した外部化によってその機能水準を低下させてきていることと社会システムへの過剰適応の悪循環によって，抵抗体としての機能を発揮できない状況にあります。

　したがって，家族が一方で社会に適応し，他方で社会に対して抵抗体としての主体性を発揮できるように支援や援助が行われるべきであると思います。その際，家族に対する支援や援助は，家族外部に存在する社会資源とのアクセスを図るということだけではなく，支援や援助のためのネットワークを構築するという視点が重要です。

▷山根常男『家族と社会』家政教育社，1998年。

このことは，問題解決指向性によって，個別の家族問題が解決されるということにとどまらず，サポートネットワークを構築することによって，コミュニティに基盤をおいた処遇の実践，すなわち福祉社会の実現をも視野に入れたものであります。

2　サポート・システムの構築

　家族の健幸を維持・促進させることを目的概念とする家族福祉の実現は，福祉社会の実現を指向するものでもあります。したがって，家族福祉の実現は，コミュニティを基盤としたサポートネットワーク社会の構築にも貢献することが期待されます。金子郁容は，新しいボランティア観に関する論議のなかで，以下の主張をしています。

> 　　V切符制度については，「ボランティアに，経済的見返りの要素を持ち込むべきでない」といった批判がある。私は，そのような批判は，ことの本質を取り違えたものだと思う。重要なことは，会員相互の「ボランティアとしてのかかわり方」が成立することを，システムとしてサポートできるかどうかという点である。V切符という「道具」を使うことで，経済性に切り取られない関係性が誘発され，そのような「かかわり方」が相互に提供されることになれば，ボランティアの関係性が成立したと言うことであり，サポート・システムは成立したということだ。そのとき，V切符が（全面的ないし一部）換金可能かどうかということは，本質的な問題ではない。

▶金子郁容『ボランティア』岩波新書，1992年，166頁。

　現代社会は，人間関係の希薄さを一つの特徴とします。しかし，われわれは，関係性のなかで生存しています。関係性とは，相互に関わりをもつことであり，状況によっては，相互に助け合う存在でもあります。現代社会のありようは，この基本的な関係性から離脱し，孤立化の傾向さえうかがえます。人々は，個人的にそして家族内で個別の問題に遭遇します。家族内で対処できない問題に対して外部社会の資源を動員し，家族の健幸を回復する方法として，家族福祉が存在します。加えて家族福祉の実現には，金子郁容の主張するサポート・システムの構築が前提となります。すなわち，家族を支援するネットワークの構築によって，家族福祉は地域福祉とも連動する営みとなります。

　家族にとってなぜサポート・システムの構築が必要かを改めて問い直せば，以下のようになります。すなわち，第一に，それは家族が主体性を取り戻し，抵抗体としての機能を発揮する可能性を高めます。第二に，それは家族の孤立化を防ぎます。第三に，それはコミュニティ成員とのコミュニケーションを高め，家族のウェルビーイングを増進することにつながります。

（畠中宗一）

さくいん

あ

- ICF 国際障害分類 *48*
- 愛着関係 *14*
- IT 革命 *8*
- アウトリーチ *15*
- 赤い羽根共同募金 *82*
- 浅野千恵 *45*
- アセスメント *9, 25, 146*
- 新しく展開した生活問題 *60*
- アダルトチルドレン *43*
- アッカーマン *174*
- アルコール依存症 *42*
- 医学的モデル *48*
- 異議申し立て行動 *20*
- 育児・介護休業法 *28, 106*
- 育児休業等に関する法律（育児休業法）*106*
- 育児ストレス（ノイローゼ，不安）*12, 53*
- 育成相談 *71*
- 意志の病 *42*
- いじめ *111*
- 依存症 *42*
- 伊田広行 *134*
- 一億総サラリーマン社会 *53*
- １次直線的な関係 *169*
- 一時保護所 *70*
- 1.57ショック *52*
- 一般システム理論 *148, 174*
- 医療保険 *60*
- 岩田正美 *28*
- インセスト（近親相姦）*20, 21, 40*
- インテークと導入 *186*
- インテグレーション *85*
- ウィタカー *174, 175*
- ヴィティッヒ *19*
- ウィン *156*
- ウェルビーイング *9*
- ウェルビーイングの指標化 *198*
- ウェルフェア *9*
- 宇都宮精神病院問題 *122*
- 運命的な仲間 *140*
- AA（Alcoholics Anonymous）*43*

- ABC-X モデル *160*
- エイジズム *36*
- エゴセントリック・ネットワーク *145*
- エコマップ *191*
- エコロジカル・アプローチ *178*
- FAAR→家族順応・適応反応過程モデル
- M字型（労働）曲線 *12, 52*
- エルダー *138*
- 円環的因果律 *149*
- 円環モデル *168*
- エンゲル係数 *159*
- エンゲル方式 *97*
- 援助交際 *20*
- エンゼルプラン *77*
- エンパワメント *152*
- 大日向雅美 *54*
- オーフォード *145*
- 尾木直樹 *38*
- 乙類審判事件 *80*
- オルソン *168*
- FACES *171*
- FACES III *171*
- FACESKG *171*
- F-COPES *167*
- FILE *166*
- MRI（Mental Research Institute）*177*
- NFR *68*
- NPO *33*
- NPO法 *84, 86*

か

- カード社会 *6*
- カーンとアントヌッチ *141*
- 介護保険 *60*
- 解体型 *15, 157, 173*
- 解体期 *162*
- 介入 *194*
- 介入計画 *15*
- 介入とフォローアップ *186*
- 介入プログラム *183*
- 介入プロセス *15, 26, 189, 194*
- 外部化 *5*

- 回復角度 *162*
- 開放システム *149*
- カウンセリング過程 *186*
- 科学的社会学 *180*
- 過干渉 *41*
- 核家族 *53, 108*
- 学際的な指向性 *29*
- 学際的な準拠枠 *59*
- 学際的方法としての家族福祉 *64*
- 格差縮小方式 *97*
- 拡散した境界 *150*
- 拡大家族 *53, 108*
- 隔離収容 *50*
- 笠原敏彦 *44*
- 家事審判所 *80*
- 家事審判法 *80*
- 過剰効率（化）*6, 16*
- 過剰商品（化）*6, 16*
- 過剰適応 *19, 200*
- 過剰富裕（化）*16*
- 家事労働（援助）*158, 192*
- 家族 *29*
- 家族援助 *200*
- 家族カウンセリング *59, 174*
- 家族関係としての家族福祉 *62*
- 家族関係の希薄化 *10, 18*
- 家族関係論 *14*
- 家族危機 *15*
- 家族機能の外部化 *196*
- 家族機能の脆弱化 *20, 196*
- 家族支援 *12, 200*
- 家族システム測定尺度 *171*
- 家族システムの発達論 *175*
- 家族システム理論 *148*
- 家族システム論 *26*
- 家族周期 *160*
- 家族周期論 *136*
- 家族集団療法 *174*
- 家族順応・適応反応過程モデル（FAAR）*167*
- 家族・親族 *66*
- 家族心理療法 *174*
- 家族成員の個人的資源 *161*
- 家族手当 *60, 192*

さくいん

家族内部の資源 161
家族の「個人化」「多様化」 10
家族のウェルビーイング 28
家族の危機 160
家族の主体性 19
家族福祉 200
家族への執着 25
家族療法 26, 45, 59, 149, 174
家族臨床 15
型破りな治療実践 174
学級崩壊 111
活動 48
家庭 29
家庭外保育 29
家庭型養護 78
家庭裁判所 29, 80
家庭裁判所調査官 81
家庭相談員 72
家庭内暴力 34
過程目標 183
金子郁容 201
カハランら 42
貨幣的ニーズ 14, 192
環境の犠牲者（束縛されている存在） 186
関係モデル 140
管理社会 7, 18
危機 162
偽相互性 156
既存の資源 166
帰宅拒否症候群 10
機能障害 48
規範優先社会 20
基本的信頼感 41
キャフィ 32
救護施設 97
救護法 96
窮乏化 2
教育家族 39
共依存 43
凝集性 168
拒食症→摂食障害
緊急保育対策等5か年事業 77
近親姦 40
近親相姦 40
近代家族 54
近隣総合扶助型 84
クーリー 185
ぐ犯少年 81

クライエント 26, 58, 181
クライエント・システム 26, 181
グラス 184
グループダイナミックス 41
グループホーム 88
グローバリゼーション 8
ケアマネジメント 121
ケースワーカー 58, 72
ケースワーク論 29
結果目標 183
ケルン基準 60
健康福祉事務所 75
健康プラザ 75
現代資本主義 16
ケンプ 32
ケンプセンター 32
交換過程 158
強姦被害者 41
後危機段階 165
合計特殊出生率 52
後見支援センター 121, 123
更生 98
更正施設 97
厚生施設 97
更生保護事業 61, 195
構造理論 175
硬直した境界 150
公的介護保険制度 57
公的扶助 60, 192
合同家族療法 174
校内暴力 111
甲類審判事件 80
高齢化 6
高齢化社会 101, 112
高齢社会 101, 112
高齢社会白書 114
高齢者虐待 10, 37
国際化 6
国際障害者年 48
国際人権規約 104
国勢調査 132
国民生活基礎調査 132
個人 28
個人化 3, 10
個人主義指向 18
個人主義指向性 10
個人的消費財 60
個性記述的 181
子育て支援ネットワーク 55

子育てを楽しむ 11
孤独死 66
子ども家族支援システム 29
子ども・子育て応援プラン 55
子どもの権利条約 9, 78, 104
子ども110番 73
コミュニケーション学派 59
コミュニケーションのメカニズム 62
コミュニケーション理論 175
孤立化 10
コルチャック 104
コンヴォイ（モデル）理論 140, 141
混合家族 128
コンテクスト 154
コンテンツ 154
QOL 198

さ
サービス保障 60
再構造化 167
再組織化の水準 162
在宅重度障害者（児）紙おむつ給付事業 193
最低生活費の研究 14
サイバネティックス・システム理論 148, 174
債務不履行 9
査察指導員 72
サティア 174
サブシステム 150
サポート・システムの構築 201
参加 48
三歳児神話 12
三者関係モデル 172
三間の喪失 110
ジェットコースターモデル 162
ジェノグラム 175
支援 194
支援費制度 99
自己決定権の尊重 118
自己実現 5, 10
事後評価 15
私事化 9, 10, 20, 196
　——の肥大化 18
　——優先社会 20
システム理論 148
施設コンフリクト 51, 123
施設養護 78

事前評価 15, 182	授産施設 97	身辺自立のための援助 192
事前評価と事後評価 186	主題アプローチ 188	シンボリック相互作用論 185
自尊感情 41	主体的存在（自由な存在） 58, 186	心理学的影響 184
失業保険 60	手段的サポート 146	心理的虐待 32
失禁 8	手段的役割 188	心理判定員 70
児童家庭支援センター 93	恤救規則 96	水準均衡方式 97
児童虐待 10, 12, 20, 70	循環的因果律 149	スーパーバイザー 72
児童虐待の防止等に関する法律（児童虐待防止法） 29, 33	ジョイニング 177	スケープゴート・タイプ 15, 157, 173
児童憲章 92	障害者 46	ステップファミリー 3, 109, 128
児童指導員 71	障害者基本法 47, 49, 95, 98, 122	ストレス社会 18
児童自立支援施設 81, 93	障害者施策 95	スフ、マーヌス 42
児童相談所 29, 47, 70	障害者白書 95	生活関係 14, 158
児童福祉法 28, 76, 92	障害相談 71	生活空間 14, 158
児童養護施設 25, 78, 93	障害のある人 46	生活構造 14, 158
シビル・ミニマム 60	少数意見の尊重 5	生活構造論 158
自閉症 47	情緒関係 14	生活時間 14, 158
嗜癖 42	少年院 81	生活水準 14, 158
資本主義社会 9	少年審判所 80	生活扶助義務 130
清水新二 169	少年法 80, 111	生活保護法 28, 96
ジャーメイン 178	消費過程 158	生活保持義務 129
社会学的影響 185	情報化 6, 18	生活問題 60
社会学的カウンセリング 26, 58, 186	ショートステイ 91	生活問題論 14
社会規範の希薄化 18	触法少年 81	生業労働 158
社会的孤立 66	女子差別撤廃条約 106	政策圧力 18
社会的支援 161	所得保障 60, 192	政策としての家族福祉 58
社会的消費財 60	自立 10	政策論 29
社会的動物 66	自立（要介護認定・非認定） 61	生産過程 158
社会的入院 50, 123	自立生活センター 88	生産年齢人口世代 8
社会的ネットワーク 68	新エンゼルプラン 55, 77	生殖家族 25, 108
社会的不利 48	新規の資源 166	精神依存 42
社会的モデル 48	新居制 108	精神衛生法 122
社会的養護 78	シングルペアレント・ファミリー 22	精神障害 46
社会のリハビリ 120	神経性過食症→摂食障害	精神障害者居宅生活支援事業 122
社会病理学 24	神経性無食欲症→摂食障害	精神障害者社会復帰施設 122
社会福祉基礎構造改革 73, 99	親権 33	精神的なサポート 192
社会福祉協議会 82	人権思想の浸透 18	精神薄弱 46
社会福祉事業法 72, 76	心身機能と構造 48	精神薄弱者福祉法 98
社会福祉主事 72	心身障害者対策基本法 95, 98, 122	精神分裂症→統合失調症
社会保険 192	心身症型発症群 44	精神保健福祉法 50, 122
就学資金 103	申請主義 15	精神保健法 50, 122
縦断的観察 164	身体依存 42	精神療法 45
集団としての家族 10	身体障害 46	性的虐待 32
重要な他者 66	身体障害者手帳 47	成年後見 80
就労支援センター 121	身体障害者福祉司 72	生物学的影響 184
主観的家族論 31	身体障害者福祉法 28, 49, 94	生物-心理-社会アプローチ 180
主観的幸福感 69	身体的虐待 32	性別役割分業 10, 18, 53, 109
宿所提供施設 97		世界人権宣言 104

世帯　29
世代間交流プログラム　111
摂食障害　44
セツルメント　84
芹沢俊介　39
善意銀行　84
前危機段階　165
戦災孤児　92
全体としての家族　190
争訟性　80
副田義也　100
ソーシャルアクション　49
ソーシャルサポート　145
ソーシャルサポート・ネットワーク　144
ソーシャルネットワーク　145
ソーシャルワーカー　70
ソーンヒル　40
ソシオセントリックアプローチ　145
粗相　8
措置（制度）　93, 99
CAP　41
COS 運動　84
CRS　171
GDP　6
GHQ　72
GNP　6

た
第1次集団　66
ダイエット型発症群　44
体験的家族療法　174
対抗パラドックス　155
対処　167
タイス，キャロル　111
第二次変化　176
第2種社会福祉事業　76
託児所　76
多数決の原理　5
多世代関係への関心　174
多世代理論　175
立木茂雄　171
多様化　3
短期療法（ブリーフセラピー）　155
短期療法学派　59
単身世帯　3
単独世帯　113
地域子育てセンター　77

地域組織化活動　82
地域福祉アプローチ　144
地域福祉権利擁護事業　82, 123
地域福祉の方法　64
地域保健法　74
地位不平等モデル　59, 182
父親不在　10
父親役割の希薄化　18
知的障害　46
知的障害者更生施設　91
知的障害者更生相談所　47
知的障害者授産施設　91
知的障害者福祉司　72
知的障害者福祉法　28, 98
地方裁判所　80
中範囲理論　158
超高齢社会　113
長寿化　7
直系家族制　108
治療的二重拘束　155
通園施設　90
通勤寮　121
通所施設　90
定位家族　25, 108
抵抗体としての家族　9, 19, 200
抵抗体としての機能　9
デイサービス　91
適応　167
適応性　168
統合型　15, 157, 172
統合強化　167
統合失調症　51
同盟　176
特定非営利活動促進法→NPO法
特別児童扶養手当　47
特別養護老人ホーム　56
特別養子　80
トマス　185
ドメスティック・バイオレンス　10, 34
ドメスティック・バイオレンス防止法→DV防止法
共に学ぶ教育　121
DV→ドメスティック・バイオレンス
DV防止法（配偶者からの暴力の防止及び被害者の保護に関する法律）　29, 34
WHO　42

な
ナージ　175
長い人間的かかわり合い　140
ナラティブ・セラピー　174
2次曲線的な関係　169
二者関係モデル　172
二重 ABC-X モデル　161, 165
二重拘束理論　154, 174
日本家政学会　22
日本家政学会家族関係部会　22
日本型福祉社会論　18
日本精神神経学会　51
日本労働研究機構　125
ニューマン，サリー　111
入所　95
ニリェ，B.　88
人間関係論的アプローチ　29
人間性の砦　19
認証保育所制度　77
ネットワーク　200
ネットワーク・セラピー　61, 195
ネットワークの構築　201
年金保険　60
能力主義　10
能力障害　48
ノーマライゼーション　48, 85
ノーマル・ファミリー　2
野上芳美　45
野々山久也　30

は
バーガーとラックマン　185
ハートマン　191
配偶者からの暴力の防止及び被害者の保護に関する法律→DV防止法
売春婦　41
発達遅滞　33
バトラー　36
馬場宏二　6
パブリック・ファミリズム　199
原田純孝　18
パラドキシカル・アプローチ　155
バリアフリー　95
晩婚化　52, 106
犯罪少年　81
晩産化　52, 106
反発関係　14
被殴打児症候群　32
被害者のない犯罪　21

非貨幣的ニーズ　192
非行
　　——少年　81
　　——相談　71
　　——の一般化　81
被拘束的存在　58
ひとり親家族　3, 14, 108
ヒポクラテス　42
表出的サポート　146
表出的役割　188
平等主義指向　18
平等主義指向性　10
ヒル　160, 162
貧困　60
貧困研究　14, 158
ファミリー・ケースワーク　15, 26, 174
ファミリー・ソーシャルワーク　190
フォーミュレーション　183
複合家族　129
福祉教育　121
福祉事務所　47, 72
福祉推進委員　83
福祉政策　28
福祉組織化活動　82
不適応　19
不登校　20, 38, 111
舟橋惠子　197
富裕化　2, 6, 16, 18
ブラース　140
プライバシーの砦　19
フラモ　175
ブリッジング・タイプ　15, 157, 172
ブルック，ヒルデ　45
ふれあいのまちづくり事業　82
フロイト　40
浮浪児　92
ブロークン・ファミリー　22
プログラム・オリエンテーション　188
分離した家族　156
閉鎖システム　149
ベイトソン　154, 174
北京女性会議　152
ヘルシー・コミュニケーションの条件　62
ヘルシー・ファミリー　2

ベルタランフィー　148
弁証法　27, 197
保育士　71
保育者との関係を保障するという命題　29
保育所　52, 76
保育所保育指針　76
ボウエン　174, 175
法則定立的　181
訪問看護婦　57
ホームヘルパー　57
呆け老人をかかえる家族の会　115
保健室登校　38
保健所　74
保健所法　74
保健センター　74
保護観察　81
保護監察官　61, 195
保護司　61, 195
保護の怠慢，ないし拒否（ネグレクト）　32
母子及び寡婦福祉法　28, 102
母子休養ホーム　103
母子生活支援施設　93
母子福祉資金の貸付等に関する法律　102
母子福祉センター　103
母子福祉法　102
母性神話　12
ホテル家族　10
ボランティア　27, 84
ボランティアビューロー　84

ま

マーケット・バスケット方式　97
マイノリティを構成する家族類型　3
マインディング・システム　199
マクラナハンとサンデフュア　24
マグワイア　146
マジョリティを構成する家族類型　3
マッカバンとパターソン　161, 165
マルクス　9
マルクス経済学　20
三浦文夫　192
ミクロ，メゾ，マクロ水準の連続性　181

未婚化　52
ミニューチン　150, 176
ミラノ派　177
ミルウォーキー派　177
民間救済型　84
無関心　14
村上泰亮　20
明確な境界　150
命題間の折り合い　27
面接交渉　80
メンタル・フレンド活動　71
目的概念　25
望月嵩　156
森岡清美　136, 156
森田ゆり　152
問題解決型のアプローチ　27, 174

や

薬物依存症　41
安田雪　145
山田潤　38
山根常男　19, 200
山根真理　54
歪んだ家族　156
要介護　57, 61
要介護認定　61
要救護性をもつ生活問題　58, 60
養護相談　71
要支援（要介護認定）　61
欲望を煽る社会　9, 11

ら

ライフイベント　15
ライフコース　138
ライフサイクル　136
ライフスタイルの多様化　159
ライフチャンス　185
ラッシュ　42
離婚率　126
離脱症状　43
リッツ　156
理念型　2, 25
療育手帳　47
利用制度　99
理論の進化　4
臨界範囲　21
臨床研究　180
臨床・実践としての家族福祉　58
臨床社会学　15, 180
累積　165
レスパイト　79

さくいん

レスパイト・サービス　119
連合　176
老人虐待→高齢者虐待
老人性痴呆　116
老人福祉指導主事　72

老人福祉法　28, 100
老人保健施設　56
労働災害補償保険　60
労働に従わない場合　158
ロウントリー　158

ローンペアレント・ファミリー　22
ロソー　36

わ　ワンペアレント・ファミリー　22

執筆者紹介 (氏名／よみがな／生年／現職／主著／家族福祉を学ぶ読者へのメッセージ)   ＊執筆担当は本文末に明記

畠中宗一（はたなか　むねかず／1951年生まれ） 
大阪市立大学大学院教授
『家族臨床の社会学』『子ども家族支援の社会学』
個別科学へのアイデンティティより学際的な知を動員して問題解決への指向性を高めることがより重要です。

冬木春子（ふゆき　はるこ／1970年生まれ） 
静岡大学准教授
『家庭的保育のすすめ』（共著）
家族こそ「自分探し」のキーワードといえるかもしれません。本書がそのお役に立てば幸せです。

栗山直子（くりやま　なおこ／1971年生まれ） 
追手門学院大学専任講師
『家族援助論』（共著）『家族福祉論』（共編）
家族を考えるとき，我々は心温まり，時には重荷に感じたりします。家族には囲炉裏端の暖かさと密室の息苦しさがあるのでしょう。

早川　淳（はやかわ　あつ／1945年生まれ） 
羽衣国際大学准教授
『発達臨床心理学』（共著）『家庭的保育のすすめ』（共著）
内面の充実感は本から得られることが大きいので，興味のある事項からはじめられたら，自分の考え方が確立できることと思います。

黒川衣代（くろかわ　きぬよ／1956年生まれ） 
鳴門教育大学教授
『子どもと出会うあなたへ』（共著）『子ども・権利・これから』（共著）
人間とは家族や社会との関わりの中で，どういう存在なのだろうという疑問が，学ぶことを続けさせてくれる気がします。

堀　智晴（ほり　ともはる／1947年生まれ） 
常磐会学園大学教授
『保育実践研究の方法』『障害のある子の保育・教育』
障害児教育の実践研究を重ねてきて，人間理解の難しさを痛感する。他者にレッテルを貼らないように絶えず自己を問い直す必要がある。

杉井潤子（すぎい　じゅんこ／1957年生まれ） 
京都教育大学教授
『ファミリズムの再発見』（共著）『家族を考える本』（共著）
家族は身近であるがゆえに理解できているように思いがちですが，実はとても複雑で難しいものです。またこれほど面白いものはありません。

木村直子（きむら　なおこ／1978年生まれ） 
鳴門教育大学講師
家族への援助の第一歩は，「家族」を知ることから始まると思います。自分の目や耳，頭や心，身体全身で「家族」を学び，理解を深めて下さい。

やわらかアカデミズム・〈わかる〉シリーズ
よくわかる家族福祉〔第2版〕

2002年12月10日	初　版第1刷発行	〈検印省略〉
2005年10月20日	初　版第4刷発行	
2006年11月20日	第2版第1刷発行	定価はカバーに
2011年 3 月30日	第2版第4刷発行	表示しています

編　者　畠　中　宗　一
発行者　杉　田　啓　三
印刷者　田　中　雅　博

発行所　株式会社　ミネルヴァ書房
〒607-8494　京都市山科区日ノ岡堤谷町1
電話代表　(075) 581-5191
振替口座　01020-0-8076

© 畠中宗一他, 2006　　創栄図書印刷・藤沢製本

ISBN978-4-623-04783-3
Printed in Japan

やわらかアカデミズム・〈わかる〉シリーズ

教育・保育

よくわかる学びの技法
　田中共子編　本体 2200円

よくわかる教育評価
　田中耕治編　本体 2500円

よくわかる授業論
　田中耕治編　本体 2600円

よくわかる教育課程
　田中耕治編　本体 2600円

よくわかる生徒指導・キャリア教育
　小泉令三編著　本体 2400円

よくわかる障害児教育
　石部元雄・上田征三・高橋 実・柳本雄次編　本体 2200円

よくわかる障害児保育
　尾崎康子・小林 真・水内豊和・阿部美穂子編　本体 2500円

よくわかる保育原理
　子どもと保育総合研究所 森上史朗・大豆生田啓友編　本体 2200円

よくわかる家族援助論
　橋本真紀・山縣文治編　本体 2400円

よくわかる子育て支援・家族援助論
　大豆生田啓友・太田光洋・森上史朗編　本体 2400円

よくわかる養護原理
　山縣文治・林 浩康編　本体 2400円

よくわかる養護内容・自立支援
　小木曽宏・宮本秀樹・鈴木崇之編　本体 2200円

よくわかる小児栄養
　大谷貴美子編　本体 2400円

よくわかる小児保健
　竹内義博・大矢紀昭編　本体 2600円

よくわかる発達障害
　小野次朗・上野一彦・藤田継道編　本体 2200円

よくわかる子どもの精神保健
　本城秀次編　本体 2400円

福祉

よくわかる社会保障
　坂口正之・岡田忠克編　本体 2500円

よくわかる社会福祉
　山縣文治・岡田忠克編　本体 2400円

よくわかる社会福祉運営管理
　小松理佐子編　本体 2500円

よくわかる社会福祉と法
　西村健一郎・品田充儀編著　本体 2600円

よくわかる子ども家庭福祉
　山縣文治編　本体 2400円

よくわかる地域福祉
　上野谷加代子・松端克文・山縣文治編　本体 2200円

よくわかる家族福祉
　畠中宗一編　本体 2200円

よくわかるファミリーソーシャルワーク
　喜多祐荘・小林 理編著　本体 2500円

よくわかる高齢者福祉
　直井道子・中野いく子編　本体 2500円

よくわかる障害者福祉
　小澤 温編　本体 2200円

よくわかる精神保健福祉
　藤本 豊・花澤佳代編　本体 2400円

よくわかる医療福祉
　小西加保留・田中千枝子編　本体 2500円

よくわかる司法福祉
　村尾泰弘・廣井亮一編　本体 2500円

よくわかる福祉財政
　山本 隆・山本惠子・岩満賢次・正野良幸・八木橋慶一編　本体 2600円

よくわかるリハビリテーション
　江藤文夫編　本体 2500円

心理

よくわかる心理学
　無藤 隆・森 敏昭・池上知子・福丸由佳編　本体 3000円

よくわかる心理統計
　山田剛史・村井潤一郎著　本体 2800円

よくわかる保育心理学
　鯨岡 峻・鯨岡和子著　本体 2400円

よくわかる臨床心理学　改訂新版
　下山晴彦編　本体 3000円

よくわかる心理臨床
　皆藤 章編　本体 2200円

よくわかる臨床発達心理学
　麻生 武・浜田寿美男編　本体 2600円

よくわかるコミュニティ心理学
　植村勝彦・高畠克子・箕口雅博・原 裕視・久田 満編　本体 2400円

よくわかる発達心理学
　無藤 隆・岡本祐子・大坪治彦編　本体 2400円

よくわかる乳幼児心理学
　内田伸子編　本体 2400円

よくわかる青年心理学
　白井利明編　本体 2500円

よくわかる教育心理学
　中澤 潤編　本体 2500円

よくわかる学校教育心理学
　森 敏昭・青木多寿子・淵上克義編　本体 2600円

よくわかる社会心理学
　山田一成・北村英哉・結城雅樹編著　本体 2500円

よくわかる家族心理学
　柏木惠子編著　本体 2600円

よくわかる言語発達
　岩立志津夫・小椋たみ子編　本体 2400円

よくわかる認知発達とその支援
　子安増生編　本体 2400円

よくわかる産業・組織心理学
　山口裕幸・金井篤子編　本体 2400円

統計

よくわかる統計学　Ⅰ　基礎編
　金子治平・上藤一郎編　本体 2400円

よくわかる統計学　Ⅱ　経済統計編
　御園謙吉・良永康平編　本体 2800円

―― ミネルヴァ書房 ――
http://www.minervashobo.co.jp/